Esprit du **Monde**

JÉRÔME CARTILLIER
GILLES PARIS

Amérique Années Trump

EspritsduMonde
Gallimard

Collection dirigée par Gilles Kepel

Pour être honnête, c'est quand je suis en roue libre que je suis le meilleur. C'est aussi là que je suis le pire. Mais ça rend les choses très excitantes.

DONALD TRUMP
Atlanta, 8 novembre 2019

PROLOGUE

Côtoyer Donald Trump au quotidien est une expérience étonnante, déroutante.

En quittant un meeting, ou la Maison Blanche à la nuit tombée, on est souvent groggy.

Dans le bureau Ovale, sous les ors de l'East Room ou à bord d'Air Force One, il nous arrive de nous extraire quelques instants du flot de paroles ininterrompu, d'abandonner la prise de notes pour tenter de mesurer à quel point nous assistons, jour après jour, à des scènes inédites dans l'histoire politique américaine.

Mille fois au cours de ce mandat hors norme nous avons eu le sentiment d'avoir vécu la journée la plus folle, la semaine la plus chaotique. Mille fois nous avons été les témoins, au plus près, de scandales dont on voyait mal, à chaud, comment il pourrait se relever. Mille fois nous avons cru, à tort, déceler les signes d'un tournant décisif, d'un changement de posture.

Il a pourtant traversé, sans jamais changer de style, le choc de la procédure d'impeachment, la secousse tellurique de la pandémie de coronavirus et le drame de la mort de George Floyd sous le genou d'un policier blanc qui a embrasé le pays.

Un soir de novembre 2016, Donald J. Trump a créé la plus grande surprise électorale de l'histoire moderne. L'effet de sidération provoqué par cette déflagration s'est progressivement – mais pas complètement – estompé. Au point que nombre de ses admirateurs comme de ses plus farouches détracteurs répètent, sans tenter d'aller plus loin, « il sera réélu », comme s'il échappait aux lois de la pesanteur politique du fait de pouvoirs surnaturels.

Donald Trump fascine, exaspère ou inquiète. Même au milieu de la tempête de Covid-19, l'enthousiasme inconditionnel qu'il suscite n'a d'égal que le rejet catégorique – parfois mécanique – qu'il provoque. Au-delà des frontières des États-Unis, il est souvent réduit à une aberration, caricaturé en histrion, alors qu'il est le reflet et le dynamiseur de profonds courants qui travaillent la société américaine.

Doté d'une énergie extraordinaire, il avance au culot. Interrogé le 6 octobre 1980, à l'âge de 34 ans, sur sa volonté de devenir un jour président, il avait répondu, amusé et joueur, par la négative, estimant qu'il aurait peut-être du mal à être élu face à quelqu'un « sans grande intelligence mais avec un beau sourire ».

La fidélité spectaculaire de sa base électorale, qui est son principal atout, ne s'est jamais démentie malgré les scandales. L'effet de saturation qu'il impose donne le tournis, paralyse la réflexion, bloque la mise en perspective. Il emporte tout le monde dans un jeu dont il fixe seul les règles et face auquel ses adversaires peinent à se positionner, les observateurs à trouver le ton juste. À coups de tweets, de superlatifs, d'approximations, de rumeurs colportées et de théories du complot distillées, il dicte le tempo.

Il passe en un clin d'œil du costume de président, qu'il n'endosse que furtivement, à celui de candidat enflammé. Au plus fort de l'épidémie de coronavirus, il insulte le matin Nancy Pelosi, présidente démocrate de la Chambre des représentants, qu'il qualifie de « marionnette pathétique » de la gauche radicale. Le même soir, il lance : « Nous travaillons vraiment tous ensemble. Démocrates, républicains, conservateurs, progressistes, nous travaillons ensemble. Il ne s'agit pas de politique, il s'agit de notre pays. » Alors que des centaines de milliers d'Américains sont dans la rue pour dénoncer les violences policières contre les Afro-Américains, il menace de déployer l'armée pour rétablir « la loi et l'ordre ».

Il bouscule les habitudes de Washington, piétine les conventions, casse les codes. Il galvanise les foules au rythme de « Make America Great Again », sa roublardise en bandoulière. Il inspire d'autres responsables politiques qui étudient sa recette, imitent son franc-parler, s'inspirent de ses outrances. Il n'écoute personne : ni ses conseillers, ni le Parti républicain, ni les élus du Congrès, ni ses prédécesseurs. Il ose tout, donne son avis sur tout : la façon dont Theresa May aurait dû gérer le Brexit ou la tonalité de la soirée des Oscars. Il s'autoproclame « génie stable », ne lit pas, ne s'intéresse ni à l'art ni à l'histoire, revendique une politique à l'instinct. Il se moque de ses adversaires politiques et met un soin particulier à leur choisir des surnoms dégradants qui leur colleront à la peau. Il met sans complexe sa fille Ivanka en avant, assure qu'elle pourrait diriger la Banque mondiale ou être ambassadrice des États-Unis à l'ONU. Il tweete sans retenue, tôt le matin, les yeux rivés sur les nombreux écrans de télévision répartis dans la Maison Blanche, transformant chaque journée ou presque en épisode d'un feuilleton qui le verrait triompher invariablement de ses ennemis. Il dope de manière spectaculaire les ventes des journaux et les audiences des *cable news*, au point de créer une addiction à sa présidence, toujours placée au centre de toute chose pour être encensée ou blâmée. Il va au combat, rebondit, scandale après scandale. Il se heurte au Congrès, aux institutions, à la complexité de l'État et des relations internationales, à des règles sans rapport avec celles pratiquées pendant un demi-siècle au sein de la Trump Organization, souvent à la lisière du droit et de l'éthique. Il reste le porte-voix d'un seul message, répétitif, anxiogène. Ses triomphes ne l'incitent qu'à se retrancher toujours plus dans une Amérique forteresse. Il est seul, très seul, dans l'exercice du pouvoir.

Analyser ses quatre années au pouvoir – et évaluer ses chances de réélection pour quatre supplémentaires – oblige à se tenir à distance des hourras d'une base électorale électrisée, qui voit en lui un animal politique invincible, comme des cris d'indignation systématiques d'un antitrumpisme sans nuances.

Car Donald Trump joue d'une arme redoutable : il divise. Aux élus du Congrès comme aux 330 millions d'Américains, il impose un choix binaire : avec ou contre lui, adhésion inconditionnelle ou rejet sans nuances. Immigration, armes à feu, avortement, santé, environnement, ouverture au monde : il a délibérément et obstinément creusé le fossé entre deux Amérique qui se faisaient déjà face avant son arrivée à la Maison Blanche.

Pendant la violente et soudaine crise sanitaire de Covid-19, qui a fait des dizaines de milliers de morts et poussé des dizaines de millions d'Américains au chômage, il a continué à jouer des mêmes ressorts, à ses risques et périls.

Au cœur de la West Wing, en campagne dans l'Ohio, le Wisconsin ou la Floride, au Vatican, à Hanoï, à Helsinki, au palais de Buckingham, sur les plages du débarquement en Normandie ou dans la zone démilitarisée (DMZ) qui sépare les deux Corées, ce livre est né du suivi, aux premières loges, de la campagne, de l'élection et du mandat de Donald J. Trump. Il est le portrait d'un homme qui déchaîne tous les excès.

PREMIÈRE PARTIE

UN HOMME, UNE OCCASION

1

Donald Trump a du talent

Un jour de mai 2016, le chroniqueur du Washington Post *Dana Milbank a sollicité les services d'un cuisinier de renom de Washington, Victor Albisu, pour tenir une promesse : celle d'ingurgiter l'article qu'il s'était engagé à manger si Donald Trump remportait l'investiture républicaine. Huit mois plus tôt, le journaliste s'était dit en effet convaincu que le soudain attrait suscité par cette candidature auprès de la base républicaine ne durerait pas.*

« Je suis tellement certain que Trump ne gagnera pas l'investiture que je mangerai mes mots s'il le fait. Littéralement : le jour où Trump remportera la nomination, je mangerai la page sur laquelle cette colonne est imprimée », avait écrit le journaliste, catégorique. « J'ai cette conviction : les Américains valent mieux que Trump. »

Steak fumé de bœuf de Kobé au papier journal, falafel grillé à la chronique, café cubain filtré à l'article de presse, Dana Milbank, par ailleurs fin gourmet, s'est exécuté sous le regard d'une caméra. Il a poussé la conscience professionnelle jusqu'à arroser ces mets de vins produits par les vignobles Trump de Virginie. Une dose d'un médicament visant à prévenir les ulcères à l'estomac a conclu le festin. Le chroniqueur n'a pas été le seul imprudent. Bien d'autres, responsables politiques, universitaires, ont perdu des paris similaires.

Traité initialement avec dédain, voire avec mépris, lors de son entrée dans la campagne républicaine, le milliardaire a longtemps été sous-estimé. Dans les premiers mois de sa campagne comme après son arrivée à la Maison Blanche, son oraison funèbre politique a souvent été prononcée. Il a pourtant en grande partie inventé et imposé une pratique nouvelle du pouvoir. Elle explique sa résistance aux éléments qui n'ont cessé de se déchaîner depuis son élection.

LA CAMPAGNE PERPÉTUELLE

La machine Trump est un mouvement permanent pour lequel il n'économise aucune ressource. Mobilité, ténacité, imprévisibilité définissent la quête du pouvoir comme son exercice depuis que le milliardaire a descendu l'escalier mécanique de la Trump Tower de New York, le 16 juin 2015, pour annoncer qu'il briguait l'investiture républicaine pour la présidentielle de 2016. Aussitôt candidat, il laboure les États-Unis. Aussitôt élu, il engage la bataille suivante. Toujours, il est en campagne et rassemble ses troupes. Le nombre et la régularité des meetings attestent de leur centralité dans l'entreprise politique de Donald Trump.

Le tourbillon trumpien brouille la mémoire. Qui se souvient que le slogan de 2020, « Préserver la grandeur de l'Amérique » (« *Keep America Great* »), est mentionné pour la première fois dans un entretien au *Washington Post* le 18 janvier 2017, avant même sa prestation de serment ? Jamais aucun président avant lui n'a été aussi précoce. Deux jours plus tard, tandis qu'il promet de mettre fin au « carnage » qui a selon lui dévasté l'Amérique, il fait déposer à la Federal Election Commission son dossier pour sa réélection. Une obligation légale qui n'a pas valeur de déclaration officielle, mais un impératif compte tenu des dons qui continuent d'affluer sur son compte de campagne, encouragés par ses équipes. Moins d'un mois après son arrivée à la Maison Blanche, l'homme d'affaires devenu président des États-Unis tient son premier meeting politique à Melbourne, en Floride, un État traditionnellement disputé.

Seule la crise de coronavirus parvient à interrompre ce mouvement perpétuel, en mars 2020, privant le président de ce porte-voix. À l'heure de ce séisme sanitaire, il ronge d'ailleurs son frein, évoque avec frustration dès le 29 avril l'hypothèse de meetings où les règles de distanciation physique devraient être respectées.

> J'espère que nous pourrons bientôt en faire. C'est super pour le pays. C'est super pour beaucoup de choses. C'est pour moi une excellente façon de faire passer mon message. J'espère donc vraiment que nous pourrons organiser des rassemblements. Je n'aime pas ceux où nous serions assis [à distance les uns des autres]. Si j'entre, et que je vois ça, ça perd beaucoup de saveur. [...] Je dirais ceci : pour les rassemblements que nous avions jusqu'à ce que nous ayons dû arrêter, le principal problème, c'est qu'ils étaient très importants. [...] Dans un cas – je pense qu'ils ont dit que cela s'est passé dans le New Jersey – 175 000 personnes se sont présentées dans une arène prévue pour 9 000 personnes [l'affluence totale avait été estimée à 15 000 personnes par les autorités locales].

Après trois mois d'arrêt, l'impatience pousse Trump à tenir le premier meeting de cette nouvelle ère le 20 juin, à Tulsa, dans l'Oklahoma, au mépris des recommandations de sa propre administration. Toute la semaine, son équipe de campagne annonce des chiffres de participation astronomiques. Le dernier évoqué est vertigineux : un million de demandes de tickets pour une salle de 19 000 places ! Les cas de contamination sont repartis à la hausse dans l'Oklahoma au cours des jours qui ont précédé, mais le président n'en a cure.

Un gigantesque dispositif est mis en place pour accueillir le peuple trumpiste le jour dit. Sous un soleil de plomb, des dizaines de stands de casquettes rouges et de tee-shirts frappés des slogans du président entourent le Bank of Oklahoma Center, l'enceinte sportive de la ville où il doit s'exprimer. Anticipant la marée humaine annoncée, des camions réfrigérés stationnent pour mettre à disposition des milliers de bouteilles d'eau. La température des participants est vérifiée et une armée de bénévoles leur propose sans succès des masques et des flacons de gel hydroalcoolique.

Les heures s'écoulent, mais l'esplanade équipée d'un écran géant destinée à recevoir le trop-plein de fidèles, aux portes du complexe, reste vide. À l'intérieur, les gradins supérieurs sont déserts lorsque le président fait son entrée. Son volontarisme l'a piégé. L'appréhension générée par le virus l'a emporté sur la passion politique. Deux jours plus tard, la publication providentielle de l'audience historique de la chaîne conservatrice Fox News, qui a diffusé son discours (plus de 7 millions de téléspectateurs), permet cependant à l'équipe de campagne du président de relativiser le fiasco.

Les meetings sont tout au long du mandat le théâtre itinérant d'une nostalgie : celle de la campagne victorieuse, seul contre tous, de 2016. Sans cesse il y revient, raconte ce flot qui l'avait contraint dans les premières semaines de sa participation à la primaire républicaine, en août 2015, à déplacer le meeting prévu dans une salle de 4 000 places à Mobile (Alabama) vers un stade dix fois plus grand. Sans préciser qu'il n'avait été rempli qu'à moitié. Il refait de même le récit de la soirée électorale, égrène la liste des États qui tombaient comme des dominos.

Il répète les chiffres de ses publics, les exagère, décuple ses audiences, jure devant la foule que si la salle du jour est comble, d'autres troupes aussi nombreuses rugissent à l'extérieur devant des écrans géants, ce qui est souvent le cas. Il ne se compare jamais à un autre homme politique mais à un artiste populaire de sa génération, le Britannique Elton John, chaque fois qu'il bat un record d'affluence. Ces chiffres sont pour lui la preuve de son sens politique et l'expression de son emprise sur les États-Unis, ce qui rend l'échec de Tulsa, en terre républicaine, d'autant plus cuisant.

Pendant la pandémie, faute de salles pleines à craquer, l'audimat de ses briefings quotidiens à la Maison Blanche est alors vanté avec la même emphase, comme ici le 21 avril :

> J'ai eu d'excellents « classements » toute ma vie, cela n'a rien d'inhabituel pour moi. Les notes de la conférence de presse de la Maison Blanche « crèvent le plafond » (c'est mieux que les soirées de football du lundi, que la finale du Bachelor [une émission de téléréalité], mieux que le @nytimes).

Cette dynamique des meetings est portée par une force physique rare pour un septuagénaire qui mange pourtant mal, ne s'entretient guère et dort très peu, comme en témoigne son activité nocturne et matinale sur Twitter. Son premier médecin à la Maison Blanche, le contre-amiral Ronny Jackson, a eu affaire avant lui à des présidents plus jeunes à la vie autrement saine, George W. Bush et Barack Obama. Début 2018, il doit déployer des trésors de langage diplomatique pour signifier que le président est en surpoids et qu'il ne fait pas assez d'exercice. Il ajoute cependant que son patient possède des « gènes » présentés comme supérieurs qui compensent ces carences. Satisfait, Donald Trump tentera, sans succès, de l'imposer à la tête d'une des plus grosses administrations fédérales, le ministère des Anciens Combattants.

De fait, le président qui se flatte de n'avoir jamais ni fumé ni bu, marqué par la dérive de son frère aîné, Fred Jr., alcoolique décédé en 1981 à l'âge de 42 ans, semble en public insensible à la fatigue, vantant une « endurance » dont ses adversaires républicains ou démocrates seraient quant à eux privés. Les surnoms dont Donald Trump fait un usage immodéré à l'égard de ses adversaires y font constamment référence. Le président des États-Unis n'est pas plus le « Low Energy » Jeb Bush, lors des primaires républicaines de 2016, que le « Sleepy Joe » Biden, son adversaire démocrate de 2020. Lui est capable à la veille du scrutin de 2016 de se lancer dans un marathon de réunions publiques, aux quatre coins des États indécis, les *swing states*, qui contribuera certainement à sa victoire, arrachée dans le Wisconsin, le Michigan et la Pennsylvanie.

Cette énergie a trouvé sur le tard à s'employer sur les estrades. Donald Trump n'a cessé de jouer avec l'idée d'une candidature présidentielle. Mais ce chemin a été tortueux, hésitant, discontinu. Après l'élection de Barack Obama, en 2008, alors qu'il commence à manifester de plus en plus ouvertement l'envie de plonger dans cet univers qu'il ne connaît que par ses largesses de donateur, tout d'abord pour le bénéfice presque exclusif des élus démocrates new-yorkais, il a déjà peaufiné son image.

Promoteur immobilier à succès était devenu un véritable rôle, que Donald Trump a endossé en personne dans des films et des séries. Puis il est guetté par la banqueroute au mitan des années 1990, avant un rétablissement immédiatement raconté dans l'une des biographies qui portent sa signature. Il se transforme ensuite en star de la téléréalité dans les jeunes heures de ce genre, puisqu'il débute sur les plateaux de NBC en 2004.

Pendant quatorze saisons, il est la vedette de l'émission « The Apprentice », diffusée sur l'une des plus puissantes chaînes américaines. Il y joue l'homme d'affaires qui n'a pas son pareil pour sélectionner les talents. La première saison est un triomphe avec une moyenne de 20 millions de téléspectateurs par épisode et près de 30 millions pour la finale. Le public ne cessera de s'amenuiser, sous l'effet d'usure, mais Donald Trump a accédé à des milliers de foyers américains qui ont pu se familiariser avec sa faconde, ses excès et ses formules à l'emporte-pièce.

Une partie de ce public assiste désormais à ses meetings, où elle retrouve le même homme. Jamais elle ne tient rigueur à l'ancien animateur devenu président des États-Unis de son style non conventionnel. La fonction de réassurance de ces réunions publiques, le rappel des mots d'ordre et des promesses, se double avec Donald Trump de celle de divertissement, et le président veille à ce que chacun en ait pour son argent.

Un meeting de Donald Trump est aussi un spectacle et il le revendique. Un soir d'avril 2019, il retrouve ainsi ses partisans à Green Bay, dans le Wisconsin. Au même moment, le dîner annuel de l'Association des correspondants de la Maison Blanche, un rendez-vous incontournable, rassemble à Washington une presse qui lui est majoritairement hostile. L'occasion d'entretenir cette fracture entre « eux » et « nous » fondatrice du trumpisme, mais aussi de rappeler une certitude. « On est samedi soir, est-ce qu'il y a un endroit où on s'amuse plus qu'à un meeting de Trump ? » demande le président, sûr de la réponse de ses troupes. L'extrait est diffusé sur écrans géants en Floride, moins de deux mois plus tard, le jour de son entrée officielle en campagne de réélection.

Ce spectacle tient du stand-up, de la performance. Le discours désinhibé, débridé, place régulièrement Donald Trump au bord de la provocation ou du dérapage. Son public vient l'entendre en espérant assister à un coup d'éclat dont la presse glosera des jours durant et dont il aura été, par ses rires et ses applaudissements, le témoin complice.

À l'automne 2017, dans l'Alabama, Donald Trump s'en prend avec virulence à Colin Kaepernick, ancien maître à jouer (*quarterback*) des 49ers, l'équipe de football américain de San Francisco. Ce dernier, afro-américain, a lancé un an plus tôt sur les pelouses un mouvement de protestation contre les violences policières dont sont victimes les Noirs, plus que toute autre communauté, en posant un genou à terre pendant l'exécution de l'hymne national qui précède chaque rencontre. Le mouvement a fait long feu, le joueur a été écarté des terrains, mais Donald Trump sait que son public républicain a réprouvé l'initiative. À la veille d'une primaire républicaine pour une élection partielle sénatoriale, il ravive la controverse.

« Est-ce que vous n'aimeriez pas que les propriétaires de ces clubs, lorsque quelqu'un manque de respect au drapeau, disent : "Sortez-moi ce fils de pute du terrain immédiatement ! Dehors ! Il est viré ! Il est viré !" » s'exclame-t-il en reprenant sa sentence couperet de « The Apprentice », celle par laquelle il congédiait les candidats malheureux. Le public gronde d'aise. En octobre 2019, évoquant son adversaire politique Joe Biden, il assure qu'il a été « un bon vice-président uniquement parce qu'il a léché le cul d'Obama ». Un autre adversaire démocrate, Beto O'Rourke, abandonne la course à l'investiture, le 1er novembre de la même année. « C'est un chien », juge aussitôt le président des États-Unis.

Fin 2018, dans le Montana, il apporte un soutien appuyé au représentant sortant Greg Gianforte, condamné quelques mois plus tôt à des travaux d'intérêt général pour avoir agressé et jeté au sol un journaliste du *Guardian* qui le pressait de questions à la veille d'une élection. L'incident n'avait pas empêché la victoire de l'agresseur. « Quand j'ai entendu ce qu'il avait fait, j'ai dit : "Attendez une minute. Je connais assez bien le Montana. Je pense que cela pourrait l'aider." Et c'est ce qui s'est passé ! » affirme le président. « C'est mon genre de gars », insiste-t-il devant une salle hilare.

Tout à sa défense des énergies fossiles, charbon en tête, il aime moquer les énergies renouvelables. « Chérie, je veux regarder Donald Trump à la télévision ce soir mais le vent ne souffle plus. » En avril 2019, il va plus loin. « Si vous avez une éolienne près de chez vous, félicitations ! La valeur de votre maison vient de perdre 75 %. Et ils disent que le bruit provoque le cancer. »

Ce que Donald Trump a fait de l'exercice un peu

fastidieux du meeting lui a permis de compenser des faiblesses structurelles considérées initialement comme rédhibitoires. Il entre en campagne en 2015 avec une équipe étique. Elle est limitée initialement à un conseiller sulfureux vite écarté, Roger Stone, ancien expert en coups tordus passé par l'administration de Richard Nixon plus de quarante ans plus tôt, et à Corey Lewandowski, un directeur de campagne sans grande envergure venu du réseau Americans for Prosperity, financé par les frères milliardaires Charles et David Koch, alors les banquiers de la droite américaine.

Mais les foules qu'il rassemble et ses saillies provocatrices attirent très vite l'attention des chaînes d'information du câble, qui décident alors de diffuser l'intégralité de ces grands-messes en direct. Par la seule force de son verbe, Donald Trump peut s'affranchir du carcan qui fait de la politique américaine une perpétuelle quête de fonds. Son pilotage à l'instinct le dispense également des services d'une véritable industrie avec ses consultants, ses stratèges, et des milliers de données remâchées sans cesse pour accoucher d'une tactique, État par État, public par public.

L'attention des chaînes d'information lui permet de camper très vite au centre du jeu, sans bourse délier, d'en prendre le commandement, d'imposer son rythme. L'entrée à la Maison Blanche ne modifie pas cette architecture minimaliste. Les titulaires du poste de directeur de la communication et de porte-parole se succèdent comme jamais sans imprimer leur marque, courant sans cesse derrière les changements de pied, les accélérations ou les incohérences du président.

Il est seul aux commandes, sous les projecteurs. Il est

celui qu'on vient voir et dont on attend les oracles. Celui qui dit les choses « telles qu'elles sont », même si, surtout si elles écorchent les oreilles. Les saisons successives de « The Apprentice » lui ont donné l'occasion de perfectionner ses effets, de sentir son public. La course par élimination de prétendants à un poste de prestige dans son empire immobilier qui constituait le ressort de cette émission lui a permis d'apprécier le goût de ceux qu'il rassemble pour la mise en scène de la cruauté, l'attraction que suscite la mise au pilori.

Il use de ce moteur, dénonçant à la vindicte ses adversaires réels ou imaginaires, ridiculisés et humiliés, comme les méchants des combats d'opérette de la Fédération américaine de catch avec laquelle il a longtemps frayé. Très vite, il a d'ailleurs désigné à la vindicte la presse présente à ses meetings. Un exutoire commode, muet par fonction, enserré derrière des barrières métalliques. Une incarnation des « autres », d'un Washington présenté comme pourri par la compromission et la connivence, censeur du politiquement correct que lui, Donald Trump, défie et ses fidèles avec lui. Cette mise en cause emprunte aux jeux de massacre symboliques synonymes de libération, comme ces piñatas de naguère, incarnation des sept péchés capitaux.

Lors des premières réunions publiques du milliardaire auxquelles nous avons assisté, au Texas puis dans le New Hampshire, à l'été 2015, l'accueil que nous réservaient ses fidèles était semblable à celui des sympathisants des autres candidats républicains. Notre statut de correspondants étrangers atténuait les critiques. Puis cette relation s'est crispée au rythme des mises en cause des journalistes. La défiance s'est installée. Progressivement, l'instant consacré à cette stigmatisation est devenu un élément du programme, pendant lequel la foule se retourne d'un bloc vers le carré de pestiférés, visé par des regards qui vont du dédain amusé à une agressivité revendiquée.

Spectacle, théâtre, costume. Donald Trump a choisi le sien le jour de son entrée en campagne. Costume bleu marine griffé des meilleurs faiseurs, dont Brioni auquel il est fidèle depuis « The Apprentice », cravate rouge nouée longue et chemise blanche. Les couleurs de la bannière étoilée. Pas question pour lui de sacrifier en meeting à la scène traditionnelle qui voit le responsable politique tomber la veste et retrousser ses manches. Ni de se présenter en jean et chemise à carreaux dans les bastions agricoles, comme à l'Iowa State Fair de Des Moines, ou de se soumettre aux autres passages obligés d'une élection présidentielle américaine. Il est l'homme d'une seule apparence, immédiatement reconnaissable entre tous.

Donald Trump a imposé dès le début une distance, matérialisée par des barrières métalliques sur le parcours de ses entrées en scène et la présence de gardes du corps, très tôt lors de la bataille des primaires républicaines, lorsque les candidats se montrent d'ordinaire accessibles, littéralement à portée de main. Cette distance s'amplifie avec ses succès électoraux et la prise en charge de sa sécurité par le Secret Service, l'unité chargée de la protection des personnalités. Les bains de foule sont réduits au minimum. Sur les estrades, le président est installé derrière son pupitre encadré de prompteurs. La proximité avec ses fidèles, l'affichage de la confiance et de la décontraction sont portés par ses mots.

Très souvent, le président s'affranchit de son discours, digresse, s'égare, revient à son texte, s'en écarte à nouveau, comme lors de sa participation au Conservative Political Action Conference (CPAC), le grand rassemblement annuel des conservateurs américains organisé par un proche, Matt Schlapp, en mars 2019, près de Washington, où il parle pendant deux heures et deux minutes.

> Je vais vous dire que Matt Schlapp adore ça. Il se dit : « C'est beaucoup plus que pour ce que nous avons payé. » Vous savez, normalement vous lisez quelques pages et vous dites : « Au revoir, les amis. » Mais vous savez ce que j'aime à ce sujet ? Premièrement, je vous aime et vous m'aimez. Nous nous aimons. Nous avons fait quelque chose que personne n'a jamais fait. [...] Vous savez, j'ai un grand ami à New York, c'est un tueur, froid comme la pierre. C'est un homme brutal. En fait, il n'est même pas un bon ami à moi parce qu'il pourrait se retourner contre moi en deux secondes. Mais c'est un gars très riche. Et il a dit : « De quoi vas-tu parler aujourd'hui ? Genre, qu'est-ce que tu vas dire ? » J'ai dit : « Je ne sais pas. Je ne sais pas. » Il a dit : « Je viens d'entendre que tu auras la plus grande foule de l'histoire de CPAC. Ils sont partout. En fait, pas seulement dans cette pièce géante, mais aussi [devant leurs télévisions], dans de nombreuses chambres d'hôtel, partout. » [...] Mais ce gars – vous connaissez tous son nom –, c'est un gars très riche. Et il a un problème avec une chose qu'on appelle « parler en public ». S'il doit parler à plus de cinq personnes, il s'étouffe. Il ne peut pas respirer. On lui dit : « Est-ce que ça va ? » Il tue des gens en gagnant sa vie, c'est-à-dire mentalement et financièrement, mais face à un public de neuf personnes, c'est « euh ». Et il me dit : « Comment tu fais ? » Je lui dis que c'est facile.

Donald Trump s'autorise tout ce que les autres s'interdisent pour mieux souligner sa différence. Ces échappées sont régulièrement des tourments pour qui s'efforce de le traduire dans une autre langue que la sienne. Ces « *great people* », « *fantastic city* », « *very special* » qui reviennent en boucle ont rarement des équivalents convaincants. Le président affectionne également les parenthèses qui s'étirent en longueur comme les lacets d'un sentier de montagne, éloignant l'auditeur du sujet de départ, jusqu'à le perdre.

Donald Trump parvient à attirer à ses meetings un public désabusé qui avait rompu avec la politique. Le milliardaire new-yorkais, ambassadeur d'un luxe ostentatoire et clinquant, réalise ainsi une prouesse : se faire le porte-parole des « oubliés », des laissés-pour-compte, de ceux que les démocrates, tournés vers les minorités, et les républicains, défenseurs du « *big business* », ont délibérément négligés, assure-t-il.

Le violent contraste qu'il crée en piétinant les conventions respectées par les autres candidats, qu'ils soient démocrates ou républicains, est perçu comme un gage d'authenticité, comme ses dérapages à répétition. Hétérodoxe, iconoclaste, le candidat parvient en 2016 à incarner un rôle d'agent de changement qui compte dans sa victoire. Le retour régulier aux sources de son succès, ces meetings mensuels, concentrés dans les États stratégiques pour 2020, est la garantie d'une non-présidentialisation offerte à ses troupes. « Je n'étais pas comme les autres et je ne le suis toujours pas », peut ainsi jurer Donald Trump, malgré l'enfermement dans la Maison Blanche et le poids écrasant de l'État.

Cette posture vaut à Donald Trump quelques prises dont il fait le meilleur usage. Lee Greenwood en fait partie. Cette figure de la musique country est un monument aux États-Unis. Il est l'auteur d'un hymne patriotique très consensuel, *God Bless the USA*, écrit après la destruction par un missile soviétique d'un avion de la compagnie Korean Air Lines en route vers Séoul, en septembre 1983. Ce Boeing 747 avait pénétré par erreur dans l'espace aérien de l'URSS. À son bord avaient pris place de nombreux citoyens américains.

« Si demain tout ce que j'ai bâti ma vie durant devait disparaître et si je devais tout recommencer avec juste ma femme et mes enfants, alors je remercierais ma bonne étoile qui m'a fait vivre ici, car le drapeau représente toujours la liberté et personne ne peut nous l'enlever », chante Lee Greenwood. Après le 11-Septembre, la chanson devient le cri de ralliement d'une nation blessée. Elle est reprise par l'inoxydable Dolly Parton, autre star de la country, en 2003, année de l'invasion de l'Irak, comme par la star de RnB Beyoncé, proche de Michelle et Barack Obama, pour les dix ans des attentats d'Al-Qaïda, au profit des familles des victimes de 2001.

Lee Greenwood, qui se mêle peu de politique, a chanté lors des fêtes qui accompagnent à Washington la prise de fonctions d'un président à chaque intronisation d'un républicain. Il est au côté de Donald Trump à la veille de sa prestation de serment, le 19 janvier 2017. L'artiste rappelle alors ce qui l'avait poussé à écrire *God Bless the USA* dans un entretien au magazine *Rolling Stone* : « Je voulais juste avoir quelque chose qui donnerait vraiment à tout le monde un truc à quoi se raccrocher, à s'unir. » Puis sa chanson fait son chemin sur la bande-son des meetings. Elle y prend ses aises, portée par la foule trumpiste qui la connaît sur le bout des doigts. À la veille des élections de mi-mandat, à Chattanooga dans le Tennessee, Lee Greenwood, sur scène, la voix rendue un peu moins sûre par ses 74 ans, entonne son hymne au moment où Donald Trump s'avance. L'ovation du public est énorme.

Quelques minutes plus tard, les deux septuagénaires échangent une poignée de main et un salut militaire, même si aucun d'eux n'a servi sous les drapeaux. « Wow ! On commence par où ? On commence par où ? » demande ensuite Donald Trump, comme pris par l'émotion, après le départ de l'artiste. « Je ne savais pas que Lee serait là, ça a été une surprise », assure-t-il. « On aime cette voix et on aime cette chanson, pas vrai ? » poursuit-il. Le public confirme bruyamment. Le chanteur reprend du service le lendemain dans le Missouri, à Lake Girardeau, juste avant l'ouverture des bureaux de vote.

L'ART DE DÉBOUSSOLER

Donald Trump excelle dans l'art de faire perdre tout sens de la mesure. À ses adorateurs comme à ses détracteurs. Une forme d'aveuglement devient la norme. Pour Trump ou contre Trump. Caricatures contre caricatures. Une partie de l'Amérique jubile. Une autre s'étrangle. Entre les deux ? Personne, ou presque.

L'acteur Johnny Depp incarne cette perte de contrôle lorsqu'il estime en juin 2017, dans une boutade lors du festival de Glastonbury en Angleterre, qu'il est « peut-être temps » qu'un acteur assassine un président américain. Un mois plus tôt, l'humoriste et actrice Kathy Griffin a posé pour un photographe, brandissant une fausse tête ensanglantée du président, déclenchant une enquête du FBI. Deux ans plus tard, l'ancienne Première ministre canadienne Kim Campbell souhaite publiquement que l'ouragan Dorian, qui doit s'abattre sur les côtes américaines, ravage Mar-a-Lago, le club de luxe du président en Floride. Excuses piteuses, opprobre public, preuve de l'hystérie d'une partie des détracteurs du président : chaque fois, Donald Trump triomphe.

Le limogeage brutal du patron du FBI James Comey le 9 mai 2017 provoque une onde de choc à Washington. La sortie de son livre, un peu moins d'un an plus tard, est attendue avec impatience, ou fébrilité, suivant l'angle de vue. La littérature Trump, certes, est déjà abondante. Mais l'auteur n'est pas cette fois-ci un ancien conseiller amer en quête d'un coup éditorial, mais un ancien fonctionnaire de haut vol, un grand serviteur de l'État, une figure à tous égards imposante.

Le titre de l'ouvrage – *A Higher Loyalty : Truth, Lies, and Leadership* – laisse entrevoir la volonté de se placer au-dessus de la mêlée. Le contenu, pourtant, donne la mesure de la rancœur d'un homme remercié sans ménagement par un locataire de la Maison Blanche colérique. Si la description minutieuse d'un président n'ayant que son ego comme boussole entre en résonance avec un faisceau de témoignages, l'ancien premier flic des États-Unis lance aussi des attaques très éloignées du droit ou de la morale contre le républicain. Il moque son teint « orange », ses poches « très blanches » sous les yeux attribuées à des séances de bronzage artificiel, sa coupe de cheveux (« Je me rappelle m'être demandé combien de temps il lui fallait pour mettre tout ça en place le matin »). Il lâche aussi, dans une provocation calculée, une pique sur la taille de ses mains.

Ces quelques lignes ne passent pas inaperçues : elles renvoient à un épisode – mémorable – de la primaire républicaine lorsque le jeune sénateur de Floride Marco Rubio avait moqué les « petites mains » de l'homme d'affaires de New York. Malmené par son rival septuagénaire qui l'affuble de surnoms méprisants – « Little Marco » ou « Little Rubio » suivant les jours –, voyant la nomination lui échapper, il décide, début 2016, de changer de ton. « Nous sommes arrivés à la conclusion que si se joindre au grand cirque était le prix à payer pour, in fine, pouvoir parler des sujets de fond, alors nous allions y aller », explique alors Todd Harris, l'un de ses conseillers. Marco Rubio moque les « cravates de mauvais goût » de Donald Trump, ironise sur le « pire bronzage artificiel » du pays et prédit que la seule chose que son rival sera capable de faire s'il est élu sera de « rendre l'Amérique orange ». « Vous avez vu ses mains ? » lance-t-il lors d'un meeting de campagne en Virginie. « Vous savez ce qu'on dit des hommes qui ont de petites mains ? » poursuit-il dans un registre graveleux qui ne lui ressemble guère. Donald Trump répond sur le même ton, assurant n'avoir aucun problème, qu'il s'agisse de la taille de ses mains ou de quoi que ce soit d'autre. Les coups volent bas. Mais la dynamique ne s'inverse pas et la stratégie de Marco Rubio échoue.

La charge de James Comey sur le physique du président surprend, déçoit aussi ceux qui espéraient qu'il garde de la hauteur. Face aux critiques, il évoque la maladresse de l'écrivain novice, la volonté de plaire à l'éditeur. « Je n'ai pas voulu me moquer du président », assure-t-il sans convaincre. Il regrette même certaines lignes, déplorant qu'elles aient donné « un prétexte à ceux qui n'ont pas lu le livre pour l'attaquer ».

Sans surprise, la réplique de Donald Trump est vive, il traite l'ancien premier flic des États-Unis de « raclure ».

Mais l'essentiel est ailleurs. La passe d'armes entre les deux hommes n'a été qu'un épiphénomène et James Comey a basculé dans le camp des anti-Trump. Il continuera, à intervalles réguliers, à rédiger des tribunes comme autant de mises en garde contre les dérives et les dangers de la présidence Trump. Mais sa parole n'aura plus jamais le même poids. L'anecdote illustre l'art de pousser ses adversaires à la faute.

À chaque provocation, la base électorale de Donald Trump est extatique. Elle se régale de sa combativité, d'une rupture avec le langage archipolicé et les habiletés rhétoriques de Washington qui sont à ses yeux autant de signes de déconnexion avec la réalité de l'Amérique profonde. Ses détracteurs, eux, s'alarment de la dégradation de la parole présidentielle, de la fragilisation des institutions.

Et pour les observateurs de cette présidence hors norme, le même débat resurgit, quotidiennement : que faire des mots de Donald Trump ? Hausser les épaules et passer à autre chose pour éviter de se laisser entraîner dans les tornades qu'il déclenche à dessein ? Ou, à l'inverse, analyser chaque phrase, chaque mot, exiger des comptes, sans relâche, de la part du « président le plus antidémocratique » de l'histoire américaine, selon les termes de l'ancienne secrétaire d'État démocrate Madeleine Albright ?

Journalistes, analystes, historiens peinent à trouver la bonne focale. Donald Trump le sait et s'en délecte. Parmi ses thèmes de prédilection : la question de la durée de sa présidence. Loin de la posture du président rassembleur, il joue avec ce sujet sensible, sans relâche et avec une forme d'humour provocateur.

La Constitution américaine est limpide : le 22e amendement,

voté après la mort de Franklin Delano Roosevelt, dispose que « personne ne peut être élu président plus de deux fois ». Lorsque au printemps 2018 le Parlement chinois abolit la limitation des mandats présidentiels et permet à Xi Jinping d'envisager un règne sans limites, Donald Trump ne laisse pas passer l'occasion. « Président à vie… Il a réussi à le faire. Je pense que nous devrions essayer un jour », plaisante-t-il devant des donateurs républicains réunis dans son club de luxe de Mar-a-Lago. Quelques semaines plus tard, il évoque, amusé, la possibilité de faire quatre mandats consécutifs. « Devrions-nous revenir aux seize ans ? » lance-t-il lors d'une conférence de presse à la Maison Blanche, dans une référence apparente au même Franklin Delano Roosevelt, seul président de l'histoire élu quatre fois (mais qui ne passa cependant que douze ans au pouvoir, sa présidence ayant été interrompue par sa mort le 12 avril 1945). « La dernière fois que j'ai fait une blague sur ce thème, les journaux ont commencé à dire : il a des tendances de despote ! » s'amuse Donald Trump.

Au printemps 2019, après avoir inlassablement dénoncé pendant des mois la « chasse aux sorcières » que représente à ses yeux l'enquête du procureur spécial Robert Mueller sur l'ingérence russe dans la campagne, il insiste. Il retweete le message de Jerry Falwell Jr., président de la très conservatrice Liberty University, en Virginie, qui suggère d'ajouter deux années à son mandat pour compenser le temps perdu.

L'accumulation de ces allusions est dangereuse, tonnent une partie de la famille démocrate et certains universitaires. La limite des mandats est l'un des piliers de la démocratie, le sujet ne peut être évoqué à la légère, surtout par celui qui occupe le bureau Ovale. Et de rappeler que Donald Trump n'en est pas à sa première sortie sur le fonctionnement de la démocratie américaine. Pendant plusieurs mois, il a – très sérieusement et sans le moindre élément factuel à l'appui – affirmé que des millions de personnes ont voté de manière illégale en 2016 et que c'est la raison pour laquelle il a perdu le vote populaire face à Hillary Clinton.

« Sur la base de mon expérience de travail avec M. Trump, je crains que, s'il perd l'élection en 2020, il n'y ait pas de passation de pouvoir pacifique », lâche, lors d'une audition devant le Congrès, Michael Cohen. Ce dernier fut, pendant des années, l'avocat et l'homme des basses besognes de l'homme d'affaires de New York avant de se retourner spectaculairement contre lui une fois condamné à de la prison ferme pour fraude bancaire et infraction à la loi relative au financement des campagnes électorales.

Plaisanter sur le nombre de mandats de Donald Trump est de bonne guerre, répond son entourage, c'est une façon comme une autre de refléter l'enthousiasme qu'il suscite au cœur de sa base électorale. Le premier cercle déplore que tous ses propos soient mécaniquement pris au premier degré.

Une partie de l'Amérique, aveuglée par la détestation de tout ce que Donald Trump représente, lui refuse le droit à l'humour.

LE SENS DU SHOW

La quête de l'image parfaite est une obsession ancienne dans la politique américaine. Barack Obama poussa le jeu très loin en limitant à outrance l'accès des photographes de presse à ses activités, leur préférant en de nombreuses occasions son photographe personnel, Pete Souza, qui délivrait immanquablement des clichés millimétrés et flatteurs destinés à façonner sa place dans l'histoire. Mais la quête de Donald Trump est d'une autre nature. C'est celle du grand moment de télévision, sans se soucier de la veille ou du lendemain. Comme une fin en soi. Et il a, dans ce registre, un talent à nul autre pareil.

Ce 8 mars 2018, le président américain tire lui-même la porte bleue coulissante située juste à côté du podium de la salle de presse de la Maison Blanche. Notre stupéfaction est totale. Non seulement parce qu'il ne s'est pas annoncé, mais surtout parce qu'il a consciencieusement évité l'endroit depuis son arrivée au pouvoir. Il ne s'installe pas derrière le pupitre pour un discours ou une conférence de presse. Ce jour-là, il vient juste vanter, dans une certaine effervescence, une « annonce importante » à venir. Interrogé peu après dans les couloirs de la West Wing par Jonathan Karl, correspondant de la chaîne ABC, il ne cache pas son excitation. S'agit-il de discussions avec la Corée du Nord ? « C'est presque au-delà de ça ! J'espère que vous reconnaîtrez mes mérites. »

Quelques heures plus tard, nous nous pressons à l'extérieur du bâtiment pour écouter Chung Eui-yong, conseiller national sud-coréen à la sécurité, annoncer dans une brève allocution que Kim Jong-un a proposé un sommet à Donald Trump. Et préciser que ce dernier a donné son accord. Le leader nord-coréen « a fait part de son désir de rencontrer le président Trump le plus vite possible. [...] Le président Trump a dit qu'il rencontrerait Kim Jong-un d'ici à la fin mai pour parvenir à la dénucléarisation permanente. » Rapidement, la Maison Blanche confirme que le président américain, 72 ans, qui qualifiait quelques mois plus tôt M. Kim de « petit homme-fusée » et de « cinglé », a accepté la proposition du dirigeant trentenaire. Cette journée extraordinaire s'achève par un tweet de @realDonaldTrump traduisant son impatience, et sa conviction qu'il est sur le point de réussir là où tous ses prédécesseurs ont échoué.

> Kim Jong-un a parlé de dénucléarisation avec les représentants sud-coréens, pas simplement d'un gel. Et pas de tests de missiles par la Corée du Nord pendant cette période. Grands progrès mais les sanctions resteront en place jusqu'à ce qu'un accord soit trouvé. La rencontre est en cours d'organisation !

Le sommet est prévu en juin, à Singapour. « Il y a de l'excitation dans l'air ! » tweete Trump le 11 juin 2018, au premier jour de sa visite dans la cité-État. Le soir même, Kim Jong-un, dirigeant d'un des pays les plus fermés au monde, s'offre une spectaculaire sortie nocturne. Mine réjouie, il visite les hauts lieux touristiques de la ville, dont le jardin botanique ultramoderne, avant de regagner son hôtel de luxe.

Le lendemain, le sommet tant attendu a enfin lieu. Après une longue poignée de main, un tête-à-tête d'une quarantaine de minutes, une réunion de travail et un déjeuner, Donald Trump évoque une « rencontre fantastique » qui s'est déroulée « mieux que quiconque aurait pu l'imaginer ». Puis les deux hommes, assis côte à côte derrière un immense bureau de bois, signent une déclaration commune qui reprend de précédents engagements du régime nord-coréen, jamais mis en œuvre. « Kim Jong-un a réaffirmé son engagement ferme et inébranlable en faveur d'une dénucléarisation complète de la péninsule coréenne », est-il écrit. Une formule extrêmement vague qui permet à chaque partie d'en donner l'interprétation qu'elle souhaite.

La journée s'achève par l'une des conférences de presse les plus mémorables de la présidence Trump. Elle débute par la projection d'un film conçu par l'exécutif américain. La vidéo trace à grands traits deux voies possibles pour Kim Jong-un : l'isolement accru et les sanctions jusqu'à l'étranglement, ou, en cas de renoncement complet à l'arme nucléaire, un avenir radieux et une prospérité économique sans limites pour le pays et son jeune dirigeant. Dès la projection terminée, Trump apparaît sur le podium.

> C'est une vidéo que nous avons donnée à Chairman Kim et à son équipe. Elle résume beaucoup de choses. Elle résume beaucoup de choses qui pourraient être faites. C'est un pays formidable qui a le potentiel d'être un endroit incroyable. Quand vous y réfléchissez, ils sont entre la Corée du Sud et la Chine, ils ont un potentiel gigantesque. Et je pense qu'il comprend parfaitement cela et qu'il veut prendre les bonnes décisions.

Tout sourire, le président s'attarde sur les atouts touristiques de la Corée du Nord qui dispose de « très belles plages ». Il se montre particulièrement élogieux à l'égard de Kim Jong-un, un homme « très talentueux ». « Vous seriez surpris. Très intelligent. Très bon négociateur. Il veut faire ce qui est bien », insiste-t-il. Il précise qu'il se rendra, le moment venu, à Pyongyang, et qu'il invitera « Chairman Kim » à la Maison Blanche.

Les questions fusent. Avez-vous trahi les dizaines de milliers de Nord-Coréens détenus dans les goulags en offrant une légitimité au régime ? « Non, je crois que je les ai aidés parce que je pense que les choses vont changer. […] À un certain moment, je suis convaincu qu'il va faire quelque chose sur ce sujet. » Que vous a dit Kim Jong-un qui vous donne confiance dans le fait que, pour la première fois dans l'histoire, la Corée du Nord, passée maître dans l'art des promesses non tenues, ne va pas tricher avec le monde ?

> Il a dit que nous n'étions jamais allés aussi loin. Honnêtement, je ne pense pas qu'ils aient jamais eu confiance dans un président comme celui qu'ils ont aujourd'hui, confiance dans le fait qu'un président ait la capacité de faire bouger les choses. Je pense qu'il veut que cela aboutisse autant que moi, peut-être même plus, parce qu'il voit se dessiner un avenir radieux pour la Corée du Nord. Nous avons signé un document très, très complet et je pense qu'il s'y tiendra. Et d'ailleurs je pense qu'il va lancer le processus dès qu'il atterrira, c'est-à-dire bientôt. […] Je sais dès la première seconde, ou disons dès les cinq premières secondes. Parfois le courant ne passe pas, parfois il passe. […] Dès le début, nous nous sommes compris. […] Tout ce que je peux dire, c'est qu'ils veulent aboutir à un accord. C'est ce que je sais faire. Toute ma vie, j'ai fait des deals. Et je sais quand quelqu'un veut conclure et quand quelqu'un n'est pas prêt. Beaucoup de politiques n'ont pas cette capacité. Moi, c'est mon truc. […] Je sens fortement, grâce à mon instinct, mes capacités ou mon talent, qu'ils veulent parvenir à un accord.

La conférence de presse s'achève sur ces mots :

> Merci beaucoup. Et bravo à tout le monde parce que c'est vraiment, pour moi, un événement très important dans l'histoire mondiale.

Huit mois plus tard, le sommet de Hanoï a pour objectif affiché de donner de la chair au texte de Singapour, d'offrir des détails concrets, un calendrier. La Maison Blanche annonce même qu'il débouchera sur la signature d'un accord lors d'une cérémonie solennelle. Elle n'a pas lieu. La rencontre se termine abruptement sur un constat de désaccord. Donald Trump exigeait que Kim Jong-un renonce d'emblée à tout son arsenal atomique. Le jeune dirigeant réclamait une approche progressive avec une levée rapide d'au moins une partie des sanctions internationales qui étranglent son économie. Il « faut parfois quitter » les négociations, lance Donald Trump fatigué, voire abattu. Mais le président n'a pas dit son dernier mot.

Dès que sa visite à Séoul, fin juin 2019, est annoncée, Washington se met à bruisser : et s'il profitait de l'occasion pour devenir le premier président américain à poser le pied sur le sol nord-coréen, dans la zone démilitarisée (DMZ) ? Donald Trump décide de prendre en charge, seul, la mise en scène. Il met lui-même fin aux spéculations, de la façon la plus théâtrale qui soit : une invitation au grand jour, sous la forme d'un tweet. « Pendant que je serai là-bas, et si le président Kim voit ce message, je pourrais le rencontrer à la frontière/DMZ juste pour lui serrer la main et dire bonjour (?) ! »

Le coup surprend, mais fait mouche. C'est le début d'une séquence qui restera comme l'une des plus saisissantes de la présidence Trump.

Le jour J, il commence sa visite dans le village frontalier de Panmunjom, où fut signé l'armistice de 1953, sur un ton amer, vindicatif. Arrivés comme lui de Séoul en hélicoptère au sein du « pool » resserré de journalistes qui l'accompagne dans tous ses déplacements, nous patientons à distance avant de le rejoindre. La journée aura, à coup sûr, sa place dans les livres d'histoire. Mais ses premiers mots sont une attaque en règle contre les médias. Il a été piqué au vif par les analyses – nombreuses – qui soulignent qu'il n'a, en dépit de deux sommets et de l'échange de nombreuses « magnifiques lettres » avec Kim Jong-un, obtenu aucune avancée concrète sur le dossier nucléaire.

Quelques minutes plus tard, le changement de ton est net. Donald Trump a préparé sa partition. Il sort de la Freedom House, le bâtiment qui héberge traditionnellement les visiteurs. Fait une pause en haut des marches, regarde au loin, du côté nord-coréen, pour voir s'il aperçoit le maître de Pyongyang. Descend les quelques marches, esquisse un sourire, s'avance lentement vers les deux baraquements bleus qui jouxtent la ligne de démarcation. Encore quelques marches puis il s'engage sur une partie recouverte de graviers au son des crépitements des appareils photo. En face, Kim Jong-un, dans son éternel costume mao, se porte à sa rencontre. La tension est forte. Donald Trump arrive le premier à la petite dalle de béton qui symbolise la frontière et s'immobilise. Kim Jong-un le rejoint, démarche décontractée. Poignée de main. Nous tendons l'oreille pour ne rien perdre de ce moment longtemps inimaginable. « Content de vous revoir. Je n'aurais jamais imaginé vous voir ici », lance Kim, dont les propos sont traduits par un homme qui se tient non loin de là.

« Souhaitez-vous que je franchisse la ligne ? » lance Trump, joueur. Il pose le pied sur la bordure de démarcation, encore un pas, il est de l'autre côté, il foule le sol de la Corée du Nord. Les deux dirigeants avancent ensemble. Une vingtaine de pas. Deux silhouettes de dos. Costume bleu marine et costume noir. Chevelure blonde et nuque rasée. Ils font une pause, applaudissent, se serrent de nouveau la main. Puis repartent dans l'autre sens, vers la Corée du Sud. Cris de photographes qui redoutent de voir un cliché historique leur échapper et demandent aux officiels nord-coréens de dégager la vue. Les deux hommes prennent la pose avant de franchir de nouveau la ligne de démarcation. « Un grand moment. Un grand moment. De grands progrès, d'énormes progrès », exulte Donald Trump, qui aura passé un peu plus de soixante secondes en territoire nord-coréen.

Les images sont saisissantes. Mais le spectacle ne peut s'arrêter là. En meeting, Donald Trump sait lire la foule. En déplacement, il sent les moments forts. Ce jour-là, il est déterminé à ce que la séquence dure. Au lieu de continuer tout droit vers la Freedom House où un tête-à-tête est prévu, il s'arrête. Il parle à Kim Jong-un, le fait rire. Un échange avec le « pool » s'improvise. Dans une cohue inimaginable, nous multiplions les questions. Les deux hommes s'en amusent. La scène a quelque chose de surréaliste. Tourné vers son interprète, Kim Jong-un, très détendu, s'exprime sans la moindre hésitation : « Le président vient de franchir la ligne de démarcation. Il est devenu le premier président américain à se rendre dans notre pays. » Donald Trump écoute tout sourire, lui donne une petite tape dans le dos. Puis prend la parole à son tour.

> Je ne m'y attendais pas vraiment. Nous étions au Japon pour le G20. Nous sommes venus en Corée du Sud et j'ai dit : « Hey, je suis ici, je veux appeler Chairman Kim. » [...] Franchir cette ligne fut un grand honneur. Beaucoup de progrès ont été accomplis. [...] Ce fut vraiment organisé au dernier moment, je veux vous remercier.

Le leader nord-coréen rigole. « Nous nous sommes bien aimés dès le premier jour et c'est très important », ajoute le président américain. Nouvelle poignée de main. Donald Trump garde un œil sur les journalistes et ne semble toujours pas pressé de partir malgré la nervosité évidente des agents du Secret Service. Serait-il prêt à inviter l'héritier de la dynastie des Kim à la Maison Blanche ? « Absolument ! » Le président sud-coréen Moon Jae-in a maintenant rejoint les deux hommes. Nouvel échange avec les journalistes. Donald Trump ne s'arrête plus. « C'est un grand jour pour beaucoup de gens, c'est un grand jour pour le monde. » « Quand je suis devenu président des États-Unis, il y avait un grand conflit dans cette région et aujourd'hui c'est l'inverse. »

Place au tête-à-tête dans la Freedom House, dans laquelle nous entrons après une mêlée rugueuse avec les services de sécurité nord-coréens qui pousse Stephanie Grisham, alors porte-parole de la Maison Blanche, à s'interposer. Il est d'abord question de la dramaturgie du moment, beaucoup plus que du fond. Démontrant s'il en était besoin qu'il a compris ce à quoi son interlocuteur était sensible, Kim Jong-un en rajoute : « Certains pensent que cette rencontre avait été arrangée par le biais des lettres que vous m'avez envoyées. Mais j'ai moi-même été surpris hier matin lorsque vous avez exprimé la volonté de me rencontrer ici et lorsque nous avons reçu la confirmation officielle hier après-midi. » Le président américain apprécie. Il revit la scène, s'attarde sur les détails pour donner plus de poids à cette rencontre « vraiment historique ». « C'est un honneur que vous m'ayez demandé de franchir cette ligne. Je pensais que vous alliez peut-être le faire. Je n'en étais pas sûr. Mais j'étais prêt. »

Trump raccompagne son interlocuteur jusqu'à la ligne qui sépare les deux Corées. La séquence est terminée. Au-delà de la promesse, extrêmement vague – et qui ne se matérialisera pas –, d'une reprise des discussions « d'ici deux à trois semaines », aucune avancée.

Fallait-il profiter d'un moment pareil pour négocier, en amont, une concession, même symbolique ? Décrocher un calendrier de travail ? Pour Donald Trump, qui ne cache pas son mépris pour les négociations techniques, l'essentiel est ailleurs. La puissance de l'image efface tout le reste, relègue au second plan la dure réalité : la menace que représente une Corée du Nord dotée de l'arme atomique. À ses yeux, cette journée est une réussite de bout en bout. Il a mené toute la séquence à sa guise, a veillé à ce qu'elle soit placée dans une lumière maximale : ce dimanche 30 juin 2019 est un très grand moment de télévision qui se suffit à lui-même.

Peu importe si les « grands progrès » vantés avec assurance sur la ligne de démarcation ne s'appuient sur rien de tangible. Dans son livre à succès *The Art of the Deal*, publié en 1987, il vantait déjà l'emphase, quitte à tordre le cou à la réalité.

> Les gens ne pensent pas toujours en grand, mais ils adorent ceux qui le font. C'est la raison pour laquelle un

> peu d'hyperbole ne fait jamais de mal. Les gens veulent croire qu'une chose est la plus grande, la meilleure, la plus spectaculaire. J'appelle cela l'hyperbole sincère. C'est une forme innocente d'exagération et une forme redoutablement efficace de promotion.

Lorsqu'il salue les troupes américaines, quelques heures plus tard, sur la base américaine d'Osan, en Corée du Sud, la satisfaction du showman qui vient de réussir un coup se ressent dans chacun de ses mots. Il s'excuse d'être en retard – « La raison ? J'ai rencontré Kim Jong-un » –, et raconte, triomphant, le pari du tweet : « Un truc vraiment puissant, ces réseaux sociaux ! »

> J'ai marché en Corée du Nord. [...] Nous avons franchi la ligne puis nous avons fait demi-tour. Tout le monde était tellement content. Et j'ai vu que beaucoup de gens, des Coréens, étaient en larmes. Ils pleuraient. Parce que c'était énorme.

À bord d'Air Force One, sur le chemin du retour vers Washington, pas un mot. Il ne viendra pas nous voir à l'arrière comme il le fait parfois. Il savoure. Deux semaines plus tard, la photo où on le voit franchir la ligne de démarcation sous l'œil attentif de Kim Jong-un figure en bonne place dans les couloirs de la West Wing.

L'ARME DU TWEET

Entre les mises en scène des meetings et des déplacements, le mouvement permanent est entretenu par le compte Twitter du président des États-Unis. Personne à ce niveau de responsabilité n'a jamais utilisé un réseau social comme lui. @realDonaldTrump combine une multitude d'usages. Canal diplomatique, chambre de décompensation pour les colères passagères, instrument de mobilisation des fidèles, plateforme d'attaque contre les adversaires politiques ou les institutions qui contrarient ou critiquent son action, le fil du président des États-Unis est un média en lui-même.

Il lui permet à chaque instant de prendre le contrôle du cycle de l'information tout en échappant au rythme pesant de la présidence, à coups de récriminations ou de satisfecit, publiés dès l'aube ou tard dans la soirée. L'écho suscité dépasse en effet de beaucoup ce réseau, par ailleurs fréquenté par une majorité relative de personnes se définissant comme plutôt proches du camp démocrate, selon une étude du Pew Research Center publiée en 2018.

Le mystère « covfefe » illustre comme une parabole cette mise sous tension permanente. Le 30 mai 2017, peu avant minuit, le président des États-Unis écrit une nouvelle fois pour se plaindre des médias. « *Despite the constant negative press covfefe.* » Le message s'achève sur ce mot qui laisse perplexes les suiveurs du président. A-t-il voulu écrire « En dépit de la couverture [*coverage*] constamment négative de la presse », l'explication la plus probable ? Le compte Twitter du géant de la lexicologie Merriam-Webster s'en mêle. « Se réveiller, consulter Twitter, oh, regretter, retourner se coucher », écrit le permanencier. À l'aube, Donald Trump renchérit : « Qui peut savoir le véritable sens de covfefe ??? Amusez-vous bien », écrit-il.

Une faute de frappe ? Au lieu de reconnaître l'évidence, son premier porte-parole dément. « Le président et un petit groupe de personnes savent exactement ce qu'il a voulu dire », affirme Sean Spicer, impavide. Le mot est décortiqué, moqué, avant de se transformer en phénomène. Un élu démocrate du Congrès, Mike Quigley, de l'Illinois, dépose en juin un projet de loi intitulé Communications Over Various Feeds Electronically For Engagement Act (COVFEFE). Les sept lettres sont ensuite déclinées sur des mugs et des tee-shirts.

Autre illustration de la latitude que lui offre cet outil ludique : le Kentucky Derby, rendez-vous à part dans le calendrier des courses hippiques. Tous les ans, le premier samedi de mai, l'Amérique, les yeux rivés sur Louisville, se fige pendant « les deux minutes les plus palpitantes du sport ». L'édition 2019, la cent quarante-cinquième, connaît un dénouement inédit. Pour la première fois dans l'histoire de la vénérable course, le vainqueur, Maximum Security, est disqualifié pour avoir gêné des concurrents. Le deuxième, Country House, l'emporte sur le tapis vert. Donald Trump se fend d'un tweet, déplore la décision, estime que la course, qui s'est déroulée dans des conditions très difficiles, était « magnifique » et qu'il fallait accepter le résultat, ignorer les réclamations. Dans la foulée, il attribue la décision au « politiquement correct » qui écrase selon lui la société américaine, l'un des grands thèmes de sa campagne de 2016. Où se niche le « PC » dans cette affaire ? Difficile à dire. Il n'en reparlera jamais. L'essentiel est ailleurs. Avec Twitter, Donald Trump revendique le droit de donner son avis sur tout, à tout moment. Une façon de dire que rien ne lui est interdit, qu'aucun champ ne lui échappe. Il s'exprime quand il le veut, comme il le veut.

Un professeur émérite de l'université californienne de

Berkeley, spécialiste en linguistique cognitive, George Lakoff, distingue quatre fonctions de ce compte Twitter hors norme : le cadrage préemptif, la diversion, la déviation et le ballon d'essai. Dans le premier cas, le président des États-Unis s'efforce d'imposer les termes d'un débat. Dans le deuxième, il agite un chiffon rouge pour détourner l'attention d'un sujet délicat. La troisième fonction vise à attaquer un messager, média ou institution, à mettre en cause sa crédibilité pour affaiblir son message. La quatrième permet de mesurer la réception d'une idée auprès de sa base.

@realDonaldTrump est aussi décisif dans la gestion du pouvoir que dans sa conquête. Après son élection, en novembre 2016, le républicain envisage dans un premier temps de prendre congé du réseau qu'il a fréquenté avec assiduité avant même de se lancer en politique. Élu par surprise, tiraillé entre des conseils contradictoires, Donald Trump hésite à l'époque sur le style à donner à sa présidence. Au cours de la campagne, il a déjà évoqué cette rupture : « Ne vous inquiétez pas, je vais laisser tomber une fois que je serai président. Je ne tweeterai plus. Je ne sais pas. Ce n'est pas présidentiel. »

Mais une fois à la Maison Blanche, il fait sien également sur Twitter le principe défendu sans faiblir par son premier directeur de campagne, Corey Lewandowski : « *Let Trump be Trump* », laissons Trump être Trump. Il ne cesse de s'en expliquer et de se justifier tout au long de son mandat. Car ce ton sans pareil sur le réseau social nourrit l'une des rares critiques formulées constamment par ses fidèles, y compris par ceux qui se pressent à ses meetings, même si le président raconte souvent l'histoire d'une femme brandissant une pancarte proclamant, à l'en croire : « Continuez de tweeter, Monsieur le président, c'est important. »

Les enquêtes d'opinion confirment ces réserves. En décembre 2016, 42 % des électeurs républicains jugent que Donald Trump use « trop » de son canal d'expression favori, selon l'institut Morning Consult. En mai 2018, ils sont 58 % à réprouver l'usage de Twitter par le président. Aucune des catégories sociales qui constituent la base électorale du président, les Blancs âgés, ruraux, non diplômés, ne le soutient sur ce point.

Donald Trump, pourtant, refuse de renoncer. Son obsession pour la taille de ses audiences trouve là un sujet de satisfaction. Le jour de son élection, il ne dispose « que » de 12,9 millions d'abonnés. Il en gagne 6 millions avant son entrée à la Maison Blanche, moins de deux mois plus tard, distançant rapidement le total du compte générique de la chaîne conservatrice Fox News (12,4 millions) comme celui du *Washington Post* (8,4 millions). Puis les chiffres s'envolent pour s'élever à plus de 80 millions à la fin de son mandat.

L'activité du président suit cette courbe. Il publie 153 messages (personnels et partagés) pendant le mois de février 2017, le premier mois entier de sa présidence. Deux ans plus tard, il est l'auteur de 250 messages pendant la même période. @realDonaldTrump ignore les congés. Le mois d'août coïncide avec un pic d'activité, avec 267 messages en 2017. La mécanique s'emballe progressivement et de manière exponentielle à partir de l'été 2019 avec un total de 648 en août, 835 en septembre et 1 005 en octobre, selon la comptabilité du site Trump Twitter Archives.

En juillet 2019, le président expose longuement les

raisons qui le poussent à rester aussi actif sur ce réseau social à l'occasion d'un « sommet » rassemblant à la Maison Blanche le gratin des médias en ligne nationalistes qui le soutiennent. Sont notamment présents James O'Keefe, de Project Veritas, un groupe de conservateurs souvent épinglé pour des méthodes d'enquête controversées, Bill Mitchell, grand défenseur du mouvement complotiste QAnon, les animateurs de l'« usine à mèmes » Carpe Donktum, dont la production est souvent reprise par le président sur son compte, et les incendiaires Afro-Américaines Diamond and Silk, très actives sur Facebook. Les uns et les autres ont pris place aux côtés d'élus du Congrès et de membres du gouvernement fédéral.

Ce jour-là, Donald Trump expose avec son inimitable candeur le plaisir que lui procure cette capacité à enflammer les réseaux sociaux. « Je regarde ça, et ça décolle comme une fusée quand je publie une perle », explique-t-il sous les rires d'un public tout acquis à sa cause. « Comme quand j'ai dit, vous vous souvenez, quand j'ai dit que quelqu'un m'espionnait », poursuit-il dans une allusion aux accusations portées en mars 2017 contre son prédécesseur démocrate Barack Obama. « Ce truc était comme une fusée. J'ai reçu un appel deux minutes plus tard [de mon entourage]. "Avez-vous dit ça ?" J'ai dit : "Oui, je l'ai dit." Eh bien, c'est une explosion [sur les réseaux sociaux]. C'est une explosion, me dit-on. »

Il prend un autre exemple pour décrire la domination qu'il parvient à imposer sur les médias. « J'ai fait le Golan », dit-il en référence à la reconnaissance unilatérale par les États-Unis de la souveraineté israélienne sur le plateau syrien, avant les élections législatives israéliennes d'avril 2019. « J'en ai parlé dans un petit tweet rapide.

J'ai dit : "Regardez, je vais le faire." Et j'ai dit : "Nous reconnaissons que les hauteurs du Golan font partie d'Israël" », raconte-t-il. « C'était une grande chose. J'y vais. Regardez ça. Boom. J'appuie sur le bouton, et en deux secondes : *breaking news* », poursuit-il, mimant la réaction des chaînes d'information continue.

Mais Donald Trump défend également ce qu'il présente régulièrement comme une nécessité, compte tenu de l'hostilité de la majorité de la presse qu'il ne cesse de dénoncer. « Chacun de vous joue un rôle vital dans notre pays. Vous défiez les contrôleurs des médias et les censeurs des entreprises pour faire connaître les faits directement au peuple américain. Et c'est ce que vous faites, vous allez droit vers les gens », explique-t-il à ses invités, décrivant sa propre activité sur Twitter. « J'ai demandé à quelqu'un : "Que pensez-vous que je ferais sans les médias sociaux ? Est-ce que je serais ici ?" J'ai dit : "Je pense que oui." Mais il n'en était pas aussi sûr », glisse-t-il faraud. « Vous communiquez directement avec nos citoyens sans avoir à passer par le filtre des médias bidon. C'est très simple. Ensemble, vous touchez plus de gens que n'importe quel réseau de télévision, et de loin », affirme-t-il.

Au cours de cette réunion, le républicain rend un hommage appuyé au directeur de sa communication numérique, Dan Scavino. Il s'agit à cet instant du plus ancien membre de son entourage encore présent à ses côtés depuis son entrée en politique, sa famille exceptée. Ce jeune quadragénaire évolue dans l'orbite du magnat de l'immobilier depuis ses seize ans. Ancien caddy de l'homme d'affaires devenu responsable de l'un de ses clubs de golf, omniprésent, capable de déchiffrer les humeurs présidentielles, il a su s'imposer par sa maîtrise de ce levier incomparable.

Bombardé d'un titre qui n'existait pas avant lui, Dan Scavino bénéficie d'un traitement de faveur. Il comptait parmi les proches les mieux rémunérés du président dans le dernier état des lieux fourni au Congrès, en juin 2019. Ses 183 000 dollars (166 000 euros) annuels le plaçaient au même niveau que le conseiller à la sécurité nationale d'alors, John Bolton, ou que l'influent conseiller politique Stephen Miller. L'ancien caddy est considéré comme l'auteur d'une partie des messages publiés sur @realDonaldTrump, surtout pendant la journée.

Le même « sommet » à la Maison Blanche est l'occasion d'une nouvelle itération de la fracture entre « eux » et « nous » lorsque Donald Trump met en cause la neutralité revendiquée des géants du numérique. En cause, le rythme de progression du nombre de ses abonnés. « J'avais l'habitude – quand je dis “j'avais l'habitude”, je parle d'il y a quelques mois de ça –, mais j'avais l'habitude d'en avoir 100 000 de plus tous les… disons très rapidement. Maintenant, je dirais qu'il me faut dix fois plus de temps », se plaint-il.

Ses griefs ne s'arrêtent pas là. « J'ai remarqué des choses qui se passent quand je publie quelque chose, quelque chose de bon que les gens aiment. D'accord ? Un bon tweet, ça monte. Auparavant, ça montait : 7 000, 7 008, 7 017, 7 024, 7 032, 7 044 », raconte le président en faisant allusion aux partages de ses messages. « Maintenant, on a : 7 000, 7 008, 6 998, ou 7 009, 6 074. Que se passe-t-il ? Cela ne s'est jamais passé auparavant », poursuit-il. « Est-ce que quelqu'un sait de quoi je parle avec ça ? » demande Donald Trump. « Oui ! » répond d'une seule voix une audience convaincue que les conservateurs sont l'objet d'une censure sur internet.

Rapidement, @realDonaldTrump s'affirme comme un véritable service de presse, vampirisant le pouvoir exécutif, polarisant l'attention des capitales étrangères. Au point que le 23 août 2019, l'annonce furibonde d'une hausse des taxes d'importation visant des marchandises en provenance de la Chine, en pleine guerre commerciale entre Washington et Pékin, est reproduite quelques heures plus tard sous la forme d'un communiqué de la Maison Blanche. À l'identique. Majuscules synonymes d'emphase et ponctuation comprises.

À l'automne 2019, le *New York Times* se lance dans un travail de bénédictin : l'analyse des plus de 11 000 tweets envoyés en trente-trois mois par Donald Trump depuis le jour de son arrivée au pouvoir, le 20 janvier 2017, et ce premier message, au moment où le soleil se lève sur Washington, quelques heures avant sa prestation de serment : « Tout commence aujourd'hui ! »

Sur l'ensemble des données rassemblées, trois chiffres retiennent l'attention : 2 026 tweets font l'éloge de Donald Trump, 1 710 vantent des théories du complot, 1 308 attaquent les médias.

Accusé de complaisance, le réseau social finit par réagir. En mai 2020, il met en garde ses usagers contre l'affirmation erronée du président selon laquelle le vote par correspondance favorise la fraude électorale. Donald Trump se cabre, menace de fermer la plateforme alors qu'il n'en a pas le pouvoir. Interrogé sur la possibilité de supprimer son compte Twitter en représailles, il jure qu'il le ferait « dans la seconde » si les journalistes ne cherchaient pas systématiquement à l'abattre. Dès le lendemain, il reprend, imperturbable, sa litanie de messages quotidiens, sur le même rythme et le même ton.

LE PIÈGE TENDU À LA PRESSE

Ce compte Twitter est aussi le poste avancé d'une autre bataille permanente, celle contre la presse. Un mois après son élection, Donald Trump y dénonce une information selon laquelle il envisagerait de rester producteur exécutif de « The Apprentice ». Sa directrice de campagne, Kellyanne Conway, godille, à l'image d'une transition qui a pris de court une équipe peu préparée pour l'après-victoire. « Le président a le droit de faire ce qu'il veut de son temps libre », assure-t-elle prudemment. Donald Trump, lui, s'emporte en lettres capitales contre une « FAKE NEWS », une « info bidon ».

Il s'agit de la première mention de l'expression qui se multiplie dans les semaines qui viennent au rythme de la publication d'articles critiques. Peu à peu, elle devient le synonyme de cette presse qui, selon Donald Trump, veut « rabaisser » sa victoire. Il en fait un usage méthodique qui témoigne de sa volonté d'entretenir des rapports hostiles avec le quatrième pouvoir. Moins d'un mois après sa prestation de serment, il qualifie pour la première fois les médias qui lui sont défavorables d'« ennemis du peuple », une formule utilisée 35 fois sur son compte Twitter en un an et demi de présidence.

Il n'est plus question des relations consanguines envisagées dans le premier livre qui porte sa signature, publié en 1987, l'homme d'affaires théorisant alors en quelques lignes les excellentes relations qu'il se flattait d'entretenir avec les médias. Soumis désormais à leur regard inquisiteur, Donald Trump fait le choix de l'antagonisme et d'une guerre de harcèlement. Il le montre spectaculairement en déclinant dès son arrivée dans le bureau Ovale l'invitation au dîner annuel de l'Association des correspondants de la Maison Blanche.

Cette tension alimente une addiction décrite et illustrée par un chroniqueur du *New York Times*, Nicholas Kristof, en mai 2018.

> Les organes de presse, en particulier les chaînes de télévision par câble, se nourrissent de Trump comme des pique-bœufs sur le dos d'un rhinocéros, car il fait partie de notre *business model* en 2018. Tant que nous nous concentrons sur Trump, sur ses vantardises et ses mensonges, le public suit.

Dans le même article, Nicholas Kristof montre pourtant avec humour à ses lecteurs combien cette lucidité peut être brouillée par l'obsession installée par le président. Car le journaliste formule dans le même mouvement une demande désarmante au président-Léviathan : celle de l'éreinter sur son compte Twitter.

> Vous vous êtes attaqué à Maggie Haberman [*New York Times*], Don Lemon [CNN] et Chuck Todd [NBC], mais vous ne m'avez dénoncé publiquement qu'une fois – et de manière si incohérente que je n'ai pas pu imprimer la citation pour impressionner mes enfants. La prochaine fois que vous serez sur Twitter, pourquoi ne pas lancer quelque chose de concis comme : « Ce cinglé de Krisitofff est le pire journaliste menteur du FAILING NYTimes EVER !!! »

Le matin même du « sommet » des médias trumpistes, en juillet 2019, le président se lance sur Twitter dans une longue tirade contre les « médias bidon ».

> Quand je quitterai finalement mes fonctions dans six ans, ou peut-être 10 ou 14 ans (je plaisante), ils vont rapidement faire faillite faute de crédibilité ou d'approbation de la part du public. C'est la raison pour laquelle ils me soutiendront tous à un moment ou à un autre.

Il s'avance sur un terrain qu'il juge favorable. La crédibilité de la presse américaine atteint en 2016 un plancher, selon le vénérable institut Gallup, avec seulement 32 % des personnes interrogées qui assurent avoir « très » ou « plutôt assez » confiance dans la presse écrite, radio et télé, avant de remonter à 45 % en 2018. Le Pew Research Center, se basant sur un échantillon représentatif, note que la majorité (62 %) des informations relatives à Donald Trump produites pendant les soixante premiers jours de sa présidence sont jugées négatives, contre seulement 20 % pour Barack Obama à la même période, 28 % pour George W. Bush et 28 % pour Bill Clinton.

Trump y voit la preuve de la partialité de la presse. La mise en cause permanente de cette dernière, transformée en punching-ball, lui permet de rythmer sa présidence, d'ouvrir des fronts, de l'attirer sur un terrain où elle ne peut pas plus l'emporter que les personnalités qui s'y sont aventurées avant elle, ou bien à ses risques et périls.

Cette relation intranquille est fondée sur un péché originel : la presse américaine, comme les caciques du Parti républicain, comme ceux du Parti démocrate, n'a cessé de sous-estimer Donald Trump. Elle l'a moqué lorsqu'il s'est porté candidat, puis a juré qu'il n'obtiendrait pas l'investiture du Grand Old Party, avant d'assurer qu'il n'accéderait jamais à la Maison Blanche. Il a pourtant été élu, seul contre tous.

En campagne comme au pouvoir, Donald Trump a réussi la prouesse de ne pas être jugé à la même aune que ses prédécesseurs.

À un mois de l'élection présidentielle, il est brusquement rattrapé par son passé. En 2005, il a été filmé à son insu dans le cadre d'une émission qui met en scène les personnalités diffusée sur la chaîne Access Hollywood. Dans les propos qui refont surface, le magnat de l'immobilier vante, en termes très directs, l'impunité que confère la célébrité auprès des femmes. « Quand on est une star, tu peux tout faire. Attrape-les par la chatte. Tu peux tout faire », assure l'homme d'affaires, remarié quelques mois plus tôt avec l'ancien mannequin slovène Melania Knavs. Pour de nombreux responsables républicains, le coup porté est de ceux dont on ne se relève pas. Pas pour Donald Trump. Il relativise des « propos de vestiaires » sans conséquence et contre-attaque : « Bill Clinton m'a dit des choses bien pires sur les terrains de golf. » Le surlendemain, au cours du deuxième débat présidentiel, le républicain évacue rapidement ses regrets pour attaquer bille en tête l'ancien président démocrate présent dans la salle, alors qu'il est opposé à son épouse, Hillary. Au culot, à l'énergie, il a franchi l'obstacle.

L'incarcération en mai 2019 de son ancien avocat chargé des basses œuvres, Michael Cohen, ne suscite guère d'émoi. Ce bras droit qui se disait prêt « à prendre une balle » pour son patron avait notamment été chargé pendant la campagne d'acheter le silence de deux femmes qui revendiquaient des relations extraconjugales avec le milliardaire : une ancienne actrice de films pornographiques,

Stephanie Clifford, alias Stormy Daniels, et un ancien modèle de *Playboy*, Karen McDougal. Cette incarcération s'ajoute il est vrai à une liste déjà longue de condamnés qui ont croisé le chemin de Donald Trump. Paul Manafort, son ancien directeur de campagne ; Rick Gates, associé du premier ; George Papadopoulos, un ancien conseiller ; Roger Stone, un proche de longue date. Pour ne citer que les plus connus. Cette liste s'enrichit des premiers élus républicains qui lui ont apporté leur soutien, Chris Collins, représentant de l'État de New York, condamné pour des malversations sans lien avec le président, et Duncan Hunter, représentant de Californie, mis en cause pour un usage illégal de fonds de campagne. Mais l'accoutumance aux scandales joue en faveur de Donald Trump. Il avance, rien ne semble pouvoir le faire trébucher.

En septembre 2018, une tribune anonyme publiée par le *New York Times* fait l'effet d'une bombe à Washington. « Il y a une résistance silencieuse au sein de l'administration, rassemblant des gens qui ont choisi de privilégier d'abord leur pays », assure son signataire, qui se veut rassurant : « Les Américains doivent savoir qu'il y a encore des adultes à bord. » Les succès dont se vante Donald Trump ont été obtenus « en dépit de et non grâce à » lui, jugé « mesquin », « impétueux » et « inefficace ». L'auteur ne s'arrête pas là.

> Pour être clair, notre résistance n'est pas celle de la gauche. Nous souhaitons que l'administration [républicaine] réussisse et nous pensons que beaucoup des politiques déjà adoptées ont rendu l'Amérique plus sûre et plus prospère. [...] Mais nous pensons que notre premier devoir est envers notre pays, et le président continue d'agir au détriment de la santé de notre république.

Donald Trump organise à nouveau la riposte, dénonce avec énergie le fond comme la forme, décoche les uppercuts pour la plus grande joie de sa base électorale. « Est-ce que ce soi-disant “haut fonctionnaire de l’administration” existe vraiment, ou bien est-ce encore une source bidon de cette catastrophe de *New York Times* ? » s’interroge-t-il. Peu à peu, l’effet s’émousse. Au-delà de l’anonymat qui affaiblit fortement le propos, l’attaque n’a pas de véritable prise sur ce président hors norme. Un an plus tard, le mystérieux auteur récidive sous la forme d’un livre. L’ouvrage fait un flop.

2

Un pays propice

En 2009, la journaliste vedette de la grande chaîne de télévision ABC, Diane Sawyer, frappe de stupeur l'Amérique en consacrant une série de reportages aux « Enfants des montagnes » (« Children of the mountains »). Il s'agit de ces Blancs enclavés au centre des Appalaches, entre Kentucky et Virginie-Occidentale, menacés par la pauvreté, les addictions et le déclassement. La série popularise notamment les problèmes dentaires des enfants gavés de soda bon marché. Cette plongée vertigineuse devient rapidement un genre journalistique. Nécessaire pour l'Amérique qui ne veut pas voir ses miséreux, obscène pour ceux qui sont exposés presque comme des phénomènes de foire. Cette Amérique en perdition s'étend tout le long de la « ceinture de rouille », la formule qui désigne les vieux États industriels. Elle commence à subir les effets dévastateurs des addictions aux médicaments antidouleur. Malgré les reportages, elle reste cependant tenue à distance par un regard presque ethnologique.

Sept ans plus tard, un récit autobiographique, Hillbilly Elegy *de J. D. Vance, ravive la mauvaise conscience des États-Unis. Le livre raconte la trajectoire de l'un de ces enfants pauvres passé par le corps d'armée des marines, puis par l'université de Yale, l'une des plus prestigieuses du pays. J. D.*

Vance est petit-fils de hillbillies, *dont la traduction française de « péquenaud » ou de « plouc » est aussi insatisfaisante que celles qui peuvent être trouvées pour ses synonymes de* redneck *et de* white trash. *Des termes qui n'appartiennent en fait qu'aux États-Unis. Le livre se transforme en succès de librairie et trône en tête de la liste des best-sellers du* New York Times. *Un signe prémonitoire. Cette Amérique délaissée va bientôt contribuer à la plus grande surprise électorale de ces dernières décennies : la victoire de Donald Trump. Cette dernière est également alimentée par la « fatigue » des guerres interminables, la puissance du dégagisme instillé par le mouvement du Tea Party, un courant républicain droitier né de la crise financière de 2008, relayé par un efficace écosystème médiatique. Rien qui n'échappe à un milliardaire sans rival pour saisir l'air du temps.*

PEUR, COLÈRE ET RESSENTIMENT

> Les hommes et les femmes oubliés de notre pays ne le seront plus jamais.

La phrase trône au cœur de la stratégie électorale de Donald Trump. Elle est prononcée le 21 juillet 2016 à Cleveland lors de son couronnement comme candidat du Parti républicain, le 9 novembre 2016 à New York lors de sa première prise de parole après la victoire, le 20 janvier 2017 à Washington lors de son discours de prestation de serment. Et des dizaines de fois depuis, rituel immuable à la fin de chaque meeting de campagne.

Le journaliste Ben Bradlee, fils du célèbre rédacteur en chef du *Washington Post*, est allé à leur rencontre en Pennsylvanie, dans le comté de Luzerne, remporté nettement par Barack Obama en 2008 et en 2012 et qui bascule massivement au bénéfice du républicain en novembre 2016. Le livre qu'il en a tiré, *The Forgotten*, tire le portrait de cette Amérique qui veut sa revanche.

Elle est composée des dizaines de millions d'Américains blancs, plutôt âgés, qui ont le sentiment tenace, viscéral, d'avoir été délaissés et méprisés. La formule de Trump réveille les habitants des *flyover states* (« les États que l'on survole » sans jamais s'y arrêter) qui vivent loin des grandes villes cosmopolites. Loin des deux côtes, l'Atlantique et la Pacifique, qui concentrent les richesses, bousculent les traditions et les usages et jugent sévèrement ceux qui ne suivent pas leur sillage.

« Je suis votre voix », leur lance Trump. Et cette voix, qui parle de colère, de ressentiment et de nostalgie, atteint sa cible. Elle ravive les angoisses occultées par d'autres : le coût supposé de l'immigration, les ravages de la drogue dans une Amérique qui vit cachée. Cette voix prend des accents indignés face à un discours mettant en avant les vertus d'un pays chaque jour plus multiracial et multiculturel, d'une mondialisation heureuse dans laquelle les déclassés ne trouvent pas leur place. Elle résonne aussi en réaction aux deux mandats de Barack Obama.

L'ancien président démocrate s'est lui-même interrogé sur sa responsabilité dans l'émergence de cette frustration, qui a été un puissant moteur dans la propulsion de Donald Trump à la tête de la première puissance mondiale. Ben Rhodes, qui fut à la fois sa plume et son proche conseiller sur les affaires étrangères pendant huit ans à la Maison Blanche, l'a raconté dans son livre *Obama confidentiel*. « Et si nous avions eu tort ? » lance le premier président noir de l'histoire des États-Unis à ses conseillers lors d'un déplacement à Lima, au Pérou, peu après la victoire coup de tonnerre de Trump mais avant que celui-ci n'accède au pouvoir.

« Peut-être que nous avons poussé trop loin », poursuit-il, évoquant la lecture d'une tribune parue dans le *New York Times*, sans doute celle écrite par le chroniqueur conservateur Ross Douthat, selon laquelle les démocrates ont, dans l'ivresse de leurs victoires passées, probablement un peu trop vite oublié combien les identités raciales, religieuses ou sociales étaient importantes. « Peut-être que les gens veulent juste pouvoir rester entre eux », ajoute-t-il.

Le contentieux est ancien. Le 12 avril 2008, Hillary Clinton dénonce « les propos humiliants » tenus par celui qui n'est encore qu'un sénateur sans grande expérience de l'Illinois « concernant les habitants des petites villes d'Amérique ». Elle déplore des commentaires « élitistes et déconnectés ». La veille, un enregistrement de réflexions tenues dans le huis clos d'une collecte de fonds a été rendu public. On y entend le jeune Barack Obama qui livre une bataille acharnée contre la favorite de la course à l'investiture démocrate pour la présidentielle s'exprimer sans fard (il reconnaîtra rapidement une faute politique) :

> Vous allez dans ces petites villes de Pennsylvanie et, comme beaucoup de petites villes du Midwest, les emplois ont disparu depuis vingt-cinq ans et rien ne les a remplacés. Et ils ont disparu sous les administrations Clinton et Bush, et chaque équipe successive a dit que d'une manière ou d'une autre ces communautés allaient renaître alors que cela n'a pas été le cas. Les gens deviennent amers, ils s'accrochent aux armes à feu, à une religion ou à une antipathie envers des personnes qui ne sont pas comme eux, ou au sentiment anti-immigrés, ou bien au sentiment anti-libre-échange pour exprimer leurs frustrations.

Huit ans plus tard, devant des militants LGBT, à New York, Hillary Clinton tombe à son tour dans ce piège.

> Pour généraliser, en gros, vous pouvez placer la moitié des partisans de Trump dans ce que j'appelle le panier des pitoyables. Les racistes, sexistes, homophobes, xénophobes, islamophobes… À vous de choisir ! Malheureusement, il y a des gens comme ça. Et [Donald Trump] les a motivés. Il a donné une visibilité à leurs sites web qui ne rassemblaient que 11 000 personnes, au lieu de 11 millions maintenant. Il tweete et retweete leur rhétorique odieuse et haineuse. Certains de ces gens sont irrécupérables, mais heureusement, ils ne sont pas l'Amérique.

L'équipe de campagne du républicain se saisit aussitôt de la tirade. Dans les meetings de Trump, les tee-shirts et les pancartes fleurissent, les « pitoyables » revendiquent avec fierté le qualificatif qui leur a été accolé par cette parfaite représentante d'une élite désormais honnie.

Comment l'homme d'affaires de New York a-t-il réussi à galvaniser « l'homme oublié », expression qui refait régulièrement surface dans le discours politique américain – avec des significations fluctuantes – depuis la fin du XIXe siècle ?

Paul Ryan, ancien *speaker* (président) républicain de la Chambre des représentants, qui a entretenu des relations compliquées avec le locataire de la Maison Blanche sans cependant jamais lui tenir tête, a résumé à sa manière la dynamique : « L'homme oublié auquel il s'adresse est quelqu'un qui a enfin le sentiment qu'on le prend au sérieux », explique-t-il en juin 2019, quelques mois après avoir tourné la page de la politique, lors de l'Aspen Ideas Festival, une rencontre annuelle organisée par le cercle de réflexion huppé Aspen Institute.

> Je ne peux vous dire combien de fois, en voyageant à travers l'Amérique, et en particulier dans le Wisconsin, je croise des gens qui ne s'étaient jamais vraiment intéressés à la politique auparavant et qui disent : « Ce type me parle, il va faire un truc qui fera une différence dans ma vie. » Cela vient des tripes.

Pour assurer la mobilisation, Donald Trump a recours à un levier puissant : la nostalgie. Référence un peu vague à une époque où tout était mieux sans qu'elle soit jamais vraiment identifiée dans le temps. Avec un mot simple, central, qui fait mouche : « *again* » (« encore, de nouveau »), utilisé avant l'élection en guise de promesse (« Make America Great Again ») et dans l'exercice du pouvoir comme preuve de réussite. « Si je suis élu président, nous gagnerons de nouveau », « Si je suis élu, nous dirons de nouveau Joyeux Noël », « Nous sommes de nouveau respectés à travers le monde ». Quitte, pour mieux marquer le contraste, à forcer le trait. Ainsi lors du sombre discours de sa prestation de serment, dans lequel il parle de « carnage américain » et dresse le tableau apocalyptique d'un paysage « d'usines rouillées à l'abandon éparpillées comme des tombes ».

Un sondage réalisé par un cercle de réflexion de Washington, le Public Religion Research Institute, quelques semaines avant le scrutin présidentiel de 2016 résume de manière éclatante le fossé entre deux blocs. Interrogés sur les changements dans la culture américaine et le mode de vie depuis les années 1950, plus de 70 % des électeurs probables de Trump estiment alors que les choses ont évolué « dans le mauvais sens », tandis que la même proportion (70 %) d'électeurs d'Hillary Clinton pense rigoureusement le contraire. La fracture est encore plus marquée parmi les protestants évangéliques, dont les trois quarts se disent convaincus que les changements culturels des six décennies écoulées ont été négatifs.

Sur les grandes orientations comme sur la vie quotidienne, Donald Trump s'emploie à raconter un âge d'or que l'Amérique devrait toujours avoir à l'esprit. Il préfère les *malls* d'antan au commerce en ligne, surtout s'il est développé par le géant Amazon, peste contre l'adoption par la Navy d'un nouveau système de catapultage pour les porte-avions, geint contre la place de l'informatique dans l'aviation civile obligeant, à l'en croire, chaque pilote à être l'égal d'Albert Einstein.

C'est en appuyant sur ce ressort de la nostalgie qu'il défend avec fougue l'entreprise de déréglementation environnementale massive engagée dès son arrivée au pouvoir. Durant les deux premières années de son mandat, il dresse l'éloge du « magnifique charbon propre » et promet maintes fois – contre toute évidence économique – que cette énergie fossile a encore un avenir radieux aux États-Unis. Il défend les ampoules traditionnelles après la suppression par son gouvernement des normes qui devaient accélérer la disparition de ces dernières à partir de 2020 pour favoriser les économies d'énergie. « Ils ont pris nos ampoules à filament ! » se lamente-t-il devant une foule tout acquise à Albuquerque, au Nouveau-Mexique. Et il se lance dans un plaidoyer sans nuances : « La lumière est bien meilleure, c'est moins cher et c'est plus sûr parce que ces autres ampoules, quand elles cassent, c'est vraiment dangereux. »

Ce pari de la nostalgie est aussi celui qui consiste à miser sur une population vieillissante, pas celle qui fait rêver les stratèges, les yeux rivés sur les courbes de la démographie américaine. Les réserves de voix sont ailleurs ? Peut-être, mais Donald Trump a décidé de s'appuyer sur cette base électorale, de la galvaniser. Pari réussi – de justesse – en 2016, qu'il retente en 2020 avec les mêmes ressorts, même si l'équation pourrait être périlleuse à gérer à l'avenir pour le Parti républicain.

L'ancien magnat de l'immobilier a gardé en tête une évidence : une élection se joue dans les urnes, et nulle part ailleurs. Robert P. Jones, directeur du Public Religion Research Institute et auteur d'un livre qui annonce la fin de l'Amérique protestante blanche, longtemps majoritaire, le rappelle :

> Si les démocrates peuvent compter sur des vents démographiques favorables sur le long terme, les républicains, eux, ont une machine à remonter le temps : des habitudes de vote différentes suivant des lignes raciales et religieuses qui ont pour effet de retarder l'horloge démographique de huit ans ou plus.

Un clip parodique, diffusé par le groupe démocrate Acronym, avant les élections de mi-mandat, dit le désespoir du Parti démocrate qui ne sait que faire de sa popularité nette – mais presque stérile – chez les jeunes. Face caméra, des retraités, blancs, encouragent, sourire en coin, les jeunes Américains à continuer à faire ce qu'ils font le mieux, comme le démontrent toutes les statistiques officielles : parler beaucoup, manifester souvent, et rester chez eux les jours d'élection.

> « Nous serons présents le jour de l'élection, j'imagine que vous pas. Nous sommes une génération d'électeurs, pas de pleurnichards. Et tout va très bien pour nous. » « Chers jeunes gens, ne votez pas ! Tout va très bien comme ça ! » « Trump, c'était nous, c'est notre homme ! » « Des réductions d'impôts pour les riches ? Je prends ! Je suis riche comme c'est pas permis… » « Le changement climatique ? C'est votre problème. Moi, je serai bientôt morte… » « Bien sûr que les fusillades dans les écoles sont tristes, mais je n'ai pas mis les pieds dans une école depuis cinquante ans… » « S'il fait beau [le jour de l'élection], vous pourriez peut-être vous joindre à l'une de ces petites manifestations sympathiques, voire partager une vidéo sur Facebook ? »

Malgré les avertissements, *mezza voce*, au sein du Parti républicain, Donald Trump a décidé de s'en tenir à cette stratégie, à tout prix. « J'ai un socle phénoménal. […] Il est très loyal et je suis loyal avec lui », explique-t-il à l'été 2019. Électoralement, doit-il aller chercher plus loin ? « Ma base est tellement forte, je ne suis pas certain de devoir le faire. »

LA LASSITUDE DE L'AMÉRIQUE

> Nous arrêterons de nous précipiter pour renverser des régimes dont nous ne connaissons rien.

Quelques semaines après la victoire, Donald Trump résume, d'une formule simple et percutante, sa vision du rôle de l'Amérique dans le monde. Depuis Fayetteville, près de la base militaire de Fort Bragg, en Caroline du Nord, il promet la fin de la politique de « l'intervention et du chaos ». C'est lors de cette soirée qu'il présente l'homme qu'il a choisi pour diriger le Pentagone, le général James Mattis. Dans un étrange clin d'œil de l'histoire, ce dernier claquera la porte deux ans plus tard pour marquer son désaccord avec... l'annonce du retrait soudain des troupes de Syrie. Pour être certain de faire passer le message, le président élu se fait, ce soir-là, plus explicite encore sur son échelle des priorités.

> Nous avons dépensé 6 000 milliards de dollars au Moyen-Orient et, pendant ce temps, nos routes sont pleines de trous, nos autoroutes sont délabrées, nos ponts s'effondrent, nos tunnels sont dans un état déplorable et nos aéroports sont horribles, comme ceux de pays en développement. [...] À partir d'aujourd'hui, c'est l'Amérique d'abord !

S'il a beaucoup oscillé sur des sujets de société, avortement en tête, il faut reconnaître à Donald Trump une vraie cohérence dans la durée sur ce thème. Depuis des décennies, il martèle que l'Amérique doit d'abord penser à elle, loin, très loin du « but ultime » énoncé par George W. Bush, à l'aube de son second mandat : « mettre fin à la tyrannie dans notre monde ».

Et quand il se lance dans la course, en 2015, cette petite musique résonne chez nombre d'Américains. Des citoyens épuisés par les conflits sans fin en Afghanistan et en Irak, fatigués par les aventures militaires aux objectifs et calendriers flous et changeants, lassés des discours politiques vantant le recours à la puissance américaine pour bâtir un monde meilleur.

L'idée, portée un temps par la garde rapprochée de George W. Bush, que l'Amérique a le pouvoir, grâce à sa puissance de frappe, de redessiner les équilibres et les rapports de force dans la poudrière du Moyen-Orient est depuis longtemps enterrée. Mais la lassitude va bien au-delà. Les Américains revendiquent leur statut de grande puissance, mais refusent de porter seuls le fardeau. Or cette « fatigue », qui se confirme sondage après sondage, est bien présente des deux côtés de l'échiquier politique. Le sénateur indépendant du Vermont Bernie Sanders, l'autre grande surprise de l'élection de 2016, a fait, sur ce thème, dans le camp démocrate, une campagne extrêmement proche de celle de Donald Trump.

Cette volonté d'acter la fin de la parenthèse de la grande puissance, ouverte au sortir de la Seconde Guerre mondiale puis renforcée par la chute de l'Empire soviétique, d'exposer clairement les limites de l'exceptionnalisme américain n'est pas nouvelle. Elle avait déjà été revendiquée par Barack Obama. Bien sûr, les deux hommes aux personnalités opposées ont des visions du monde radicalement différentes. Mais sur ce point précis, une forme de continuité saute aux yeux : l'Amérique veut que d'autres, aussi, montent en première ligne.

Dans un entretien en forme de testament diplomatique accordé en 2016 à Jeffrey Goldberg, directeur de la rédaction du magazine *The Atlantic*, Barack Obama se montre extrêmement clair :

> Je pense que l'idée selon laquelle chaque fois qu'il y a un problème nous envoyons notre armée pour imposer l'ordre n'est pas une bonne idée. Nous ne pouvons tout simplement pas faire cela.

Début 2019, après la première annonce de retrait de Syrie, Jon Finer et Robert Malley, deux anciens proches conseillers du président démocrate peu suspects de sympathie envers le républicain, se fendent d'une tribune dans le *New York Times* intitulée « Trump a raison d'essayer de mettre fin aux guerres américaines ».

> Les décisions et les politiques du président Trump susceptibles d'être critiquées ne manquent pas, mais depuis les premiers jours de sa campagne présidentielle il a exprimé une conviction qui doit être encouragée et non pas moquée : le désir de sortir les États-Unis de conflits à tous points de vue coûteux.

Ironie de l'histoire, Donald Trump, qui aime souligner la rupture avec son prédécesseur et qui a longtemps moqué ses atermoiements, fait, plus son mandat avance, l'objet de comparaisons appuyées avec Barack Obama pour sa réticence à avoir recours à la force.

Les deux hommes ont renoncé, au dernier moment, de manière spectaculaire et inattendue, à donner le feu vert pour des frappes militaires au Moyen-Orient. Contre des cibles syriennes pour Barack Obama en août 2013, contre des cibles iraniennes pour Donald Trump en juin 2019. Dans les deux cas, ils se sont attiré de vives critiques de la part des franges les plus interventionnistes au sein même de leur propre parti. « Je pense qu'il est important que les gens comprennent que les États-Unis tiendront parole et ne suivront pas la voie tracée par le président Obama », déclare Liz Cheney, élue du Wyoming et surtout fille de l'ancien vice-président de George W. Bush, Dick Cheney, chantre de l'interventionnisme militaire.

Donald Trump ne bronche pas. Et quand, quelques mois plus tard, des attaques – attribuées à Téhéran par Washington – visent des installations pétrolières en Arabie saoudite, il choisit une nouvelle fois de temporiser. Et il défend ses choix avec force : « Intervenir en Iran, ce serait une décision très facile, la plus facile. [...] Je fais preuve de beaucoup de retenue. Beaucoup de gens respectent cela, d'autres non. » Cette passivité initiale face à l'Iran oblige Washington à frapper fort, quelques mois plus tard, en assassinant en janvier 2020 un haut responsable militaire iranien en déplacement à Bagdad, Qassem Soleimani, plongeant quelques jours durant la région dans l'inquiétude.

Comme souvent au cours de cette présidence tourbillonnante, la stratégie est rendue illisible par des propos volontiers guerriers : « C'est peut-être le calme avant la tempête », lance-t-il en octobre 2017 en recevant des hauts gradés à la Maison Blanche au moment où le monde entier redoute qu'une escalade verbale avec la Corée du Nord ne se transforme en incontrôlable engrenage militaire. Présents sur place ce soir-là pour ce qui ne devait être qu'une rapide séance de photos, nous sommes perplexes : comment interpréter les propos présidentiels ? Comme souvent, aucun porte-parole ou conseiller ne s'aventure à décrypter, à chaud, les mots présidentiels.

Le message est brouillé aussi par la différence entre les paroles et les actes lorsqu'il annonce le retrait des quelque 2 000 soldats américains stationnés en Syrie, pour l'essentiel des forces spéciales présentes pour combattre le groupe État islamique et entraîner les forces locales dans les zones reprises aux djihadistes. « Nos garçons, nos jeunes femmes, nos hommes, ils rentrent tous, et ils rentrent tous maintenant », lance-t-il, à la surprise générale, dans une courte vidéo. Face à la levée de boucliers, le retrait se fera finalement de façon partielle et progressive.

Brouillé encore par les coups de menton présidentiels, comme lorsque le retrait des forces américaines d'Afghanistan qu'il appelait de ses vœux est remis en cause par sa décision soudaine, en septembre 2019, de mettre fin aux discussions engagées depuis un an avec les talibans et qui semblaient pourtant sur le point d'aboutir. L'accord est obtenu six mois plus tard, en février 2020, mais reste fragile.

Brouillé enfin par certaines nominations quand ce président non interventionniste choisit en mars 2018, pour le poste éminemment stratégique de conseiller à la sécurité nationale – sorte de second ministre des Affaires étrangères logé au cœur même de la West Wing –, John Bolton, l'un des architectes de l'invasion de l'Irak en 2003 et personnage va-t-en-guerre s'il en est, finalement limogé en septembre 2019.

Reste que, en s'appuyant sur un discours qu'il tient de longue date, Donald Trump a réussi à surfer sur une vague et à transformer cette impatience en votes. Dans une étude publiée en juin 2017, Douglas Kriner (université de Boston) et Francis Shen (université de Minnesota) planchent sur une question simple : « Les guerres Bush/Obama ont-elles coûté à Clinton la Maison Blanche ? »

> Imaginez un pays continuellement en guerre pendant près de deux décennies. Imaginez que ces guerres aient été soutenues à la fois par un président républicain et un président démocrate. Continuez à imaginer que le pays engagé dans ces guerres ne s'appuie que sur un petit groupe de citoyens, un groupe si petit que ceux qui ont été envoyés au combat représentaient moins de 1 % de la population. [...] Est-ce que les électeurs de ces communautés directement touchées pourraient être en colère ?

Est-ce qu'ils pourraient saisir l'occasion d'exprimer leur colère aux deux partis ? Nous pensons que la réponse est oui. Et que la preuve se trouve dans la victoire de Donald Trump en 2016.

Rappelant qu'entre octobre 2001 (invasion de l'Afghanistan par les États-Unis) et novembre 2016 (élection présidentielle américaine) près de 7 000 soldats américains ont perdu la vie dans les conflits meurtriers d'Afghanistan et d'Irak, ils soulignent combien ces guerres ont laissé des traces, mais dans une partie de l'Amérique seulement.

De fait, une vaste majorité d'Américains n'a pas de « connexion directe » avec les soldats qui se battent, meurent au combat ou reviennent blessés. Analyses de données à l'appui, ils mettent en avant un lien significatif entre ce qu'ils appellent le « taux de sacrifice militaire » d'une communauté et son soutien à Donald Trump qui a su trouver les mots pour galvaniser des populations épuisées par quinze années de guerre. Leur conclusion ?

> Notre modèle statistique suggère que si trois États cruciaux pour la victoire de Trump – Pennsylvanie, Michigan et Wisconsin – avaient connu des taux moins élevés – même modestement – de victimes de guerre, ils auraient pu basculer de rouge (républicain) à bleu (démocrate) et envoyer Hillary Clinton à la Maison Blanche.

LE TERREAU DE FOX NEWS

Le samedi 20 mai 2017, le créateur de la chaîne d'information continue Fox News, Roger Ailes, est porté en terre dans la discrétion à Palm Beach, en Floride. Une centaine de personnes se sont retrouvées un peu plus tôt pour un ultime hommage dans l'église catholique Saint-Edward. Il est mort d'un traumatisme crânien consécutif à une mauvaise chute, à 77 ans. Moins d'un an plus tôt, ce sont des accusations de harcèlement sexuel qui l'avaient fait choir de son piédestal. Il avait quitté sa chaîne câblée en échange d'un pactole et acheté une résidence extravagante estimée à plus de 35 millions de dollars dans la cité balnéaire où Donald Trump possède son club de luxe, le Mar-a-Lago.

À l'annonce de sa disparition, le président des États-Unis s'est gardé de toute forme d'hommage public. Donald Trump est pourtant représenté sur place par une escouade de personnalités. L'incendiaire conservateur Rush Limbaugh qui officie sur les ondes américaines depuis plus d'une génération, Sean Hannity et Laura Ingraham, des animateurs-chroniqueurs de Fox News, et quelques autres entourent le cercueil de celui qui a fait de la guerre civile le ressort de l'audience de sa chaîne en même temps que la source de ses confortables recettes, puisqu'elle est la plus rentable des chaînes câblées consacrées à l'information.

À l'instigation du défunt, tous ont creusé le sillon dans lequel a prospéré Donald Trump. Lorsqu'il lance Fox News sous l'égide du magnat australo-américain Rupert Murdoch, Roger Ailes a surtout derrière lui un passé de conseiller politique. Il débute au côté d'un candidat républicain, Richard Nixon, en 1967, qui l'emporte un an plus tard. Il écrit à son intention une note exhumée depuis de la Nixon Library : « Aujourd'hui, les informations télévisées sont plus regardées que le journal n'est lu ou la radio écoutée [...]. La raison en est que les gens sont paresseux. Avec la télévision, on s'assoit, on regarde et on écoute. La réflexion est organisée pour vous. » Une prescience.

Roger Ailes officie ensuite auprès de Ronald Reagan et de George H. W. Bush. On lui prête la réplique assénée par ce dernier au journaliste Dan Rather pendant la campagne de 1988. Alors que le présentateur vedette évoque l'affaire du financement occulte par Washington des contras – l'opposition anti-sandiniste au Nicaragua – grâce à des contrats d'armes clandestins avec l'Iran, pourtant ennemi juré de l'Amérique, Bush rétorque que raccourcir sa carrière à ce scandale revient à résumer celle du journaliste aux sept minutes au cours desquelles il avait disparu de l'antenne un jour, sur un coup de colère.

Cette attaque annonce le style de journalisme d'abordage pratiqué par Fox News au profit d'un objectif politique d'une pureté de cristal : la destruction du camp démocrate. Après George H. W. Bush, Roger Ailes conseille Rudy Giuliani pour sa candidature à la mairie de New York, puis produit un show radiophonique appelé à devenir la caisse de résonance de l'aile droite du camp républicain, celui de Rush Limbaugh. De futurs compagnons de route de Donald Trump.

Le lancement de la chaîne conservatrice, en 1996, précède de peu le scandale déclenché par la révélation d'une liaison adultère entre le démocrate Bill Clinton et une stagiaire de la Maison Blanche, Monica Lewinsky. Fox News est aux avant-postes en se posant comme un rempart contre la dépravation. La chute de Roger Ailes et celle d'autres vedettes conservatrices comme Billy O'Reilly souligneront son hypocrisie.

Sous son égide, la chaîne d'information continue devient rapidement l'annexe du Grand Old Party, où des candidats malheureux à la présidentielle, de Mike Huckabee à Rick Santorum, peuvent toujours trouver un rond de serviette. En 2011, Roger Ailes dépêche même un émissaire à Kaboul pour convaincre un militaire de renom, le général David Petraeus, commandant de la Force internationale d'assistance et de sécurité en Afghanistan, d'être candidat à la présidentielle contre Barack Obama, après avoir offert une tribune complaisante à la théorie nativiste popularisée par Donald Trump selon laquelle le démocrate est né au Kenya et non à Hawaï, ce qui le rend inéligible à la fonction suprême.

Conçue comme pendant conservateur de chaînes jugées déséquilibrées au profit des démocrates, Fox News cultive ouvertement les peurs. En témoigne la place accordée après le choc du 11-Septembre à un projet de centre islamique dédié au dialogue interreligieux dans le sud de Manhattan, aussitôt rebaptisé « Ground Zero Mosque », ou encore celle consacrée au New Black Panther Party, pourtant difficilement comparable à la formation initiale. À l'inverse, le mouvement Black Lives Matter, qui attire l'attention sur les violences policières visant de manière disproportionnée les Afro-Américains, est minoré.

Régulièrement, lors de ses meetings de campagne permanente, Trump donne l'impression de lire une grille des programmes. Ainsi lorsqu'il distingue « le grand Lou Dobbs », un fidèle de la chaîne Fox Business, « Sean Hannity », « la juge Jeanine » Pirro, une ancienne procureure qui officie le week-end sur Fox News. Ou encore Laura Ingraham, « qui est vraiment formidable », et « Tucker Carlson », « qu'on aime bien aussi », avant l'inoxydable Steve Doocy, l'un des membres du trio qui anime la matinale de la chaîne Fox and Friends, une émission où le président a table ouverte. Chaque nom ainsi célébré est invariablement accompagné d'une bordée d'applaudissements.

Il est parfois difficile, dans les faits, de savoir où s'arrête Fox News et où commence la Maison Blanche. La multiplication des meetings de campagne de Donald Trump, avant les élections de mi-mandat, a fini par dissuader la majorité des canaux d'information de les diffuser en direct, pour ne pas perdre des écrans publicitaires. Fox News a été la dernière à y renoncer. Lorsque Donald Trump, en novembre 2019, gracie un membre des forces spéciales américaines accusé de crimes de guerre, désavouant la justice militaire, c'est à la suite de la campagne opiniâtre d'un animateur de la chaîne, Pete Hegseth.

Bill Shine, ancien directeur exécutif de Fox News, a été de 2018 à 2019 le responsable de la communication de la Maison Blanche. Il avait remplacé à ce poste une fidèle du président, Hope Hicks, qui a rejoint de son côté l'équipe de communication de Fox, avant de revenir auprès du président en 2020. Le troisième conseiller à la sécurité nationale de Donald Trump, John Bolton, était auparavant un intervenant régulier de la chaîne. Une porte-parole du département d'État, Heather Nauert, en vient aussi, tout comme celle qui lui a succédé, Morgan Ortagus. Et lorsque le fils aîné du président, Donald Trump Jr., rompt avec sa femme, il noue aussitôt une idylle avec une animatrice maison, Kimberly Guilfoyle, qui bat les estrades à son côté.

Sean Hannity est sans doute celui qui a poussé le plus loin l'alignement sur l'administration en participant à un meeting à la veille des élections de mi-mandat. Il faut entendre le même gourmander Laura Ingraham, qui occupe le créneau horaire suivant, parce qu'elle a interrompu avant la fin, la veille, la diffusion d'une réunion politique au Nouveau-Mexique, privant les auditeurs d'un « crescendo » comparé à une symphonie.

David Folkenflik, le critique média de la radio publique NPR, estime n'avoir jamais vu pareil phénomène.

> L'administration Obama a pu certes bénéficier d'une couverture parfois empathique des médias dits libéraux, mais aucun n'a jamais joué un rôle comparable à Fox News dans la définition et la propagation d'un programme politique. [...] C'est un retour en arrière. Très précisément à la fin du XIXe siècle aux États-Unis, période pendant laquelle les médias jouaient un rôle de courroie de transmission pour les partis.

La polarisation induite par le traitement de l'information particulièrement agressif de Fox News a produit une symétrie avec l'essor de la chaîne MSNBC, pro-démocrate. La présidentielle de 2016 a confirmé que les deux grands blocs politiques américains évoluent désormais en vase clos. Un sondage de l'université de Suffolk a montré en décembre de cette même année que l'écrasante majorité des personnes interrogées qui faisaient le plus confiance à MSNBC avaient voté pour la démocrate Hillary Clinton, alors que celles qui avaient le même degré de confiance pour Fox News avaient privilégié dans les mêmes proportions Donald Trump.

Le produit de ces mécanismes est désormais établi. Le politologue Darrell West, de la Brookings Institution, un cercle de réflexion plutôt classé à gauche, a publié un livre consacré à « l'hyperconflit à l'ère de Trump » qui met notamment l'accent sur les divisions intrafamiliales. Combien de repas de Thanksgiving, jour traditionnel de retrouvailles familiales, ont-ils été perturbés par cette fracture accrue ?

Selon une étude des chercheurs de l'université du Maryland Ethan Kaplan, Jörg Spenkuch et Rebecca Sullivan, la polarisation atteint désormais des sommets jamais vus depuis la guerre civile qui ravagea les États-Unis de 1861 à 1865.

LA SOIF DE POUVOIR DE LA DROITE RELIGIEUSE

Le Jour national de prière a été établi par le Congrès des États-Unis en 1952. Il se déroule chaque année le premier jeudi du mois de mai. En 2019, Donald Trump prend donc la parole dans les jardins de la Maison Blanche, entouré de représentants de différents cultes. L'occasion pour lui de s'adresser tout spécifiquement à un électorat stratégique, celui de la droite religieuse. Une énième fois, le président des États-Unis brandit un fait d'armes à leur intention qui emprunte comme on l'a vu au puissant registre de la nostalgie. Quitte à dramatiser la situation afin d'entretenir l'idée très contestée d'une réelle guerre culturelle contre Noël.

> Quand j'ai commencé à faire campagne, les gens n'étaient pas autorisés ou, dans certains cas, avaient honte bêtement d'utiliser [l'expression] « joyeux Noël ». On disait « bonnes fêtes ». Il y avait des décorations de Noël, mais on ne voyait jamais le mot. C'était il y a quatre ans. Jetez un coup d'œil à vos magasins de nos jours. On voit à nouveau « joyeux Noël » ! Et les gens en sont fiers. J'ai toujours dit que vous alliez pouvoir dire à nouveau « joyeux Noël » et c'est ce qui s'est passé.

Donald Trump champion des chrétiens, à commencer par les plus puissants, les protestants évangéliques ? L'hypothèse aurait fait sourire lorsque le milliardaire bavardait sur les ondes avec l'animateur radio Howard Stern, régulièrement épinglé par la Federal Communication Commission pour des contenus jugés « indécents ». Proche depuis 2001 d'une télévangéliste controversée, Paula White, le New-Yorkais deux fois divorcé, longtemps fluctuant sur l'avortement, ne disposait pourtant pas des lettres de créance de certains de ses adversaires républicains, l'ancien pasteur Mike Huckabee ou le fils de pasteur Ted Cruz. Il a pourtant réussi l'impensable.

Au point que le président convie régulièrement à la Maison Blanche un Comité consultatif sur la foi composé de puissantes figures évangéliques, mis sur pied pendant la campagne présidentielle. « Vos mots sont les mots que nous voulons entendre », assure-t-il à l'occasion d'un dîner organisé dans la demeure présidentielle, au cours duquel il énumère son bilan, dont la défense de la liberté de religion et la lutte contre l'avortement.

Le ralliement commence très tôt. En septembre 2015, lors de son premier meeting au Texas, Donald Trump reçoit le soutien d'un pasteur, Robert Jeffress, à la tête d'une puissante congrégation, la First Baptist Church de Dallas. Ce dernier dit la prière qui précède souvent les réunions politiques, puis présente le candidat comme « un humble serviteur de Dieu » qui s'efforce seulement de « rendre sa grandeur à l'Amérique », son slogan de campagne. L'homme qui multiplie les déclarations contre les autres communautés religieuses uniformément vouées aux enfers est controversé, mais son soutien est précieux. Il occupe depuis une place prépondérante dans l'orbite du président. Il officie d'ailleurs à Jérusalem, en mai 2018, lors de l'inauguration de l'ambassade des États-Unis que Donald Trump a transférée six mois plus tôt de Tel-Aviv. Malgré ses déclarations outrageuses contre la foi juive.

Sa présence s'explique par la croyance des évangéliques en la « seconde venue » du Christ, qui doit précéder le règne de Dieu sur Terre. Leur lecture de l'Apocalypse, dite « dispensionnaliste », confère aux juifs la mission de rétablir « le royaume de David » en Terre sainte, préalable à l'affrontement entre le Bien et le Mal. Même si cette vision a pour corollaire la conversion des juifs survivants au christianisme, elle explique le soutien enthousiaste apporté à tout élément consolidant l'État israélien. Le télévangéliste Pat Robertson, qui accueille régulièrement Donald

Trump sur la chaîne qu'il anime, le Christian Broadcasting Network, pendant la campagne présidentielle, compte parmi les sionistes chrétiens les plus passionnés.

Robert Jeffress se rallie à Donald Trump bien avant Jerry Falwell Jr., l'homme qui a suggéré le premier de rallonger le mandat du président. Lorsque le candidat républicain se présente à la Liberty University, la plus importante du pays, en janvier 2016, il marque les esprits par sa maladresse. « La première chose que j'ai dite à Jerry et Becki [son épouse] quand je suis arrivé ici, c'est : "Est-ce que nous avons battu le record ?" [de fréquentation]. Ils m'ont dit : "Oui, et pas qu'un peu" », assure-t-il alors que la présence des étudiants à ce type d'événement est obligatoire.

Le magnat de l'immobilier aggrave son cas en lisant « *Two Corinthians* » au lieu de « Second Corinthians » à propos de l'épître de Paul. La bévue lui vaut à distance une réplique assassine de son adversaire Ted Cruz qui a lancé sa campagne dans les mêmes lieux et qui fait mine de raconter une blague : « Deux Corinthiens entrent dans un bar... » Jerry Falwell Jr. ne tiendra pas rigueur à Donald Trump de son manque de familiarité avec les Écritures.

À la veille de l'élection de 2016, une enquête du Public Religion Research Institute met en évidence ce pragmatisme à tous crins. Cinq ans plus tôt, seuls 30 % des évangéliques blancs déclaraient qu'« un élu qui commet un acte immoral dans sa vie personnelle peut toujours se comporter de manière éthique et remplir ses devoirs dans sa vie publique et professionnelle ». À la veille de la présidentielle, ils sont désormais 72 % à le penser. Aucun autre groupe religieux ne connaît une évolution aussi marquée. Paradoxe : les Américains interrogés par le même institut qui se disent sans religion sont moins nombreux à faire preuve de mansuétude.

Pour assurer ses arrières, Donald Trump choisit un vice-président idoine, Mike Pence, gouverneur de l'Indiana, « *born again* » (reconverti) évangélique après avoir grandi dans une famille catholique d'origine irlandaise. Ce dernier porte sa foi en sautoir, jusqu'à éviter toute forme de rendez-vous professionnel qui le placerait en tête-à-tête avec une femme autre que la sienne. Il a joué le rôle qui était attendu de lui en restant aux côtés du candidat après la diffusion de l'enregistrement dans lequel Donald Trump évoquait dans des termes obscènes ses relations avec les femmes. Comme l'écrasante majorité des pasteurs qui le soutiennent. Au soir du vote, il obtient plus de votes évangéliques que l'ascète mormon Mitt Romney, quatre ans plus tôt, ou que le « *born again* » George W. Bush, en 2000 et en 2004.

Depuis son entrée à la Maison Blanche, de nombreux évangéliques ont conféré à son élection un caractère divin. Cette thèse est au cœur du livre *God and Donald Trump*, écrit par Stephen Strang, un éditeur influent de ce courant religieux. Il cite notamment l'ancienne candidate à la présidentielle de 2012 Michele Bachmann, qui s'appuie sur le Livre de Daniel, tiré de l'Ancien Testament, pour assurer que « Dieu fait monter celui qu'il a choisi, et descendre celui qu'il a choisi ». La deuxième porte-parole du président, Sarah Sanders, laisse entendre la même chose lorsqu'elle déclare que « Dieu nous appelle tous pour remplir différents rôles à différents moments, et je pense qu'il voulait que Donald Trump devienne président ».

Omniprésente au côté de Donald Trump, Paula White défend sans faiblir ses choix politiques, même ceux qui sont le plus en porte-à-faux avec la Bible, comme en matière d'immigration. Aux croyants opposés au président qui considèrent le Christ comme l'un des premiers réfugiés, elle riposte par une réponse toute prête, dispensée à une chaîne de télévision évangélique en juillet 2018 : « Oui, [Jésus] a vécu en Égypte pendant trois ans et demi. Mais ce n'était pas illégal. S'il avait enfreint la loi, il aurait été un pécheur et il n'aurait pas été notre Messie. » Peu avant sa promotion, elle assure sur la chaîne d'un autre télévangéliste, Jim Bakker, que les chrétiens qui ne voteront pas pour Donald Trump en 2020 devront en répondre devant Dieu.

Comme le recours permanent à son compte Twitter, un juron souvent proféré par Donald Trump, « *goddamn* », « bon Dieu de… », suscite régulièrement l'exaspération des évangéliques, y compris des pasteurs proches du président. Une irritation ponctuelle, vite relativisée, et sans conséquence.

LE DÉGAGISME DU TEA PARTY

Moins d'un mois après l'arrivée de Barack Obama à la Maison Blanche en janvier 2009, un journaliste de la chaîne des affaires CNBC explose de colère en direct à la suite de l'annonce d'un plan fédéral visant à venir en aide aux foyers incapables de payer leur loyer. Les États-Unis sont alors au pic de la crise financière des *subprimes*, ouverte par l'effondrement du château de cartes de prêts hypothécaires à risques distribués à la volée au cours des années précédentes.

Installé comme de coutume dans la salle de la Bourse

de commerce de Chicago, Rick Santelli prend à témoin les courtiers qui l'entourent.

> Le gouvernement encourage les mauvais comportements ! Voulons-nous vraiment subventionner les hypothèques des perdants ? C'est l'Amérique ici ! Combien d'entre vous veulent payer l'hypothèque de votre voisin ? Président Obama, vous écoutez ? Et si on arrêtait tous de payer nos hypothèques ! C'est un risque moral !

Le journaliste, soutenu bruyamment par les courtiers à l'ouvrage, assure représenter une « majorité silencieuse » et annonce la création d'un Tea Party sur les bords du lac Michigan.

Six mois plus tard, un mouvement hétérogène prend d'assaut les réunions électorales au cours desquelles les élus viennent rendre compte de leur action au Congrès. Lointain écho de la révolte fondatrice contre les impôts décrétés par la Couronne britannique, au XVIIIe siècle, le Tea Party électrise soudainement la vie politique américaine. Résolument conservateur, il est hostile à la fois aux « *big banks* » et au « *big business* » que l'État fédéral porte à bout de bras pendant la Grande Récession, traduction d'un « *big government* » également honni. Il trouve évidemment en Fox News une plateforme de choix, et un héraut incendiaire en la personne du chroniqueur Glenn Beck, arrivé sur la chaîne un mois avant le coup de sang de Rick Santelli.

Le mouvement a autant à reprocher à l'administration de George W. Bush, qui n'a rien vu arriver de la crise des *subprimes*, qu'à celle de Barack Obama, qui en gère les conséquences. Ses cibles sont donc « Washington », les caciques républicains comme la gauche traditionnellement plus étatiste. Mécaniquement, le dégagisme qu'il défend fait comme premières victimes les républicains sortants lors de primaires meurtrières en 2010 et en 2012. Une étude publiée par l'université de Cambridge en 2011 met en avant le gain de 8 à 9 points de pourcentage de votes que le soutien du Tea Party apporte en 2010 à ses candidats. Cette énergie incarnée par des figures comme l'ancienne candidate républicaine à la vice-présidence de 2008, Sarah Palin, attire immédiatement l'attention de Donald Trump.

Au printemps 2011, le magnat de l'immobilier prononce d'ailleurs un discours devant des sympathisants du Tea Party à Boca Raton, en Floride. Devant ces militants, il reprend ses antiennes : les États-Unis sont la risée du monde, leurs leaders sont « faibles », « inefficaces ». Un galop d'essai pour les meetings à venir quatre ans plus tard, au cours duquel il parle plus de lui, de ses succès et de ce qu'il ferait pour le pays que des obsessions du Tea Party, la détestation des « politiciens » mise à part.

Donald Trump renonce finalement à se présenter, mais il continue d'entretenir le lien avec les conservateurs insurgés. En 2014, le Tea Party obtient un nouveau trophée lorsque le candidat qu'il soutient à une primaire républicaine de Virginie, David Brat, bat le numéro deux républicain de la Chambre, Eric Cantor. Un coup de semonce qui incite le Grand Old Party à concentrer ses forces. Au final, les sortants parviennent à limiter les dégâts. Grâce à des figures plus modérées, le Parti républicain réussit même à faire basculer le Sénat lors des élections de mi-mandat.

Désormais, le Tea Party marque le pas. En septembre 2015, quelques mois après son entrée en politique, Donald

Trump est invité à un rassemblement devant le Congrès au cours duquel se produisent Sarah Palin et l'un des bénéficiaires du dégagisme en 2012, Ted Cruz, élu sénateur du Texas après avoir défait lors des primaires le bras droit du gouverneur républicain Rick Perry. Les troupes rassemblées sur la pelouse scandent fièrement les slogans du Tea Party, mais nous sommes frappés par le tonnerre d'applaudissements que soulève l'homme d'affaires. Ses rivaux Rand Paul, Marco Rubio et Ted Cruz, tous d'authentiques soldats du Tea Party, sont incapables d'empêcher son OPA hostile au cours des primaires républicaines pour la présidentielle de 2016.

L'homme d'affaires n'a que faire de la lutte pour l'équilibre budgétaire érigée en dogme par ce mouvement quasi insurrectionnel, et la taille de l'État fédéral lui importe peu dès lors qu'il en est à la tête. Donald Trump se montre en revanche capable d'exploiter mieux que personne la rage qui a constitué le moteur du Tea Party, parfaitement saisie en son temps par Andrew Breitbart. Le fondateur du site incendiaire du même nom, mort brutalement en 2012, s'était rendu populaire par des harangues parsemées d'injures à l'endroit des élites *mainstream*.

Le milliardaire est à son aise dans ce climat de guerre civile matérialisé en 2010 par des actes de violence symbolique contre des élus démocrates influents lors de l'adoption de la couverture de santé voulue par le président démocrate, l'Obamacare. Et il a pu mesurer la relativité du pouvoir des instances républicaines. Lorsqu'il est le seul à ne pas s'engager à soutenir un autre candidat républicain que lui-même lors du premier débat organisé par le Grand Old Party au début de la primaire d'investiture présidentielle, il se montre fidèle à cet esprit de fronde.

Parmi les élus de 2010 portés par cette vague conservatrice, Mick Mulvaney, de Caroline du Sud, est monté le plus haut dans les allées du pouvoir en devenant le directeur du budget puis en cumulant cette fonction avec celle de *chief of staff*, un poste stratégique à la Maison Blanche qui combine les fonctions de chef et de directeur de cabinet, jusqu'à son départ, en mars 2020. Il a validé sans ciller trois augmentations massives du déficit fédéral dans l'ombre du président.

UN SYSTÈME ÉLECTORAL SUR MESURE

Donald Trump a remporté l'élection présidentielle américaine avec 62 979 636 voix, contre 65 844 610 à Hillary Clinton. Soit un écart de près de 3 millions de voix en faveur de cette dernière.

> Cette élection est une imposture totale, une parodie. Nous ne sommes pas une démocratie !
>
> Plus de voix égale une défaite… Révolution !
>
> Battons-nous jusqu'au bout pour mettre fin à cette immense et répugnante injustice. Nous sommes la risée du monde.
>
> Le collège électoral est un désastre pour la démocratie.

Colère d'un démocrate aigri n'ayant pas digéré la victoire – pourtant légitime et incontestable – de Donald Trump ? Non, rafale de tweets d'une autre soirée électorale, celle du 7 novembre 2012, durant laquelle, l'espace d'un instant, le républicain Mitt Romney semblait en passe de remporter le vote populaire face à Barack Obama, mais de perdre l'élection. Leur auteur ? Donald Trump.

Au printemps 2019, ce cri de révolte est oublié. Et Donald Trump se fait, nouvelle série de tweets passionnés à l'appui, le plus ardent défenseur de ce système. « J'ai aimé l'idée du vote populaire mais je réalise aujourd'hui que le collège électoral est bien meilleur pour les États-Unis. »

Remporter une élection en ayant obtenu moins de voix que son adversaire, comment est-ce possible ? L'explication tient justement en ces deux mots de « collège électoral », le système de suffrage universel indirect – et complexe – en place dans la première puissance mondiale. Cette institution est composée de 538 grands électeurs. Pour devenir président, un candidat doit y obtenir la majorité absolue, soit 270. Chaque État dispose d'autant de grands électeurs que d'élus à la Chambre des représentants (un nombre qui évolue au fil des ans en fonction de l'évolution de la population) et au Sénat (deux, nombre fixe et identique pour tous les États). Dans l'écrasante majorité des États, le candidat qui remporte la majorité des voix rafle tous les grands électeurs de l'État.

Dans les faits, ce système pousse les candidats à délaisser les États « gagnés d'avance » (Mississippi pour les républicains, Californie pour les démocrates) et à jeter toutes leurs forces – et leur trésor de guerre – dans les *swing states*, ces États où le rapport de force politique est serré et qui sont susceptibles de basculer d'une élection à l'autre. Par ce jeu, il est donc possible d'obtenir moins de voix de grands électeurs avec pourtant plus de voix d'électeurs. Hillary Clinton a remporté la Californie avec une énorme marge (61,7 % des suffrages, contre 31,6 %

pour Donald Trump, soit plus de 4,2 millions de voix d'avance) mais a perdu la Floride de très peu (47,8 % des suffrages, contre 49 % pour Donald Trump, soit moins de 120 000 voix de retard). Donald Trump, lui, a obtenu la voix de 304 grands électeurs (contre 227 à son adversaire démocrate). Trois États font basculer l'élection de 2016 : le Michigan, la Pennsylvanie et le Wisconsin. Chaque fois, le républicain l'a emporté avec moins de 1 % d'écart : au total, moins de 80 000 suffrages ont fait la différence.

Depuis 1836, date à partir de laquelle différentes réformes ont rendu le système similaire à ce qu'il est aujourd'hui, seules quatre « inversions » (cas de figure dans lequel le vainqueur recueille moins de voix que le vaincu) ont été enregistrées : 1876, 1888, 2000 et 2016. Elles ont toutes été favorables aux républicains.

Faut-il en déduire que, sur la durée, ce système est plus favorable à leur parti ? Une étude de l'université du Texas, à Austin, publiée en septembre 2019 montre que depuis une trentaine d'années il avantage clairement les républicains. Mais il souligne aussi que cela n'a pas toujours été le cas et qu'il aurait pu bénéficier plutôt aux démocrates pendant d'autres périodes. L'étude démontre en outre que dans les élections disputées le phénomène d'« inversion » n'a rien d'exceptionnel. Et qu'il va peut-être falloir s'y habituer. Dans un scrutin qui se joue à moins de 2 % d'écart (2,6 millions de voix sur la base du scrutin de 2016), la probabilité d'une inversion est d'environ 30 %. Si le résultat se joue à moins de 1 % d'écart (1,3 million de votes), la probabilité est d'environ 40 %.

Le débat sur l'opportunité de changer de système, qui a repris vigueur après l'élection de Donald Trump, n'a rien de nouveau : au cours des deux siècles écoulés, une centaine d'amendements constitutionnels en ce sens ont été déposés, sans succès. Mais y parvenir implique de modifier la Constitution et donc de dégager une forme de consensus politique hors d'atteinte aujourd'hui.

Plusieurs candidats à l'investiture démocrate de 2020 – Elizabeth Warren, Pete Buttigieg et Beto O'Rourke – ont remis en avant l'idée de supprimer purement et simplement le collège électoral au profit du suffrage universel direct : un homme, une voix, le même poids pour tous les citoyens américains, qu'ils habitent sur les côtes ou à l'intérieur du pays, en zone urbaine ou en zone rurale.

Les élus républicains restent dans leur ensemble hostiles à un grand chambardement électoral. Arguments mis en avant ? La sacro-sainte fidélité aux Pères fondateurs et « la beauté » du collège électoral qui pousseraient les candidats à sillonner l'Amérique, toute l'Amérique, et à ne pas se concentrer sur les grandes villes et une poignée d'États très peuplés. Les détracteurs du système retournent l'argument dans l'autre sens en déplorant qu'il pousse les mêmes candidats à ne jamais mettre les pieds dans les États dont le résultat est connu à l'avance.

Arguments, contre-arguments. Rien ne bouge. Impossible de réformer le système ? Des États – qui penchent du côté démocrate – tentent de le rendre obsolète. La méthode : adopter une loi obligeant à attribuer le vote de tous les grands électeurs de l'État au candidat ayant recueilli la majorité des suffrages au niveau national. Une quinzaine d'États, représentant au total quelque 200 grands électeurs, ont promis de se joindre à ce pacte. La démarche est astucieuse et séduisante pour les partisans d'une telle réforme, mais elle a pourtant peu de chances d'aboutir, car elle devrait, même si elle rassemblait un nombre d'États suffisants, se heurter à de sérieux obstacles juridiques.

Quel que soit le mode de scrutin, le roi du superlatif ne veut pas entendre parler de succès étriqué. À la moindre occasion, il évoque sa « victoire massive et écrasante » au niveau du collège électoral. Les chiffres, pourtant, sont implacables. Et racontent une tout autre histoire. Si l'on s'en tient à cette métrique, sur les 58 élections présidentielles de l'histoire américaine, il ne se classe qu'au quarante-sixième rang.

Il dégaine inlassablement un autre argument : si le système électoral avait été radicalement différent, il aurait radicalement modifié sa stratégie.

> Le collège électoral, c'est une course complètement différente de celle du vote populaire. C'est comme un 100 mètres et un 1 500 mètres, vous vous entraînez différemment.

L'HÉRITAGE D'UNE ÉCONOMIE FLORISSANTE

En 2020, la chute est brutale. En quelques séances chahutées, Wall Street efface en mars trois années de gains. Le chômage, ramené depuis deux ans à un plancher historique, s'envole. La croissance plonge. La mise à l'arrêt quasi totale du pays pour juguler la progression du coronavirus balaie cette économie florissante sur laquelle Donald Trump avait fondé ses espoirs de réélection. Publiquement, le président professe l'optimisme, promet une reprise fulgurante qui effacera les conséquences de la crise sanitaire, mais le doute s'est installé.

Un peu plus de trois ans plus tôt, le jour de sa prestation

de serment, le ciel noir qui pesait sur Donald Trump avait fourni un cadre parfait pour le tableau d'un pays au bord du gouffre. S'y côtoient alors « des mères et des enfants pris au piège de la pauvreté dans nos centres-villes ; des usines rouillées dispersées comme des pierres tombales à travers le paysage de notre nation », comme on l'a déjà rapporté. Le président des États-Unis décrit aussi avec gravité « un système éducatif, riche en argent, mais qui laisse nos jeunes et magnifiques étudiants privés de connaissances ; les crimes, les gangs et la drogue qui ont volé trop de vies, tant de potentiels qui n'ont pu se réaliser et dont notre pays a été privé ». « Ce carnage américain s'arrête ici et s'arrête maintenant », proclame-t-il alors que Barack Obama, un rang derrière lui, reste impassible face au violent réquisitoire qui vient d'être dressé de ses deux mandats.

En janvier 2009, ce dernier arrive au pouvoir alors que l'économie américaine est en état d'urgence absolue du fait de la crise des *subprimes*. Le Dow Jones, indicateur précieux pour les retraites par capitalisation des Américains, s'effondre jusqu'à moins de 7 900 points le jour de son arrivée à la Maison Blanche. Plus de 400 000 emplois sont détruits en moyenne chaque mois pendant la première année du président démocrate. Le taux de chômage explose et grimpe jusqu'à 10 % de la population active. L'économie se rétracte de 2,5 %.

Cet état d'urgence contraint la nouvelle équipe à multiplier les plans de soutien. Fort des majorités démocrates à la Chambre des représentants comme au Sénat, Barack Obama peut signer en février 2009 l'American Recovery and Reinvestment Act. Mais ce stimulus, en pleine émergence du Tea Party, n'a recueilli aucune voix républicaine à la Chambre et seulement trois au Sénat. Le même mois, l'administration démocrate accorde une nouvelle aide massive à l'industrie automobile, après celle décidée par George W. Bush dans les dernières semaines de sa présidence.

Cette aide fédérale finit par payer. Le magazine libéral britannique *The Economist*, partisan initialement d'une purge complète, rend plus tard hommage à l'équipe démocrate, tout comme un analyste de la très conservatrice Heritage Foundation, James Sherk. Le soutien accordé à l'industrie automobile est initialement impopulaire. Le risque pris a donc été également politique. Seuls 37 % des Américains l'approuvent en mars 2009, selon un sondage publié par la chaîne CNN. Trois ans plus tard, Barack Obama gagne son pari. Un sondage réalisé par l'université de Quinnipiac montre que 50 % estiment que ce soutien a été un succès.

Le marasme économique perdure pourtant à l'échelle du pays. Il est d'une violence sans précédent depuis la Grande Dépression de 1929. Le salaire médian chute de 57 500 dollars à la veille de la crise à 54 500 en 2012, quatre ans après son déclenchement. Même si la croissance repart dès 2010, le nombre de bénéficiaires des *food stamps*, une aide alimentaire fédérale, ne cesse d'augmenter. Il passe de 33,5 millions en 2009 à 40,3 millions en 2010, puis à 44,7 millions en 2011. Le pic est atteint en 2013 avec 47,7 millions de bénéficiaires.

Trois ans plus tard, Donald Trump est élu alors que les États-Unis traversent la plus longue phase de croissance des dernières décennies. L'économie a été assainie. Le Dow Jones affiche plus de 17 000 points et le taux de chômage a chuté régulièrement pour atteindre 4,7 %. Il a été divisé par deux en l'espace de six ans. Le nombre de bénéficiaires de *food stamps* a baissé. Les prix de l'immobilier sont repartis à la hausse après le creux de 2011, lorsque le prix moyen d'une maison avait baissé jusqu'à 175 600 dollars. Il s'affiche à 247 600 dollars l'année de l'élection. La croissance de la dette fédérale (76 % du PIB en 2016 au lieu de 35,2 % à la veille de la crise, en 2007) a été stabilisée.

Donald Trump n'a donc pas à effectuer à son arrivée à la Maison Blanche des arbitrages aussi douloureux que Barack Obama huit ans plus tôt. Il peut conserver intact son capital politique alors que l'économie est l'un des seuls secteurs où il est considéré comme compétent par l'opinion publique américaine du fait de son passé d'homme d'affaires. Il profite aussi de l'essor sans précédent de l'extraction pétrolière lié à la fracturation hydraulique, qui a fait progressivement des États-Unis le premier producteur mondial d'hydrocarbures, un atout aux nombreuses conséquences géopolitiques. Et de la puissance des géants américains des nouvelles technologies qui redéfinissent les modes de vie.

Le nouveau président républicain bénéficie surtout d'un Congrès à sa convenance après les alternances de 2010 et de 2014 qui ont progressivement lié les mains à Barack Obama au nom de l'orthodoxie fiscale défendue avec virulence par les Tea Party, oubliée après le retour d'un républicain à la Maison Blanche. C'est ainsi qu'il parvient à faire adopter le 1er décembre 2017 une réforme fiscale massive. Contrairement à celui de la dernière en date, qui remontait à 1986, le texte n'est soutenu que par le parti au pouvoir. Plus de trente ans plus tôt, le président républicain Ronald Reagan avait dû composer avec un Congrès dominé par les démocrates. En décidant de ne pas chercher un terrain d'entente avec ces derniers, Donald Trump a eu la liberté d'imposer ses priorités : baisse drastique de l'impôt sur les sociétés, taux modéré pour les capitaux rapatriés, allégement considérable de la pression fiscale pour les revenus les plus élevés.

Pendant les débats, les républicains oublieux des mises en garde de George H. W. Bush contre « l'économie vaudoue » (*voodoo economics*, la théorie du « ruissellement ») de Ronald Reagan ont assuré que le surcroît de croissance obtenu grâce à cette réforme permettrait de compenser les baisses de recettes qu'elle implique. À la suite de Donald Trump, ils décident de tourner le dos au dogme de l'équilibre du budget fédéral défendu des années durant. Ce totem n'est pas le seul à être jeté à terre par le nouveau président, qui entend transformer la politique à sa convenance.

DEUXIÈME PARTIE

LA RUPTURE À TOUT PRIX

3

Le dynamitage permanent

Il est là, juste devant nous, dans le bureau Ovale, pour la première fois de sa vie.

À sa gauche, Barack Obama, auquel il succédera dans un peu plus de deux mois. Derrière, au-dessus de la cheminée, George Washington. Les mains jointes, il écoute, poli, appliqué, impressionné. Un peu perdu aussi. « Nous ne nous étions jamais rencontrés. J'ai beaucoup de respect », lance-t-il, assurant qu'il espère pouvoir compter à l'avenir sur les conseils de celui qui sera bientôt l'ex-président Barack Obama.

En l'écoutant, deux jours après sa victoire, à ce moment si singulier de la démocratie américaine, l'idée nous traverse l'esprit : et si, contre toute attente, l'importance de la fonction, le poids de l'histoire, le décorum de la Maison Blanche transformaient Donald Trump ? Et si, à l'issue d'une campagne d'une violence inouïe, il changeait de costume, se présidentialisait ?

L'impression sera de très courte durée. Dès le lendemain, Trump redeviendra Trump. Et ne parlera plus jamais à Obama. Ses inconditionnels comme ses farouches détracteurs sont d'accord sur un point : la présidence n'a pas changé Donald Trump.

Parce qu'il n'a dû sa victoire à personne d'autre que lui-même, parce qu'il ne se sent lié à aucune idéologie, il a été capable d'imposer ses codes. Neuf en politique, Donald Trump a vendu au pays un rôle d'homme d'affaires aguerri, soucieux d'efficacité et de pragmatisme, en rupture avec le vase clos de la politique. C'est cependant une tout autre transformation qu'il a opérée avec l'affranchissement du principe de réalité et du legs de la politique américaine, l'hystérisation du temps politique et la normalisation de ce qui faisait figure d'interdit.

Lorsqu'en mars 2020, plus de trois ans après ses premiers pas dans le bureau Ovale, au moment où l'Amérique tremble sous les coups du coronavirus, on lui demande s'il envisage de prendre contact avec Barack Obama, George W. Bush, Bill Clinton ou Jimmy Carter pour bénéficier de leur expérience, il offre cette réponse : « Je ne pense pas que j'apprendrais beaucoup de choses. »

LA MISE EN PIÈCES DE LA PAROLE PRÉSIDENTIELLE

L'entreprise de dynamitage de Donald Trump passe, d'abord, par la parole.

« Laissez-moi encore, un tout petit peu, être non présidentiel… » La supplique joueuse de l'homme d'affaires en campagne en 2016 dans le Wisconsin résume son rapport aux mots. Une volonté revendiquée de les désacraliser. À tout prix. À n'importe quel prix.

« Crapule », « face de cheval », « petit Q.I. », « lèche-cul » : Donald Trump manie l'insulte comme personne d'autre à Washington. Avalanche de provocations, surenchère d'hyperboles, anecdotes inventées, phrases décousues, fautes de grammaire, incohérences, tweets vengeurs truffés de fautes de frappe et d'orthographe ou de points d'exclamation : à la Maison Blanche comme sur les estrades de campagne ou sur la scène internationale, l'homme d'affaires devenu président joue sur un registre inédit à ce niveau, avec jubilation.

Le fond, la forme : le quarante-cinquième président des États-Unis ne s'impose aucune limite. « Votez pour Sean Spicer – un type bien – ce soir dans "Danse avec les stars". » Ce jour d'octobre 2019, un nouveau front vient de s'ouvrir dans la guerre en Syrie. Les forces turques ont lancé une offensive militaire contre les Kurdes après le retrait soudain des troupes américaines du nord-est du pays. Donald Trump, lui, publie un message pour ses quelque 65 millions d'abonnés sur Twitter : il faut soutenir son ancien porte-parole dans l'émission phare de téléréalité sur ABC. Ce dernier remercie le président. Et donne les instructions pour transformer le coup de pouce présidentiel : « Votes seulement entre 20 et 22 h. Chacun a 20 votes. Textez SEAN 10 fois au 21523 et votez 10 fois de plus sur abc.com. »

Si Donald Jr., infatigable défenseur de son père, et une partie de la base électorale continuent à applaudir à tout rompre, l'ancien homme d'affaires s'est peu à peu privé d'une arme de taille : celle de la solennité de la parole présidentielle.

De John F. Kennedy à Barack Obama, nombre de présidents ont pleinement fait usage du puissant mégaphone que leur offrait la fonction. Leur goût des mots et des formules ciselées ainsi que leur complicité avec certains de leurs *speechwriters* leur ont permis de graver dans l'histoire des moments de présidence.

Toujours attaché au décorum et aux honneurs, Donald Trump est certes monté avec un plaisir évident à une tribune de prestige, dès que l'occasion lui en était donnée, que ce soit au Congrès, à l'ONU ou à Davos. Mais ce président qui n'a d'appétit ni pour la lecture ni pour l'écriture n'a jamais réussi à convaincre dans cet exercice, renforçant le sentiment d'une présidence se résumant à un flot de paroles ininterrompu, sans respirations ni moments forts.

Dans la durée, c'est avec son verbe, plus qu'avec ses actes, que Donald Trump se coupe irrémédiablement d'une partie du pays.

En 2019, quelques jours après leur victoire historique en World Series, le championnat américain de base-ball, les Nationals, équipe de Washington, sont conviés à la Maison Blanche, comme c'est la coutume. Le lanceur Sean Doolittle refuse l'invitation. Là où d'autres sportifs ayant également décliné avaient opté pour le silence, lui choisit d'expliquer dans le détail sa démarche dans le *Washington Post*.

> J'aurais vraiment aimé vivre ce moment avec mes coéquipiers, mais je ne peux pas y aller. Il y a beaucoup d'orientations politiques sur lesquelles je ne suis pas d'accord [avec Donald Trump], mais ma décision est fondamentalement motivée par sa rhétorique clivante et sa façon d'alimenter des théories du complot.

« Les gens disent que je devrais y aller par respect pour la fonction présidentielle. Mais je pense que depuis qu'il est arrivé au pouvoir il a fait beaucoup de choses qui étaient un manque de respect pour la fonction », ajoute-t-il, évoquant les propos du locataire de la Maison Blanche sur les immigrants originaires de « pays de merde » ou encore l'épisode où il s'était moqué, en campagne, d'un journaliste handicapé. « Je ne veux pas passer du temps avec quelqu'un qui parle comme ça », conclut-il.

Autre effet collatéral de la rhétorique de Donald Trump : au fil de sa présidence, ses mots portent de moins en moins.

Ce 28 février 2018, le président des États-Unis reçoit des élus républicains et démocrates à la Maison Blanche. Sujet du jour : l'encadrement de la vente des armes à feu, dans une Amérique encore sous le choc de la fusillade dans un lycée de Parkland, en Floride, deux semaines plus tôt, dans laquelle quatorze adolescents ont trouvé la mort. Traditionnellement, un petit groupe de journalistes (le « pool ») est admis dans la pièce pour quelques déclarations générales puis est prié de se retirer au moment où les discussions entrent dans le vif du sujet. Donald Trump, sans doute désireux de mettre en lumière ses qualités de négociateur, nous propose d'assister aux débats. Débute une étonnante scène de plus d'une heure que le sénateur républicain du Texas John Cornyn, assis à la droite de Donald Trump, qualifiera – dans une formule volontairement ambiguë – de « moment fascinant de télévision ».

En présence d'élus des deux bords, Donald Trump se pose en rassembleur, en homme d'État appelant démocrates et républicains à laisser de côté les petits calculs politiques. Cravate bleue, quelques notes éparpillées devant lui, il attaque.

> Nous devons faire quelque chose. Nous devons agir. Nous ne pouvons attendre. Malheureusement, ces horribles tueries de masse n'ont rien de nouveau. Nous voulons transformer notre chagrin en actes. J'y crois vraiment. Je crois que les gens autour de cette table le veulent. Nous allons échanger nos idées avec l'espoir d'aboutir à une loi soutenue par les deux partis. Ce serait magnifique d'avoir

une grande loi soutenue par tout le monde plutôt que quinze lois, chacun avec son petit projet. [...] Je suis un grand fan du deuxième amendement [de la Constitution, relatif à la liberté de posséder une arme], je suis un grand fan de la NRA [la National Rifle Association, le lobby pro-armes à feu], mais j'ai déjeuné avec eux dimanche – avec Wayne [LaPierre], Chris [Cox] et David [Keene] [les dirigeants de l'organisation] – et je leur ai dit : « L'heure est venue, il faut mettre fin à cette absurdité ! »

Stupéfaction. Perplexité. Sourires amusés.

L'homme qui vient d'appeler à tenir tête au puissant lobby des armes, contributeur sourcilleux de nombre d'élus républicains du Congrès, est-il le même qui, quelques mois plus tôt, lançait à Atlanta, lors de la cent quarante-sixième conférence annuelle de la NRA : « Vous avez un vrai ami à la Maison Blanche. [...] Vous m'avez soutenu, je vais vous soutenir » ?

Le sénateur démocrate Chris Murphy, dont l'État du Connecticut a été endeuillé par le massacre de Sandy Hook, en 2012, insiste sur la nécessité de lois renforçant le contrôle des antécédents judiciaires et médicaux des acheteurs d'armes. « Cela fonctionne, les gens le souhaitent, et nous n'arrivons pas à le faire passer au Congrès », déplore-t-il. « Vous avez un président différent aujourd'hui », intervient Trump. « Monsieur le président, in fine, la raison pour laquelle rien ne se fait est que le lobby des armes a de fait un pouvoir de veto sur tous les projets de loi », répond le sénateur sur un ton calme, presque pédagogique. « Monsieur le président, il vous appartiendra d'amener les républicains à la table des négociations parce que aujourd'hui le lobby des armes bloquerait toute initiative. » « J'aime cette responsabilité, Chris, vraiment », répond Trump. « Je pense qu'il est temps qu'un président prenne ses responsabilités. Jusqu'ici, les présidents, qu'ils soient républicains ou démocrates, n'ont pas pris leurs responsabilités. »

Véritable inflexion politique ? Audacieuse main tendue aux démocrates pour une percée sur un sujet qui divise l'Amérique depuis des décennies ? Coup de maître pour tordre le bras au Congrès ? Rien de tout cela. Quelques jours plus tard, le locataire de la Maison Blanche rencontre à nouveau les dirigeants de la NRA. Tout est oublié. Les lignes ne bougeront pas, aucun projet de loi n'aboutira.

La séquence n'était effectivement qu'un « moment de télévision ». Sous la présidence Trump, élus, fonctionnaires et diplomates écoutent, amusés ou exaspérés, puis passent à autre chose.

Sur la scène internationale, le processus d'usure est le même. Lorsque Trish Regan, présentatrice de Fox Business, tweete, en « exclusif », une lettre adressée par Donald Trump à son homologue turc Recep Tayyip Erdoğan qui le défie en Syrie, le premier réflexe est de penser à un canular, une parodie. Rapidement, pourtant, la Maison Blanche l'assure : le document est authentique.

Le style de la missive n'a rien de présidentiel. « Trouvons un bon accord », propose Donald Trump dans ce courrier daté du 9 octobre 2019. « L'histoire vous jugera d'un œil favorable si vous agissez de façon juste et humaine. Elle vous considérera à jamais comme le diable si les choses se passent mal. » « Ne jouez pas au dur ! Ne faites pas l'idiot ! » conseille le président américain. « Je vous téléphonerai plus tard », conclut-il. Erdoğan passe outre. Le reste du monde, lui aussi, s'est habitué à prêter moins d'attention qu'avant aux mots du président des États-Unis d'Amérique.

L'OUBLI DE L'HISTOIRE

La reproduction du peintre Andy Thomas a été accrochée dans la salle à manger de la Maison Blanche. Ce très kitsch *Club républicain* met en scène Abraham Lincoln, Teddy Roosevelt, Dwight Eisenhower et leurs successeurs aux côtés de Donald Trump, autour de la table d'un pub. Tous sont placés sur un même pied d'égalité, même si la chemise immaculée de l'actuel président attire les regards.

Leurs sourires sont aussi menteurs que ceux de la photo officielle d'un sommet international. Car dès son entrée en politique, Donald Trump a poussé dans l'ombre celui qui fut des décennies durant l'icône républicaine par excellence, Ronald Reagan. Dans la lettre ouverte publiée en 1987 alors qu'il songeait déjà à une candidature à la présidentielle, le magnat de l'immobilier avait reproché une absence de « colonne vertébrale » au Gipper, surnom de l'ancien acteur tiré de l'un de ses rôles à l'écran. Il nc le sort de cet oubli que pour comparer, évidemment à son avantage, leurs réformes fiscales respectives.

Le président a assisté par devoir aux funérailles nationales de George H. W. Bush, dont il moquait l'idéalisme dans un meeting de campagne quelques mois seulement avant sa mort. Et il déteste ouvertement le second Bush, pour ne pas parler de Barack Obama. Abraham Lincoln est parfois convoqué pour servir de faire-valoir. « Vous savez, un sondage vient de paraître selon lequel je suis la personne la plus populaire de l'histoire du Parti républicain », déclare-t-il ainsi dans un entretien au *Sun* publié à l'occasion d'une visite au Royaume-Uni, en juillet 2018. « J'ai battu Lincoln », se vante-t-il, « j'ai battu notre Honest Abe », surnom du fondateur du Grand Old Party, dont la popularité ne pouvait pas être mesurée à l'époque.

Donald Trump a pourtant donné l'impression après son élection de s'inspirer d'un lointain prédécesseur, Andrew Jackson (1829-1837), dont il a fait accrocher le portrait dans le bureau Ovale, peint pendant la présidence de ce premier populiste. Il s'est d'ailleurs rendu sur sa tombe, en mars 2017, dans le Tennessee, à l'occasion du deux cent cinquantième anniversaire de sa naissance. Mais la célébration de ce premier président sans aucun lien avec la génération des Pères fondateurs et d'extraction modeste n'était pas le fait du magnat de l'immobilier mais une suggestion de son conseiller stratégique d'alors, Stephen Bannon, grand lecteur et féru d'histoire.

Andrew Jackson est relégué à son tour à l'occasion d'un entretien dans lequel il ressasse sa victoire de 2016. « J'ai fait quelque chose que personne n'avait jamais fait », assure-t-il. S'abritant d'une formule vague derrière des proches dont on ne sait jamais jusqu'à quel point ils sont réels, le président poursuit. « Ils disaient, affirme-t-il en montrant ce tableau, qu'il avait eu la plus grande élection de tous les temps. Et puis ils ont dit, l'autre jour, qu'on l'avait dépassé. »

Il ne s'agit pas que des présidents. L'histoire tout entière de la République américaine, qui fournit ordinairement les discours officiels en poutres et en solives, est en exil depuis que Donald Trump est entré à la Maison Blanche. Absente ou maltraitée. En mai 2017, Donald

Trump déclare dans un entretien que si Andrew Jackson, disparu en 1845, avait vécu plus longtemps, la guerre civile (1861-1865) aurait été évitée. « Les gens ne se posent pas cette question, mais pourquoi y a-t-il eu la guerre civile ? Pourquoi cela n'a-t-il pas pu être réglé ? » s'interroge le président, passant sous silence les efforts déployés des années durant pour éviter une escalade dramatique devenue in fine inévitable.

L'histoire est également tordue à dessein. À de nombreuses reprises, Donald Trump s'appuie sur elle pour justifier l'usage de moyens extrêmes contre le djihadisme. Il assure ainsi qu'après le rachat des Philippines à l'Espagne par les États-Unis, en 1898, une future figure tutélaire de l'armée américaine, John Pershing, alors capitaine, avait fait exécuter « 49 terroristes » avec des balles « trempées dans du sang de porc » pour mater la rébellion moro, de confession musulmane. Une légende ravivée par le choc du 11-Septembre, selon les historiens, qui omet le fait que les rebelles n'avaient rien à voir avec l'islamisme armé contemporain.

En octobre 2019, pour justifier le lâchage des alliés kurdes des États-Unis face à une offensive de l'armée turque, le président des États-Unis s'accroche à une singulière référence. « Ils ne nous ont pas aidés pendant la Seconde Guerre mondiale. Ils ne nous ont pas aidés en Normandie, par exemple », assure Donald Trump en s'abritant derrière un article « très puissant » mais en fait volontairement provocateur publié par un polémiste conservateur, Kurt Schlichter.

Contrairement à Barack Obama qui réunissait régulièrement des historiens à la Maison Blanche, Donald Trump les ignore. À l'inverse de George W. Bush, qui rivalisait avec son conseiller politique Karl Rove à propos du nombre de livres dévorés pendant son passage au pouvoir, le quarante-cinquième président lit peu. Ou pas. « J'aimerais m'asseoir et lire un livre, mais je n'en ai plus le temps », déclare-t-il en mai 2016, avant même son arrivée dans le bureau Ovale. Moins d'un an plus tard, le président confirme sa distance avec la lecture tout en assurant qu'il bataille avec un ouvrage consacré à Andrew Jackson. « En fait, je regarde un livre, je lis un livre. J'essaie de commencer », dit-il. « Chaque fois que je fais environ une demi-page, je reçois un coup de téléphone pour me dire qu'il y a une urgence, ceci ou cela », se plaint-il.

Donald Trump semble considérer que le passé n'est d'aucune utilité pour l'homme d'État et rejette la mise en perspective qu'il offre pour relativiser la sévérité des crises auxquelles il est confronté. Cette négation du passé lui permet à la fois de vanter une popularité et un bilan enjolivés et de dramatiser les épreuves subies.

LE REFUS DE L'EXCEPTIONNALISME AMÉRICAIN

La scène se passe le jour de la première finale du championnat de football américain de l'ère Trump. Il est de coutume que le président des États-Unis accorde un entretien télévisé ce soir-là pour profiter de l'audience que le sport le plus populaire du pays parvient à rassembler à l'occasion du Super Bowl. Donald Trump a choisi, sans surprise, d'offrir cette faveur à la star incontestée de la chaîne conservatrice Fox News, Bill O'Reilly.

Le journaliste est à cet instant au faîte de sa renommée. Conservateur bon teint, auteur à succès de fresques historiques brossées à grands traits, ce sexagénaire appartient à cette génération de républicains marqués par la guerre froide qui restent de marbre face aux marques de considération dont Donald Trump gratifie le président russe, Vladimir Poutine, ancien agent du KGB. « C'est un tueur », rétorque-t-il au président qui vient de lui assurer qu'il « respecte » son homologue. Fidèle à sa vision froide du monde, Donald Trump argumente : « Il y a beaucoup de tueurs, nous avons beaucoup de tueurs, vous croyez que notre pays est aussi innocent que ça ? »

Deux jours plus tard, le sénateur républicain de l'Arizona John McCain prend la parole au Sénat.

> Il n'y a pas d'équivalence morale entre les États-Unis et la Russie de Poutine. Je répète, il n'y a pas d'équivalence morale entre ce boucher, ce voyou, ce colonel du KGB et les États-Unis d'Amérique, le pays que Ronald Reagan appelait autrefois la ville qui brille sur la colline.

Par son commentaire, Donald Trump a porté le coup le plus sévère d'un président en exercice à la notion d'exceptionnalisme américain. Il s'agit de l'idée selon laquelle l'histoire singulière des États-Unis leur confèrerait une place particulière dans le concert des nations. Une place justifiée par des valeurs qu'ils s'efforceraient inlassablement de défendre en dépit de leurs nombreux errements, à l'intérieur comme à l'extérieur de leurs frontières. À cette ambition redéfinie par chaque président, Donald Trump oppose un relativisme absolu.

Avant lui, Barack Obama a déjà éprouvé la difficulté à conjuguer cette notion d'exceptionnalisme avec le résultat désastreux de l'invasion de l'Irak et de la crise des *subprimes*. « Le fait que je sois très fier de mon pays et que je pense que nous avons beaucoup à offrir au monde ne diminue en rien mon intérêt à reconnaître la valeur et les grandes qualités des autres pays, ou à reconnaître que nous n'avons pas toujours raison », explique-t-il en avril 2009. Des républicains s'offusquent de ce qu'ils qualifient de renoncement.

Deux mois plus tard, Barack Obama prononce au Caire l'un des premiers discours qui marqueront le début de son mandat. Il s'agit de renouer avec le monde arabe après les dérives de la guerre contre le terrorisme : les scandales des mauvais traitements infligés dans la prison irakienne d'Abou Ghraib, des centres de détention secrets de la CIA où est pratiquée la torture, tout comme l'impact durable du camp de Guantanamo où croupissent des « combattants illégaux » hors du cadre du droit fédéral américain. Il prend la parole devant les étudiants et les cadres du régime égyptien qui se pressent dans l'auditorium de l'université du Caire.

> Je sais que la promotion de la démocratie a fait l'objet d'une controverse ces dernières années et qu'une grande partie de cette controverse est liée à la guerre en Irak. Soyons donc clairs : aucun système de gouvernement ne peut ou ne devrait être imposé à un pays par un autre. Cela ne diminue cependant pas mon engagement envers des gouvernements qui reflètent la volonté de la population. Chaque nation donne vie à ce principe à sa manière, enracinée dans les traditions de son propre peuple. L'Amérique ne prétend pas savoir ce qui convient le mieux à tout le monde [...]. Mais je crois fermement que tout le monde aspire à certaines choses : la capacité de parler et d'avoir son mot à dire sur la façon dont vous êtes gouverné ; la

> confiance dans la prééminence du droit et dans l'application équitable de la justice ; un gouvernement transparent qui ne vole pas le peuple ; la liberté de vivre comme bon vous semble. Ce ne sont pas que des idées américaines, ce sont des droits de l'homme, et c'est pourquoi nous les soutiendrons partout.

Huit ans plus tard, en mai 2017, Donald Trump prend à son tour la parole devant le monde arabe, à Riyad, en Arabie saoudite. « Nous ne sommes pas ici pour donner des conférences, nous ne sommes pas ici pour dire aux autres comment vivre, quoi faire, qui être ou comment prier », assure le président des États-Unis. La similitude avec le propos de son prédécesseur s'arrête là. « Au lieu de cela », poursuit le milliardaire, qui a évoqué la signature de contrats entre son pays et le royaume dès les premières lignes de son discours, « nous sommes ici pour proposer un partenariat, basé sur des intérêts et des valeurs partagés, afin de poursuivre un meilleur avenir pour nous tous. »

Quelles valeurs ? Il n'en dit pas un mot. Le terme de « démocratie » n'est d'ailleurs pas prononcé. Quatre mois plus tard, lors du premier discours lu par Donald Trump devant l'Assemblée générale des Nations unies, l'exceptionnalisme fait un très timide retour, après l'évocation des records battus à Wall Street par une économie en pleine santé. « En Amérique, nous ne cherchons pas à imposer notre mode de vie à qui que ce soit, mais plutôt à le laisser briller comme un exemple à contempler par tout le monde », assure le président qui vante alors le deux cent trentième anniversaire de la Constitution des États-Unis.

> Ce document intemporel a été le fondement de la paix, de la prospérité et de la liberté pour les Américains et pour

d'innombrables millions de personnes dans le monde dont les propres pays ont été inspirés par le respect de la nature humaine, de la dignité humaine et de la primauté du droit.

Pas question pour autant de se faire le promoteur de la démocratie. Le mot n'apparaît qu'au travers d'attaques contre l'Iran et le Venezuela, accusés de porter atteinte à des principes que Donald Trump se garde paradoxalement de réaffirmer.

Barack Obama avait fini par dire qu'il croyait en l'exceptionnalisme américain « par chaque fibre de [son] être ». Donald Trump, lui, refuse de bouger d'un pouce. Pour celui qui a légitimé l'usage de la torture pendant la campagne présidentielle, ce refus va de pair avec sa vision étroitement nationaliste des relations internationales, centrée sur la défense des intérêts américains tels qu'il les conçoit, souvent à très court terme. L'exceptionnalisme, dès lors, se réduit à l'efficacité des murailles de l'Amérique forteresse et à la puissance sans cesse vantée de son économie et de son armée.

La réplique la plus cinglante ne vient pourtant pas d'un militant des droits de l'homme ou d'un chantre de l'interventionnisme. C'est en effet un militaire qui répond au président des États-Unis. Ses états de service sont exemplaires : William McRaven est l'ancien responsable des forces spéciales à la manœuvre lors du raid contre Oussama Ben Laden, en mai 2011.

Après le pitoyable retrait américain du nord-est de la Syrie, en octobre 2019, qui laisse les anciens alliés kurdes face à la machine militaire turque, l'ancien général prend la plume dans les colonnes du *New York Times*.

Nous ne sommes pas le pays le plus puissant du monde à cause de nos porte-avions, de notre économie ou de notre siège au Conseil de sécurité des Nations unies. Nous sommes le pays le plus puissant du monde parce que nous essayons d'être de bons gars. Nous sommes le pays le plus puissant du monde parce que nos idéaux universels de liberté et d'égalité ont été confortés par notre conviction que nous étions les défenseurs de la justice, les protecteurs des moins fortunés. Mais si nous ne nous soucions pas de nos valeurs, si nous ne nous soucions pas du devoir et de l'honneur, si nous n'aidons pas les faibles et si nous ne nous opposons pas à l'oppression et à l'injustice, que va-t-il arriver aux Kurdes, aux Irakiens, aux Afghans, aux Syriens, aux Rohingyas, aux Sud-Soudanais et aux millions de personnes victimes de la tyrannie ou laissées à l'abandon par leurs États défaillants ? Si nos promesses sont vides de sens, comment nos alliés vont-ils jamais nous faire confiance ? Si nous ne pouvons pas croire aux principes de notre pays, pourquoi les hommes et les femmes de ce pays rejoindraient-ils l'armée ? Et s'ils ne le font pas, qui nous protégera ? Si nous ne sommes pas les champions du bien et du droit, alors qui va nous suivre ? Et si personne ne nous suit, où finira le monde ?

LA TRUMPISATION DU GRAND OLD PARTY

Devant la convention d'investiture de Cleveland, en juillet 2016, Donald Trump triomphe. Ceux qui l'ont moqué voire combattu pendant des mois sont désormais à ses pieds, contraints et forcés de le suivre jusqu'au scrutin présidentiel. La révolte d'un « canal historique » républicain n'a pas eu lieu et la foule électrisée adoube son champion. Le candidat assure que « personne » ne connaît mieux « le système » politique que lui. « C'est pourquoi je suis le seul à pouvoir le réparer », ajoute-t-il. Donald Trump a raison sur un point : aucun président n'a eu avant lui un parcours aussi sinueux.

Dans un entretien au magazine masculin *Playboy*, en 1990, il assure que s'il fait campagne un jour, ce sera comme démocrate. À un codicille près. Ce ne sera « pas parce que je suis libéral, en fait je suis conservateur, mais parce que les classes populaires voteraient pour moi. Elles m'aiment bien », assure-t-il. Le généreux donateur du Parti démocrate les suivra lorsque les « cols bleus » commenceront à s'éloigner du Parti de l'âne pour se tourner vers celui de l'éléphant, les symboles des deux grandes formations américaines. Il ne cesse de se rapprocher des républicains jusqu'à devenir un invité régulier des forums conservateurs, comme la Conservative Political Action Conference.

Le magnat de l'immobilier, qui n'a aucun goût pour la théorie politique, prend ses libertés avec l'orthodoxie de l'establishment républicain. Une fois entré en campagne, d'éphémères propositions fiscales, notamment la hausse des impôts pour les gestionnaires de fonds d'investissement, sont même saluées un temps par le Prix Nobel keynésien Paul Krugman et par la sénatrice démocrate anti-Wall Street Elizabeth Warren, de futurs farouches adversaires.

Dans son discours de Cleveland, il fait table rase du passé républicain. Deux hommes mesurent alors l'étendue du désastre pour leurs convictions. Deux quadragénaires longtemps prometteurs, issus du Wisconsin, que le trumpisme va broyer sans le moindre état d'âme : Reince Priebus et Paul Ryan.

Le premier est alors président du Comité national républicain, la plus haute instance du Grand Old Party. Il a été l'inspirateur d'une analyse impitoyable de la défaite essuyée en 2012 par Mitt Romney face à Barack Obama. Lorsqu'elle est publiée, au terme de centaines d'entretiens, les mots et les idées claquent.

> Le Parti républicain doit arrêter de se parler à lui-même. Nous sommes devenus des experts pour fournir le renforcement idéologique à ceux qui pensent la même chose [que nous] mais, de manière désastreuse, nous avons perdu la capacité d'être convaincants, ou accueillants, envers ceux qui ne sont pas d'accord avec nous sur tout.

Les membres de la commission que dirige Reince Priebus plaident pour une main tendue en direction des électorats qui ont assuré la réélection de Barack Obama : les minorités ethniques, principalement hispanophones, mais aussi les femmes et les jeunes.

Donald Trump, que peu de républicains prennent alors au sérieux, accueille froidement la principale piste proposée pour renouer avec les Latinos : une réforme globale de l'immigration. En entrant en politique, il prend la direction opposée, tourne encore plus le dos à ces minorités et privilégie l'électorat blanc, non diplômé et âgé.

Dépassé par le phénomène, Reince Priebus se rallie pendant la campagne. Il est récompensé en étant nommé au poste aussi prestigieux que stratégique de *chief of staff* du nouveau président. Lessivé par les premiers mois tumultueux passés par Donald Trump à la Maison Blanche, il en est rapidement évincé.

Le second, Paul Ryan, déjà évoqué plus haut, a été candidat à la vice-présidence au côté de Mitt Romney et s'est imposé à l'époque comme le chantre du conservatisme fiscal par excellence. Un positionnement qui lui permet de faire le lien entre les républicains classiques et la turbulente aile droite issue du Tea Party, représentée au Congrès par le Freedom Caucus. Il a été propulsé pour cette raison au poste de *speaker* de la Chambre. La cohabitation avec Donald Trump est cependant rapidement éprouvante. Paul Ryan assiste impuissant à l'envolée de la dette fédérale, qui plus est en période de croissance, un signe de la transformation en profondeur du Grand Old Party. Il décide en 2018 de ne pas se représenter dans sa circonscription et quitte à son tour la politique.

En février puis en mars 2019, une majorité écrasante d'élus républicains vote à la Chambre des représentants puis au Sénat contre une résolution visant à empêcher le président de contourner le Congrès pour financer son projet de « mur » à la frontière avec le Mexique, la plus emblématique de ses promesses de campagne. Les anciens défenseurs sourcilleux de la Constitution, dont l'article premier attribue au Congrès, et à lui seul, « le pouvoir de la bourse », choisissent alors de se soumettre au bon vouloir d'un président décidé à étirer au maximum institutionnel ses pouvoirs exécutifs, aux dépens des équilibres voulus par les Pères fondateurs. Le dernier reniement d'une longue série. Sans doute le plus symbolique.

Pendant des décennies, le Parti républicain n'a cessé de ferrailler contre un État fédéral jugé obèse, que la Constitution a justement pour mission selon lui de contenir. La pression conservatrice a été telle que le prédécesseur démocrate de Barack Obama, Bill Clinton, a annoncé en 1996 que l'ère du « *big government* » était « terminée ».

Donald Trump, lui, s'accommode parfaitement d'un État fédéral puissant une fois arrivé à la Maison Blanche.

L'immigration constitue un autre revirement. Les dernières paroles de président de Ronald Reagan, en janvier 1989, étaient une ode aux migrants qui avaient fait l'Amérique. Cette dernière « représente quelque chose d'universel dans l'esprit humain », estimait-il. « J'ai reçu récemment une lettre d'un homme qui disait : “Vous pouvez aller vivre au Japon, mais vous ne pouvez pas devenir japonais. Vous pouvez aller en France pour vivre et ne pas devenir français. Vous pouvez aller vivre en Allemagne ou en Turquie et vous ne deviendrez ni allemand ni turc.” Il avait ensuite ajouté : “Tous les peuples du monde peuvent venir en Amérique vivre et devenir américains.” » Comme on l'a déjà vu, Donald Trump a imposé à la place de cette vision optimiste ses obsessions nativistes, la dénonciation du « carnage » américain, dans lequel l'immigration a selon lui sa part, et la peur du migrant réduit aux « *bad hombres* », aux « violeurs » et aux « trafiquants de drogue ».

Enfin, le Parti républicain était, avant Trump, le champion du libre-échange. Le président a déchiré dès son arrivée à la Maison Blanche le projet d'accord avec des pays riverains du Pacifique négocié par son prédécesseur avec le soutien des élus républicains. Il a engagé des guerres commerciales présumées « faciles à remporter » avec la plupart des partenaires économiques des États-Unis. Il s'est vanté d'être « l'homme des barrières douanières », au grand dam du Club for Growth et de l'US Chamber of Commerce, des fleurons de l'aile pro-business du Grand Old Party.

Comme les deux quadragénaires du Wisconsin, les voix

discordantes ont été systématiquement emportées par la trumpisation du Grand Old Party. Qu'il s'agisse du sénateur de l'Arizona Jeff Flake, épouvanté par le fonctionnement de la Maison Blanche, ou encore du sénateur du Tennessee Bob Corker, alors président de la prestigieuse commission des affaires étrangères. Ce dernier a renoncé la même année que Paul Ryan sans avoir pu réduire les tensions entre Washington et ses alliés traditionnels européens, ni modifier l'alignement du président sur l'Arabie saoudite dans le désastre du Yémen ou lors de l'assassinat par Riyad dans des conditions épouvantables d'un dissident chroniqueur au *Washington Post*, Jamal Khashoggi, à l'intérieur du consulat saoudien d'Instanbul.

Le renoncement ne se limite pas qu'aux élus. Longtemps considérés par les démocrates comme les parrains financiers du Grand Old Party, les frères milliardaires Charles et David Koch, avant le décès de ce dernier en août 2019, décident également de prendre leurs distances. Ils participaient auparavant activement au financement des campagnes de nombreux candidats, profitant de la suppression des plafonds par la Cour suprême. Les deux hommes, classés comme libertariens, c'est-à-dire comme libéraux au sens européen en matière d'économie et progressistes sur de nombreux sujets de société, ont pu soutenir un assouplissement de la politique pénale voulue par Donald Trump. Ses choix en matière de libre-échange et d'immigration ont creusé cependant un fossé impossible à combler.

D'autres plus souples ont courbé l'échine, jusqu'au reniement. Le sénateur de Caroline du Sud Lindsey Graham, longtemps très proche du sénateur John McCain, a troqué cette fidélité contre la sujétion au président. En

2015, Donald Trump avait pourtant violemment insulté McCain, retenu prisonnier dans des conditions cruelles à Hanoï pendant la guerre du Vietnam : « Ce n'est pas un héros de guerre. J'aime les gens qui n'ont pas été capturés. » Lindsey Graham s'en était indigné. Il est aujourd'hui l'un des avocats les plus fervents du président.

L'ABANDON DE L'EXEMPLARITÉ PERSONNELLE

Plus d'un épisode atteste de la volonté de Donald Trump de mettre en cause d'autres responsabilités pour mieux diluer la sienne.

Au cœur de l'épidémie de coronavirus, quand les Américains inquiets cherchent à comprendre pourquoi la crise n'a pas été mieux anticipée, le président refuse immédiatement d'assumer la moindre part du fiasco. Interrogé à propos de la suppression du poste de conseiller chargé des pandémies qui existait au sein de son Conseil de sécurité nationale, il se plaint d'une question « méchante ». « Je ne sais rien de ça, ce n'est pas moi qui l'ai fait », répond-il avant d'ajouter qu'il ne se sent « pas du tout responsable » des ratés initiaux du programme de dépistage.

La tentation de se défausser n'est pas nouvelle. Moins de dix jours après son arrivée à la Maison Blanche, l'armée américaine lance un raid contre une position d'Al-Qaïda dans la péninsule arabique (AQPA), au Yémen. Il a été autorisé par le nouveau commandant en chef au cours d'un dîner informel, et non au terme d'un briefing dans la Situation Room, comme le faisaient ses prédécesseurs. L'attaque tourne mal. Les forces spéciales doivent détruire l'un de leurs propres hélicoptères, endommagé pendant l'assaut, et repartent avec le corps sans vie d'un des leurs, Ryan Owens. Il s'agit du premier mort au combat du nouveau président.

Quelques semaines plus tard, Donald Trump revient sur cette débâcle au cours d'un entretien accordé à la chaîne conservatrice Fox News. « C'était une mission qui avait été lancée avant mon arrivée ici. C'était quelque chose qu'ils voulaient faire », déclare-t-il à propos de ses généraux qui l'auraient selon lui incité à passer à l'action. « Et ils ont perdu Ryan », ajoute le président en se défaussant sur ses subalternes.

Pendant sa première campagne présidentielle, Donald Trump avait déjà pris ses distances avec l'exemplarité et le souci de l'intérêt général. Lors du premier débat qui l'oppose à la démocrate Hillary Clinton, il est attaqué sur son refus de publier ses déclarations de revenus, une tradition des campagnes présidentielles américaines. Hillary Clinton cite les rares informations disponibles à son sujet en évoquant l'hypothèse d'une optimisation fiscale à grande échelle à laquelle il se serait livré et qui expliquerait ce refus de transparence. Loin d'exprimer la moindre contrition, Donald Trump la coupe dans son réquisitoire. « Cela montre que je suis malin », rétorque-t-il. Lorsqu'elle revient à la charge, il assure que le produit de ses impôts aurait été « dilapidé » et qu'il a su en faire un meilleur usage.

Nulle trace d'une critique idéologique de l'Internal Revenue Service, l'agence du gouvernement fédéral qui collecte l'impôt et le produit des taxes. L'adversaire le plus coriace du magnat de l'immobilier lors des primaires républicaines, le sénateur du Texas Ted Cruz, a prôné sa suppression en déplorant que le code des impôts comporte

« plus de mots que la Bible ». Mais il n'est question dans la réponse de Donald Trump que de finasserie et d'aubaine.

Le manque d'empathie se manifeste à plus d'une reprise lors des tragédies que traversent les États-Unis sous sa présidence, au premier rang desquelles celle du Covid-19.

Après le passage dévastateur de l'ouragan Maria sur le territoire américain de Porto Rico, en septembre 2017, Donald Trump effectue une visite sur place. Devant les autorités locales, il relativise le premier bilan partiel de la tragédie qui fait état d'une cinquantaine de morts. « Chaque mort est une horreur. Mais si vous regardez une vraie catastrophe telle que Katrina [l'ouragan qui a dévasté La Nouvelle-Orléans en 2005], et que vous regardez les centaines, centaines, centaines et centaines de personnes qui sont décédées, et que vous regardez ce qui s'est passé ici… », estime le président. Il s'octroie plus tard l'équivalent d'un 20/20 dans la gestion d'une catastrophe qui laisse longtemps une bonne partie de ce territoire américain sans électricité. Tiré de deux études universitaires réalisées ultérieurement, le nombre total des victimes directes et indirectes de l'ouragan dépassera celui de Katrina (plus de 2 900 morts au lieu de 1 800), mais Donald Trump refusera d'accepter ce chiffre.

Moins d'un an plus tard, après les fusillades de Dayton et d'El Paso, le président endosse à nouveau avec peine les habits du « consolateur de la nation » qui lui revient ordinairement. La Maison Blanche diffuse des photos prises lors de sa visite des établissements hospitaliers qui ont recueilli les blessés. Donald Trump pose souvent tout sourire, les pouces levés comme après un bon résultat sportif, avec des policiers ou du personnel soignant en arrière-plan. Plus tard, une vidéo privée réalisée à l'intérieur de l'hôpital d'El Paso montre le président vanter ex abrupto l'importance de la foule qui était venue l'applaudir à un meeting électoral organisé dans cette ville au début de l'année.

LA DIPLOMATIE DÉLAISSÉE

Donald Trump croit en son instinct. Il croit en ses talents de négociateur. Il ne croit pas en la diplomatie.

« L'art du deal est, avant tout, un don à la naissance. C'est dans les gènes. Je ne dis pas cela pour me vanter. Il ne s'agit pas d'être brillant. Cela requiert une certaine intelligence, mais c'est d'abord une question d'instinct », écrit-il dans son livre à succès *The Art of the Deal*, publié en 1987.

Trump s'appuie sur une conviction simple : l'Amérique en fait trop, depuis trop longtemps, pour les autres, alliés en tête. Trente ans avant son arrivée à la présidence, il s'était payé, pour un coût total avoisinant les 100 000 dollars, une pleine page dans trois grands quotidiens américains – *New York Times*, *Washington Post* et *Boston Globe*. Elle prenait la forme d'une « Lettre ouverte de Donald J. Trump sur les raisons pour lesquelles l'Amérique devrait arrêter de payer pour défendre des pays qui ont les moyens de se défendre eux-mêmes ».

> Pendant des décennies, le Japon et d'autres pays ont profité des États-Unis. La saga continue au moment où nous défendons le golfe Persique, une zone qui n'a qu'une importance marginale pour les États-Unis en termes d'approvisionnement pétrolier mais dont le Japon et d'autres pays sont presque totalement dépendants. [...] Pourquoi

ces pays ne paient-ils pas les États-Unis pour les vies humaines et les milliards de dollars que nous perdons pour protéger leurs intérêts ?

À l'époque, New York bruisse de spéculations sur les ambitions politiques du magnat de l'immobilier, qui a toujours pris soin de les entretenir. Maire de la ville ? Gouverneur de l'État ? Président du pays ? Va-t-il défier le vice-président sortant George H. W. Bush lors de la primaire républicaine ? Donald Trump ne se lance finalement pas dans la course. Mais il forge des formules que l'on retrouve plus d'un quart de siècle plus tard, presque mot pour mot, dans sa bouche.

À chaque intervention, une constante : les alliés sont des cibles de choix.

En la matière, l'acte fondateur se déroule le 20 juillet 2017 dans la salle de crise du Pentagone, le « Tank ». Ce jour-là est actée la divergence irréconciliable entre Donald Trump et ceux de ses premiers conseillers que la presse américaine a surnommés les « adultes dans la pièce », dont il se séparera progressivement. Le président fulmine en apprenant que les alliés des États-Unis ne les suivront pas si Washington dénonce unilatéralement le traité sur le nucléaire iranien, ce qu'il fera moins d'un an plus tard. « Vous parlez de ces types comme des alliés, je n'en vois aucun », peste-t-il, selon le journaliste Bob Woodward qui raconte la scène dans un livre.

Le secrétaire d'État Rex Tillerson, son homologue à la défense James Mattis, et le conseiller économique Gary Cohn plaident inlassablement, au cours de cette réunion tendue, pour le respect des règles internationales édictées par Washington après 1945 et pour le respect des alliances.

Mais pour Donald Trump, il s'agit précisément de tous les principes dont il veut se défaire.

Pour ajouter à la dramaturgie, le président choisit souvent ses déplacements à l'étranger pour décocher ses flèches les plus assassines, livrer ses attaques les plus virulentes – ou déroutantes – contre les dirigeants de pays alliés.

Mai 2017 : premier sommet de l'Otan à Bruxelles pour Donald Trump. Les chefs d'État et de gouvernement suivent docilement Jens Stoltenberg, le secrétaire général de l'organisation, qui leur fait les honneurs du nouveau quartier général. Lorsque ce dernier s'immobilise pour une explication, Donald Trump se rend compte qu'il a été légèrement distancé. De sa main droite, il écarte sèchement le Premier ministre du Monténégro, Duško Marković, qui le précède, sans un regard pour lui. Un an plus tard, il reviendra à la charge contre ce pays des Balkans, composé de « gens très agressifs », qui ne mériterait pas la protection de Washington.

Avril 2018 : Donald Trump reçoit Emmanuel Macron dans le bureau Ovale pour une visite d'État. Nous nous pressons comme de coutume autour du président et de son invité. Là, debout, face aux journalistes, Trump entreprend d'épousseter le costume de son « ami » Emmanuel. « C'est un grand honneur de vous avoir ici. Nous avons une relation très privilégiée. D'ailleurs, je vais retirer ces quelques pellicules », ajoute-t-il avant de passer à l'acte d'un coup d'index. « Nous devons le rendre impeccable, il est impeccable », ajoute-t-il au milieu des rires gênés. En quittant Washington, Emmanuel Macron évoquera un geste que Donald Trump « considérait comme affectueux ». « Vous n'avez peut-être pas sa logique », ajoute-t-il.

Novembre 2018 : Donald Trump est attendu à Paris, en présence de dizaines d'autres dirigeants, pour les commémorations du centenaire de la fin de la Première Guerre mondiale. Au moment même où Air Force One atterrit à l'aéroport d'Orly, près de Paris, il rédige un tweet d'une virulence inouïe.

> Le président Macron vient de suggérer que l'Europe construise sa propre armée pour se protéger contre les États-Unis, la Chine et la Russie. Très insultant mais peut-être que l'Europe devrait d'abord payer sa part à l'OTAN que les États-Unis subventionnent largement !

Les deux hommes tentent de faire bonne figure lors d'un rapide tête-à-tête à l'Élysée, mais la crispation est palpable.

Juin 2019 : Donald Trump arrive à Osaka pour un sommet du G20 sous haute tension. Ses cibles du moment ? Berlin et Tokyo. Il qualifie l'Allemagne de « partenaire défaillant » profitant à bon compte de la puissance militaire américaine. Et s'en prend au traité de sécurité américano-japonais, pierre angulaire de la relation entre les deux pays depuis la fin de la Seconde Guerre mondiale. Conclu en 1951, il prévoit le droit pour les États-Unis de baser des troupes au Japon, présence cruciale dans le Pacifique pendant la guerre froide, contre la promesse que Washington défendra le Japon en cas d'attaque. Dans un entretien sur Fox Business diffusé peu avant son arrivée sur l'archipel, il tempête :

> Nous avons un traité avec le Japon. Si le Japon est attaqué, nous nous battrons dans la troisième guerre mondiale. Nous nous jetterons dans la bataille, nous les protégerons

et nous nous battrons avec nos vies et tous nos moyens. Mais si nous sommes attaqués, le Japon n'est pas tenu de nous aider. Ils peuvent regarder l'attaque sur une télévision Sony.

Lorsque Donald Trump arrive au pouvoir, le ressentiment n'est pas le seul facteur qui explique son choix d'écarter les experts en politique étrangère qui peuplaient avant lui les administrations républicaines, quels que soient les périls auxquels il s'expose, et ils seront nombreux. Il n'a certes pas oublié la gifle qu'a été la publication de deux lettres ouvertes, tout d'abord par le site War on the Rocks, en mars 2016, puis par le *New York Times*, cinq mois plus tard.

Plus d'une centaine de spécialistes reconnus dénoncent alors sa fascination pour la Russie, l'efficacité présumée du recours à la torture, ou ses diatribes contre l'islam. « Son équation entre le sens des affaires et une expérience de la politique étrangère est erronée. Tous les conflits meurtriers ne peuvent pas être résolus comme une transaction immobilière, et il n'y a aucun recours possible devant un syndic de faillite dans les affaires internationales », écrivent en mars ces « membres de la communauté républicaine dédiée à la sécurité nationale » représentant toutes ses sensibilités, des néoconservateurs aux nationalistes.

On trouve parmi ces signataires un ancien directeur de la CIA, Michael Hayden, un ex-patron de la Banque mondiale, Robert Zoellick, des cohortes d'anciens secrétaires (ministres) et d'anciens ambassadeurs. Un solide *Who's Who* républicain de grands commis de l'État fédéral. Un seul nom parvient plus tard à échapper à l'opprobre : celui de James Jeffrey. Cet ancien ambassadeur en Irak devient envoyé spécial pour la coalition contre l'organisation État islamique après les démissions que provoque l'annonce inopinée du retrait américain de Syrie en décembre 2018.

Donald Trump est à son aise dans un anti-intellectualisme solidement ancré aux États-Unis, que décrivait déjà en 1963 l'historien Richard Hofstadter. En politique étrangère, ce réflexe se traduit par le rejet du consensus de Washington, de l'écosystème particulier des cercles de réflexion qui alimentent régulièrement en cadres les administrations successives, quelle que soit leur couleur politique. Il n'est pas aussi éloigné qu'on pourrait le penser de son prédécesseur, Barack Obama. L'un des principaux conseillers du démocrate, Ben Rhodes, avait moqué le « Blob », ce conglomérat d'experts mus surtout selon lui par le souci d'apparaître comme indispensables mais fondamentalement voués à la préservation d'un statu quo.

Chaque réaction outrée de ces experts à ses décisions représente pour Donald Trump une validation de ses intuitions. Au risque de transformer ce réflexe antisystème en système.

Tout déconstruire, brique par brique. Telle semble être la devise de Donald Trump par rapport aux chantiers de Barack Obama en politique étrangère. La rupture est bien sûr une façon pour tout nouveau président de s'affirmer : lorsque George W. Bush arrive au pouvoir en 2001, sa doctrine est un temps résumée à Washington par un acronyme, ABC (« *Anything but Clinton* » – « Tout sauf Clinton »). Mais il reste difficile de trouver dans l'histoire politique américaine moderne l'équivalent d'une telle entreprise de démolition systématique. Chaque fois, le verbe est tranchant, le rejet par le quarante-cinquième président des initiatives du quarante-quatrième est sans nuances.

Trois jours après sa prise de fonctions, Donald Trump signe l'acte de retrait du traité de libre-échange transpacifique (TPP), dont Barack Obama avait fait l'une de ses priorités. Conçu comme un contrepoids à l'influence grandissante de la Chine, ce traité avait été signé en 2015 après d'âpres négociations entre douze pays d'Asie-Pacifique, des États-Unis au Vietnam en passant par le Chili, le Canada et le Japon. Le texte n'était pas encore entré en vigueur, en l'absence de ratification par le Congrès. « Nous allons mettre fin à ces accords commerciaux ridicules », lâche le président. Paradoxe : en signant la fin d'une entente qui fut l'une des priorités de son prédécesseur, il s'aligne avec la gauche du Parti démocrate et se met à dos une partie des élus républicains.

Le 1er juin 2017, il annonce le retrait des États-Unis de l'accord de Paris sur le climat, signé par 195 pays. Un texte « très injuste » pour l'Amérique, martèle-t-il.

Deux semaines plus tard, depuis le quartier de Little Havana, à Miami, Donald Trump s'attaque à l'une des initiatives les plus emblématiques de son prédécesseur : le rapprochement avec Cuba visant à enterrer « le dernier vestige de la guerre froide dans les Amériques ». Le président républicain annonce qu'il annule, avec effet immédiat, l'accord « horrible » et « complètement déséquilibré » conclu avec La Havane après des mois de tractations secrètes. La réalité sera, comme souvent, plus nuancée : Washington ne remettra pas en cause le rétablissement des relations diplomatiques avec l'île communiste. Mais la fragile dynamique enclenchée après des décennies de défiance est brisée.

Si certains élus proches des exilés poussaient pour ce retour à une position dure, la normalisation des relations avec La Havane, située à moins de 400 kilomètres de Miami, était soutenue par une majorité d'Américains et par le monde des affaires. Pendant la campagne, Donald Trump avait envoyé des signaux contradictoires. « Cinquante ans ça suffit. Le concept d'ouverture avec Cuba me va », avait-il déclaré tout en assurant que les États-Unis auraient dû négocier « un meilleur deal », concept aux contours flous.

Dans le choix de faire machine arrière, il y a, bien sûr, un signal envoyé à une base anticastriste qui peut constituer un soutien électoral précieux en Floride. Mais il y a plus que cela. Cette mise à terre des textes négociés par Barack Obama illustre une volonté d'effacer les images et les mots de cette visite historique qui ont fait le tour du monde et qui ont valu à son prédécesseur démocrate des louanges quasi unanimes.

Quinze mois après son arrivée au pouvoir, Donald Trump annonce le retrait pur et simple de l'accord international sur le nucléaire iranien, fruit de vingt et un mois de négociations internationales acharnées pour empêcher Téhéran de se doter de la bombe atomique. Il qualifie le texte de « désastreux ». France, Allemagne, Royaume-Uni, Union européenne, Russie : les autres signataires de l'accord ont défendu jusqu'au bout un compromis qu'ils jugeaient « historique ». Ces pays ont rappelé que l'Agence internationale de l'énergie atomique (AIEA) a certifié le respect par Téhéran des termes du texte censé garantir le caractère non militaire de son programme nucléaire. En vain.

Diplomate de carrière, ancien conseiller de George W. Bush, Richard Haass, aujourd'hui président du Council on Foreign Relations, un cercle de réflexion dédié à la géopolitique, résumait en ces termes, à l'été 2019, la rupture opérée par Donald Trump sur la scène internationale :

La diplomatie se présente traditionnellement sous deux formes : les consultations et les négociations. Les consultations sont des échanges de vues entre gouvernements. En principe, l'objectif est d'influencer le raisonnement ou le comportement de l'autre ou, de manière plus modeste, de réduire les chances d'une surprise ou d'une mauvaise interprétation qui pourraient être dangereuses. Les négociations ont tendance à être plus spécifiques, et entreprises pour aboutir à un accord dans lequel les obligations des deux parties sont explicites. Sous la présidence Trump, les États-Unis ne semblent s'intéresser ni aux unes ni aux autres.

LE COÛT DE L'INACTION CLIMATIQUE

Au mépris de la science. Au mépris d'un accord signé par presque tous les pays de la planète. Le refus de Donald Trump de prendre acte de l'existence même de la crise climatique restera – dans la durée – comme l'un des marqueurs de sa présidence. Son rejet obstiné de reconnaître l'urgence climatique – et la nécessité de réduire les émissions de gaz à effet de serre – est, comme tant d'autres sujets de son mandat, dont la dette publique, une bombe politique à retardement. Pas nécessairement pour lui mais pour le parti dont il a pris le contrôle et qui devra se réinventer après son départ.

La présidence de Trump est faite de nostalgie, de retours en arrière. Mais sur ce thème, le décalage est plus marqué encore. Difficile de trouver, en 2020, un dirigeant de grand pays qui pousse aussi loin le déni. À l'intérieur même des États-Unis, Donald Trump va beaucoup plus loin que la plupart des élus républicains. Il s'aligne sur des animateurs radio ultraconservateurs farouchement climatosceptiques, à l'image de Rush Limbaugh qu'il a remercié devant le Congrès lors de son discours sur l'état de l'Union, en 2020, pour « des décennies de dévouement à notre pays », et auquel il a remis la médaille de la Liberté, plus haute décoration civile des États-Unis.

Une étude publiée en février 2020 par le Pew Research Center le montre clairement : le climat est, de plus en plus, une préoccupation centrale aux États-Unis. Pour la première fois depuis que cette étude sur les priorités des Américains a été créée il y a vingt ans, une majorité d'entre eux estiment que la lutte contre le réchauffement devrait être une priorité absolue du président et du Congrès, même si les électeurs républicains sont plus réservés.

Donnée inquiétante pour les stratèges du Parti républicain : le clivage est générationnel. Le bloc républicain n'est pas monolithique sur le sujet. Si 39 % des républicains estiment que le gouvernement fédéral n'en fait pas assez sur la question du changement climatique, ce chiffre passe à 52 % chez les républicains de moins de 40 ans.

Donald Trump a tout dit et son contraire sur le climat. Difficile de croire aujourd'hui qu'il faisait partie, en 2009, des signataires d'une pleine page publiée dans le *New York Times* appelant à la mobilisation de l'État fédéral. Les mots étaient sans ambiguïté et auraient été approuvés, dix ans plus tard, par la jeune activiste suédoise Greta Thunberg, devenue l'une des cibles préférées du locataire de la Maison Blanche.

> Cher président Obama, cher Congrès américain,
>
> Demain, les dirigeants de 192 pays se retrouveront à Copenhague pour la conférence de l'ONU sur le

> changement climatique pour déterminer le sort de notre planète. En tant que chefs d'entreprise, nous sommes confiants dans le fait que le président Obama se présentera à Copenhague avec des objectifs chiffrés sur les émissions. Au-delà de ces engagements, nous vous appelons à renforcer et à voter des lois en ce sens afin de donner l'exemple au reste du monde. Nous soutenons vos efforts pour la mise en place de mesures significatives et efficaces pour maîtriser le changement climatique, défi urgent auquel les États-Unis et le monde doivent faire face. Si nous n'agissons pas maintenant, il est scientifiquement irréfutable que cela aura des conséquences catastrophiques et irréversibles pour l'humanité et notre planète.

La lettre s'achevait par un « proverbe africain » : « Si tu veux aller vite, marche seul. Si tu veux aller loin, marchons ensemble. » Dans les années qui suivent, Donald Trump décide de faire fi de cette sagesse ancestrale. Il se lance, à rebours, dans une avalanche de tweets remettant en cause, sur tous les tons, l'existence même du changement climatique en cours. « Le concept de réchauffement climatique a été créé par et pour les Chinois afin de rendre l'industrie américaine non compétitive », écrit-il un jour. « Il gèle et il neige à New York, nous avons besoin du réchauffement climatique », ironise-t-il le lendemain. « Orages de grêle du Texas au Tennessee. Je suis à Los Angeles et il fait un froid polaire. Le réchauffement climatique est un canular extrêmement coûteux ! » assure-t-il plus tard. « Quand est-ce que notre pays arrêtera de gaspiller de l'argent sur le réchauffement climatique et tant d'autres choses vraiment stupides et commencera-t-il à se concentrer sur les baisses d'impôts ? » tonne-t-il un autre jour.

Après son entrée en campagne, il insiste : « Je crois en un

air propre, immaculé. Mais je ne crois pas au changement climatique. » À son arrivée à la Maison Blanche, il poursuit dans la même veine. Fin 2018, il rejette sèchement les conclusions du *National Climate Assessment*, rapport rédigé par plus de 300 scientifiques et validé par son administration, qui détaille l'impact potentiel du changement climatique sur l'économie américaine. « Les conséquences du changement climatique au-delà de nos frontières vont affecter de plus en plus notre commerce et notre économie, notamment les prix à l'import et à l'export, ainsi que les entreprises qui ont des investissements et des chaînes d'approvisionnement à l'étranger », souligne le document. « Je n'y crois pas », tranche le président américain.

Conscient qu'une partie de l'électorat républicain, les millennials et les femmes en milieu urbain en particulier, est de plus en plus sensible à cette problématique, il opère une – légère – inflexion dans la deuxième partie de son mandat. Sous la pression de son entourage, il s'efforce d'offrir un discours un peu plus policé, se tient à l'écart des sorties les plus provocatrices. Il évite – la plupart du temps – de nier l'existence du changement climatique, mais il prend soin, au prix d'extraordinaires contorsions, de ne jamais prononcer le mot lui-même.

En juillet 2019, celui qui a offert des positions gouvernementales à nombre d'anciens lobbyistes du charbon prononce un grand discours environnemental. Pendant près d'une heure, dans l'East Room, il défend le « leadership environnemental de l'Amérique ». Après avoir évoqué son attachement à « l'eau propre » et à « l'air pur », il tente de se poser en rassembleur : « Ce sont des objectifs extraordinaires derrière lesquels tout le monde dans ce pays devrait pouvoir se rassembler. » Pour le sénateur démocrate de

New York, Chuck Schumer, le bilan est simple : « Il peut essayer autant qu'il veut de dire le contraire, mais le président Trump a probablement été l'allié le plus fidèle des pires pollueurs de l'histoire de la présidence. »

À l'automne 2019, une soixantaine de dirigeants se réunissent à New York, en marge de l'Assemblée générale de l'ONU, pour une réunion centrée sur « l'urgence climatique ». Sans surprise, le rendez-vous ne figure pas à l'agenda du locataire de la Maison Blanche. Pourtant, à la dernière minute, il décide d'y faire une brève apparition. Assis pendant une dizaine de minutes, la mine renfrognée, il applaudit brièvement à l'issue de l'intervention du Premier ministre indien, Narendra Modi. Puis, peu après le discours de la chancelière allemande Angela Merkel, il s'éclipse, sans avoir dit un mot. Pourquoi avoir décidé de se joindre à cette réunion ? Faut-il y voir une inflexion durable ? Ses explications données peu après dans les couloirs de l'ONU ne permettent pas de répondre : « Je crois beaucoup à l'air pur et à l'eau pure et tous les pays devraient se mettre ensemble pour y parvenir. »

Parfois, aussi, le naturel reprend le dessus quand le président est en roue libre. Début 2020, lors d'un discours à la Maison Blanche centré sur la fermeté de son administration à la frontière mexicaine, il vante son mur fait de longues barres verticales en acier, infranchissables. Et ne peut résister à la tentation.

> Nous les peindrons en noir. Le noir les rend incroyablement chaudes, particulièrement le long de la frontière mexicaine, une région qui n'est pas vraiment connue pour son froid. Sauf erreur, il n'y a pas des masses de neige dans ce coin-là… S'il y en avait, cela s'appellerait le changement climatique, non ? Le jour où cela arrivera, j'y croirai !

Parmi les républicains qui votent Donald Trump mais qui ne portent pas la casquette « Make America Great Again », une petite musique revient avec insistance : rien ne sert de s'attarder sur ses provocations, concentrez-vous sur ses décisions, et vous verrez qu'il est, in fine, dans la continuité de nombre de ses prédécesseurs. Le raisonnement peut se défendre. Sur la question climatique, il ne tient pas.

« Toutes les décisions que nous avons prises s'appuient sur des données scientifiques claires et sur les lois des États-Unis », expliquait fin 2015 à l'Agence France-Presse Gina McCarthy, patronne de la puissante Agence américaine de protection de l'environnement (EPA), dont le siège est situé non loin de la Maison Blanche. « Elles ne peuvent pas être simplement défaites à la faveur d'un changement politique. Elles s'inscriront dans la durée. » « L'immense majorité du Congrès et l'immense majorité des Américains comprennent ce que la science nous dit », assurait-elle. La suite ne lui a pas donné raison.

Donald Trump décrète le retrait des États-Unis de l'accord de Paris, infligeant un véritable camouflet à la « diplomatie climat » qui, en décembre 2015, a célébré dans la capitale française un accord historique, rendu possible par un pacte âprement négocié entre Washington et Pékin. Le texte, dont Barack Obama fut l'un des principaux architectes, vise à contenir le réchauffement sous le seuil de 2 °C par rapport au niveau préindustriel. Avec un retrait annoncé avec fracas contre l'avis de plusieurs de ses proches conseillers (dont sa fille Ivanka) et d'une large partie du monde des affaires, Donald Trump gomme, de facto, les engagements volontaires pris par les États-Unis :

une réduction de 26 à 28 % de leurs émissions de gaz à effet de serre d'ici à 2025 par rapport à 2005.

Martelant sur tous les tons qu'il est déterminé à mettre fin à « la guerre contre le charbon », il jette aux orties le Clean Power Plan (« Projet pour une énergie propre »), élaboré par l'EPA, visant à faire disparaître les centrales à charbon les plus polluantes en imposant aux centrales électriques des réductions drastiques de leurs émissions de CO_2, de 32 % d'ici à 2030 par rapport à 2005. Le plan n'est pas encore entré en vigueur en raison de batailles judiciaires en cours : une quinzaine d'États, dont les grands producteurs de charbon, se sont tournés vers les tribunaux pour bloquer ces mesures, jugeant que l'agence environnementale avait outrepassé son rôle. Mais le signal de sa remise en cause est fort.

En janvier 2020, il présente une réforme visant à limiter – voire à supprimer dans certains cas – les études d'impact environnemental préalables aux grands projets d'infrastructures, tels que les oléoducs ou les autoroutes. L'objectif ? Modifier les règles d'application d'une loi promulguée en 1970 par Richard Nixon, le National Environmental Policy Act (NEPA), qui prévoit que tout projet de construction majeur doit être précédé d'une étude d'impact environnemental. Si le projet passe l'obstacle des tribunaux, le critère de contribution au changement climatique pourrait, de facto, disparaître de ces études.

Le Earth Institute de l'université de Columbia, à New York, a mis en place un « *climate deregulation tracker* » qui recense les efforts entrepris par l'administration Trump afin de « faire reculer ou éliminer complètement les mesures fédérales pour limiter le changement climatique ou s'y adapter ». Facilitations des forages pétroliers et gaziers, baisse des normes de pollution dans le secteur automobile, report ou annulation des durcissements de la réglementation en termes d'efficacité énergétique : la longue liste, détaillée, montre à quel point, sur ce sujet plus que tout autre, Donald Trump a, dans les faits et pas seulement dans les mots, opéré un virage à 180 degrés par rapport à Barack Obama. Difficile de trouver plus parfaite opposition avec les propositions démocrates défendues par Joe Biden, qui jure de ramener immédiatement les États-Unis dans l'accord de Paris en arrivant à la Maison Blanche.

Certes, ses mots et ses actes ont galvanisé certains acteurs non fédéraux : de nombreux États américains, principalement démocrates, mais aussi des centaines de villes ont redoublé leurs engagements pour « décarboner » leurs économies. En juin 2019, l'État de New York, qui compte quelque 20 millions d'habitants, a adopté une loi prévoyant de réduire de 85 % les émissions de gaz à effet de serre d'ici à 2050, par rapport à 1990. Mais la lutte contre le changement climatique est, au niveau national comme international, affaire de message, de dynamique, d'effet d'entraînement. Si un grand pays – en l'occurrence les États-Unis, deuxième émetteur de gaz à effet de serre derrière la Chine – relâche l'effort, il offre à tous les autres un paravent confortable derrière lequel s'abriter pour justifier leur inaction ou leur manque d'ambition.

LES FAITS, LA RÉALITÉ, TOUT EST NÉGOCIABLE

Il n'a pas d'acte de naissance, ou alors, s'il en a un, il y a quelque chose de très gênant pour lui dedans.

À partir du printemps 2011, et pendant cinq ans, jusqu'à quelques semaines de l'élection présidentielle, Donald Trump fut le principal promoteur d'une théorie du complot visant à mettre en doute le lieu de naissance – et donc la légitimité – de Barack Obama, premier président noir des États-Unis.

Analyser son rapport aux faits, à la réalité, impose de faire un détour par cet épisode pour lequel Michelle Obama a juré qu'elle ne lui pardonnerait jamais. « Toute cette affaire était folle, mesquine, et sa xénophobie sous-jacente était à peine dissimulée », écrira-t-elle dans son livre *Devenir* (*Becoming*). « Mais elle était aussi dangereuse, elle visait délibérément à exciter les cinglés. »

Les rumeurs remettant en cause le lieu de naissance (Hawaï) de Barack Obama avaient fait surface durant la campagne de 2008. Mais elles étaient restées à la marge. C'est Donald Trump qui les a placées avec une constance remarquable en pleine lumière, à coups d'insinuations et d'interrogations faussement ingénues.

En avril 2011, le président démocrate est contraint d'organiser, sur les conseils de son équipe rapprochée, un point de presse pour tenter de clore le dossier une fois pour toutes. Il présente une version complète de son acte de naissance (il avait déjà publié, lors de la campagne de 2008, un extrait d'acte de naissance, plus court et imprimé à partir d'un fichier informatique). Le document précise qu'il est né à 19 h 24 le 4 août 1961, à Honolulu, Hawaï.

« Nous avons mieux à faire. J'ai mieux à faire », lâche-t-il, exaspéré. Soulignant les énormes défis auxquels l'Amérique est confrontée, il appelle les élus à se rassembler pour résoudre ces problèmes. « Mais nous n'y arriverons pas si nous racontons n'importe quoi et si nous faisons comme si les faits n'existaient pas. Nous n'y arriverons pas si nous nous laissons distraire par des bêtes de foire. »

Donald Trump continue malgré tout, pendant des années, son étrange croisade, piochant sans retenue dans la riche boîte à outils des théories du complot.

« Sa mère n'était pas à l'hôpital. Il y a beaucoup d'autres choses qui sont sorties », lâche-t-il en mai 2012. « Une "source extrêmement fiable" a appelé mon bureau et m'a dit que le certificat de naissance de Barack Obama était un faux », tweete-t-il quelques mois plus tard. En septembre 2014, il lance même un appel à « tous les hackers » : « Vous êtes capables de tout pirater, alors, s'il vous plaît, piratez tous les documents d'Obama à l'université (détruits ?) et vérifiez "lieu de naissance". »

Avec l'entrée en campagne, en 2015, il bascule sur un « je n'en parle plus ». À l'approche de l'élection, il décide de clore le chapitre d'une étrange façon. Depuis son nouvel hôtel à Washington, dont il est venu faire la promotion, il accuse une nouvelle fois Hillary Clinton, à tort, d'avoir lancé cette théorie du complot lors de la primaire démocrate de 2008. « J'y ai mis fin », avance-t-il, revendiquant presque une nécessaire clarification. Puis lâche : « Le président Barack Obama est né aux États-Unis. Point. » Ni explications, ni excuses, ni regrets.

Avec l'arrivée au pouvoir, Donald Trump endosse un nouveau rôle. Son équipe rapprochée est désormais installée dans la West Wing, symbole absolu du pouvoir. Faut-il s'attendre à une rupture ? La réponse est négative. Le ton sera donné dès le deuxième jour.

Au lendemain de sa prestation de serment, une réelle effervescence règne dans la salle de presse : Sean Spicer, porte-parole de la Maison Blanche, doit s'exprimer pour la première fois, depuis le podium.

Costume gris, cravate bleue, Sean Spicer s'installe. Et là, stupeur : mâchoires serrées, les yeux rivés sur son texte qu'il lit à toute vitesse, celui qui porte la parole de la présidence de la première puissance mondiale attaque. Il tempête contre « la couverture des dernières vingt-quatre heures », stigmatise « la malhonnêteté des médias », dénonce le cadrage de certaines photos qui visait à « minimiser » la taille de la foule rassemblée sur le National Mall, les tentatives « honteuses » de déprécier l'« enthousiasme » de la cérémonie d'investiture de Donald J. Trump, quarante-cinquième président de l'histoire. « Ce fut la foule la plus importante à avoir jamais assisté à une prestation de serment, point barre ! » conclut-il, contre toute évidence, tant la foule rassemblée huit ans plus tôt au même endroit pour Barack Obama était autrement imposante.

Point d'initiative personnelle ou de dérapage d'un conseiller zélé. Sean Spicer est en service commandé. Ce mensonge au podium est celui de l'homme assis à quelques mètres de là, dans le bureau Ovale. En quelques minutes, la ligne de conduite de la présidence Trump a été tracée. Les attaques contre les médias, bien sûr. Mais aussi et surtout une façon de s'affranchir de la réalité, de tordre le cou aux faits. Sans états d'âme.

Dès le lendemain, l'infatigable Kellyanne Conway, celle qui a été la directrice de campagne de la dernière ligne droite, insiste. Face aux caméras de NBC, elle monte au front pour défendre les propos de Sean Spicer et avance une explication qui collera à jamais à la présidence : « Il a présenté des faits alternatifs. »

En juillet 2018, lors d'un discours à Kansas City, dans

le Missouri, Donald Trump lui-même insiste. « Rappelez-vous une chose : ce que vous voyez et ce que vous lisez n'est pas ce qui se passe. »

Pour tordre le cou à la réalité, Donald Trump a recours à un arsenal d'artifices. Il s'abrite derrière d'autres pour se faire l'écho d'une rumeur ou de ragots. La formule la plus célèbre ? « Beaucoup de gens disent que… »

À l'automne 2019, il fait le point sur sa stratégie en Syrie et sur l'annonce, extrêmement controversée, de retrait des troupes américaines du nord-est du pays, qui laisse le champ libre à la Turquie pour lancer une offensive militaire contre les forces kurdes. Les alliés des États-Unis sont furieux. Le président français racontera avoir appris la décision de retrait « comme tout le monde », les élus républicains sont vent debout. Donald Trump, lui, offre une autre grille de lecture. « Grâce à un énorme travail, nous avons accompli des choses dont tout le monde disait qu'elles étaient impossibles. L'annonce de ce jour valide nos choix vis-à-vis de la Turquie. Il y a à peine deux semaines, ils étaient moqués, et aujourd'hui les gens disent : "Ouah, quel résultat extraordinaire ! Bravo !" »

Autre stratagème présidentiel : répéter plusieurs fois la même histoire, même si le récit a été déconstruit.

Le dossier nord-coréen est, à cet égard, édifiant. Les discussions sont dans l'impasse : le régime reclus poursuit implacablement sa quête de l'arme nucléaire en dépit des avertissements de la communauté internationale et des sanctions draconiennes qui étranglent son économie. Il y revient pourtant avec un angle d'attaque simple : il a réussi quelque chose que Barack Obama avait lui aussi tenté, mais en vain.

« Le président Obama voulait une rencontre et le

président Kim a refusé », lance-t-il en juin 2019 lors d'une conférence de presse à la Maison-Bleue, siège de la présidence sud-coréenne. Il insiste : « L'administration Obama suppliait [la Corée du Nord] d'accepter une rencontre. » À aucun moment durant la présidence Obama une telle main tendue n'a été publiquement évoquée. « Trump ment », explose Ben Rhodes, très proche conseiller d'Obama sur les affaires étrangères. « J'étais présent pendant les huit années. Obama n'a jamais cherché à rencontrer Kim Jong-un. La politique étrangère, ce n'est pas de la téléréalité, c'est la réalité. » James Clapper, ancien directeur national du renseignement, insiste. « Je ne sais pas d'où il sort ça », lance-t-il sur CNN. « Dans toutes les réunions sur la Corée du Nord auxquelles j'ai participé [...], je ne me souviens pas d'une seule situation où le président Obama ait exprimé le moindre intérêt pour une rencontre avec le président Kim. » Trois mois plus tard, depuis la Maison Blanche, Donald Trump revient à la charge, sans sourciller. « Il [Barack Obama] a essayé onze fois de l'appeler [Kim Jong-un]. Mais l'homme de l'autre côté, le gentleman de l'autre côté, n'a pas pris ses appels. » Ben Rhodes s'étrangle de nouveau. « Obama n'a jamais appelé Kim Jong-un. Obama n'a jamais essayé de rencontrer Kim Jong-un. Trump est un menteur en série. »

Dans chaque acte, chaque mot de Donald Trump, on retrouve cette volonté de défi.

Le 21 août 2017, l'Amérique ne pense qu'à une chose : la « grande éclipse ». La première éclipse solaire totale à traverser les États-Unis depuis 1918 doit brièvement plonger le pays dans l'obscurité suivant une ligne partant du nord-ouest jusqu'au sud-est. Si elle n'est que partielle à Washington, une cérémonie a été organisée à la Maison

Blanche pour marquer ce moment spectaculaire et rassembleur, qui est aussi l'occasion de parler de science. Et de la nécessité, martelée par la NASA et dans toutes les écoles du pays, de se munir de lunettes pour éviter les brûlures de la rétine. Les journalistes et les invités sont rassemblés sur la pelouse. Donald Trump, accompagné de sa femme Melania, sort sur le balcon Truman. Et là, stupeur, le président lève les yeux au ciel sans ses lunettes de protection, pointant le soleil de l'index en plissant les yeux, comme amusé. « Ne regardez pas ! » lui lance un conseiller placé en contrebas. Melania se retourne et semble lui dire de respecter les consignes. Il sourit.

Donald Trump n'a pas perdu la vue. Les journaux se sont amusés : « Pas très brillant ! » a titré le *Daily News* avec une photo en une du président le nez en l'air.

4

Un président qui bute et trébuche

Ils sont quatre, trois Premiers ministres et un président, en cercle dans un salon du palais de Buckingham, le 4 décembre 2019. Tous les dirigeants de l'Alliance atlantique sont réunis à Londres pour célébrer les 70 ans de l'organisation. Sur des images tournées par la télévision britannique lors d'une réception, on voit, outre le Néerlandais Mark Rutte, Justin Trudeau, Emmanuel Macron et Boris Johnson, trois dirigeants avec lesquels Donald Trump se vante régulièrement d'entretenir, malgré quelques pics de tension, de bonnes relations.

Dans une discussion enjouée, ces trois hommes, un verre à la main, font le point, amusés, sur leur première journée et leurs tête-à-tête respectifs avec le locataire de la Maison Blanche. S'ils ne citent à aucun moment Donald Trump et si certains passages sont inaudibles, l'objet de leurs commentaires sarcastiques est bien le président des États-Unis.

« C'est pour ça que tu es en retard ? » lance Boris Johnson à Emmanuel Macron. « Il est en retard parce qu'il a eu une conférence de presse de quarante minutes inattendue... », tranche Justin Trudeau, évoquant les longs échanges décousus de Donald Trump avec les journalistes, avant d'ironiser sur l'équipe du président « qui tombait des nues » face à certains de ses propos.

La scène est terrible pour le dirigeant de la première puissance mondiale, qui traitera le lendemain matin le jeune Premier ministre canadien d'« hypocrite ». Et preuve que l'arme du tweet est à double tranchant, l'un d'eux refera surface après la diffusion de cette vidéo rapidement devenue virale. Il avait été rédigé en août 2014 par celui qui était alors un homme d'affaires loin des combats politiques de Washington mais qui ne ratait pas une occasion d'attaquer violemment Barack Obama. « Nous avons besoin d'un dirigeant qui ne soit pas la risée du monde entier », écrivait-il.

Donald Trump a été confronté à des rires encore plus cruels, parce que spontanés et irrépressibles, devant l'Assemblée générale des Nations unies, en septembre 2018, alors qu'il vantait un bilan sans précédent selon lui dans l'histoire américaine. Le refus de se présidentialiser est une garantie de succès en meeting, mais son efficacité est plus discutable dans l'exercice ingrat du pouvoir, comme il n'a cessé d'en faire l'expérience.

UN HOMME SEUL, TRÈS SEUL

Je suis tout seul (pauvre de moi) à la Maison Blanche.

Le tweet de Donald Trump, publié le 24 décembre 2018, est, bien sûr, moqueur. Il est d'abord destiné à souligner combien il travaille dur quand les démocrates, eux, ont rapidement quitté Washington pour des vacances en famille ou au soleil sans se soucier des travailleurs américains. Mais il illustre aussi avec cruauté l'extrême solitude – à la fois personnelle et politique – de Donald Trump. Elle saute aux yeux à chaque instant lorsqu'on le côtoie au quotidien à la Maison Blanche.

Ce n'est pas seulement la solitude du pouvoir, du 1600 Pennsylvania Avenue, qui isole et qu'ont ressentie tant de ses prédécesseurs, d'Abraham Lincoln à Harry Truman.

Fin 2008, Barack Obama racontait avoir été mis en garde sans détour par plusieurs anciens occupants du bureau Ovale : « Ils parlent tous d'une certaine solitude. » Il s'agit, pour l'ancien businessman new-yorkais, d'autre chose, de l'approche d'un homme qui, toute sa vie – en affaires, en campagne, au pouvoir –, a fonctionné sur la méfiance, la défiance.

Donald Trump s'est construit sur une vision du monde assez sombre du chacun pour soi, dont il parle peu depuis son arrivée à la présidence mais qu'il a souvent évoquée avant d'accéder à la plus haute fonction politique des États-Unis. « Je déteste devoir dépendre de mes amis. Je ne suis pas quelqu'un qui fait confiance. Je ne veux dépendre que de moi-même », explique-t-il à *Newsweek* en 1987.

Dans un très long entretien accordé à *Playboy* trois ans plus tard, il va plus loin. Et lie cette attitude méfiante à la mort de son frère Fred Jr., qui avait sombré dans l'alcoolisme.

> J'ai vu des gens vraiment profiter de Fred et la leçon que j'en ai tirée a été de ne jamais baisser la garde, alors que lui le faisait fréquemment. Il pensait que ce n'était pas indispensable, ce qui est une erreur fatale dans la vie. Les gens font trop confiance. Je suis quelqu'un qui ne fait pas du tout confiance. J'étudie les gens tout le temps, automatiquement. Je suis comme ça, pour le meilleur et pour le pire.

« Je suis très sceptique sur les gens, c'est une forme d'autoprotection », ajoute-t-il. Comment le président Trump se comporterait-il ? interroge alors le journaliste, en écho aux rumeurs récurrentes sur ses ambitions politiques. « Il ne ferait confiance à personne. »

Donald Trump a, sur ce point, tenu parole. Difficile de

lui trouver des amitiés, ou des liens durables, parmi les dirigeants de la planète, les élus du Congrès, au sein du Parti républicain ou même de son équipe rapprochée de la West Wing.

Tous ses prédécesseurs ont pu compter sur des « disciples » d'un genre à part, une armée de conseillers ayant adhéré à un projet, avant de partir répandre la bonne parole, défendre l'homme et le bilan au-delà des grilles qui délimitent les jardins de la Maison Blanche, dans des ministères, des universités ou le secteur privé. Rien de tel pour Donald Trump. Il n'a pas de garde rapprochée, de cercles protecteurs. C'est un homme d'alliances éphémères susceptibles d'être remises en cause à tout moment. Il a des relations utilitaristes, tel le pacte avec les évangéliques pour la nomination de juges conservateurs à tous les échelons de la hiérarchie judiciaire. Il travaille sur le court terme, avec une règle d'or : une allégeance totale et sans nuances ou la rupture.

L'un après l'autre, il a attaqué, moqué ou humilié presque tous ceux qui ont travaillé avec lui – pour lui pourrait-on dire – avant d'être remerciés ou de décider d'eux-mêmes de prendre leurs distances. Et ceux qui ont occupé des fonctions prestigieuses – à la tête de la diplomatie ou de l'armée – auxquelles l'Amérique est si attachée n'ont pas été épargnés. Une critique, une réserve, une prise de position malencontreuse aux yeux de l'occupant du bureau Ovale et l'intéressé tombe en disgrâce, souvent sanctionné par une salve de tweets insultants et vengeurs. Conséquence directe : les ténors du parti comme du secteur privé ne se bousculent pas à la porte de la Maison Blanche lorsqu'un poste se libère.

Un ancien capitaine d'industrie, un ex-général des

marines et un sénateur : Rex Tillerson, John Kelly et Jeff Sessions. Trois hommes, venus d'horizons très différents, ont connu cette mise au ban qui prouve combien, même à l'aune de l'âpre combat des ambitions politiques, le théâtre de la présidence Trump est d'une rare cruauté.

Lorsque, fin 2016, il nomme Rex Tillerson, ancien patron du géant pétrolier ExxonMobil, à la tête de la diplomatie américaine, Donald Trump ne tarit pas d'éloges sur ce Texan discret d'extraction modeste, pur produit du rêve américain, qui a tissé au cours de sa carrière des liens avec nombre de dirigeants de la planète, dont le président russe Vladimir Poutine. « Je ne peux imaginer une personne mieux préparée et aussi dévouée pour servir en tant que secrétaire d'État à ce moment crucial de notre histoire », écrit-il, louant sans hésiter « l'un des plus grands dirigeants d'entreprise au monde ».

En l'écartant sans ménagement de plusieurs dossiers clés, au premier rang desquels figure le conflit israélo-palestinien, confié à son gendre Jared Kushner, le président affaiblit pourtant rapidement le ministre qui peine par ailleurs à trouver le ton juste.

Au-delà des désaccords de fond, réels, comme sur le dossier du nucléaire iranien, il se montre de plus en plus critique – et de manière de plus en plus publique – vis-à-vis de l'ancien dirigeant d'entreprise. Fin 2017, le chef de la première diplomatie du monde évoque l'existence de canaux de communication visant à sonder les intentions de la Corée du Nord. « Il perd son temps à négocier », tacle le président sur Twitter. « Conserve ton énergie Rex, nous ferons ce que nous devons faire. »

Remercié sans égards en mars 2018, Rex Tillerson, d'abord discret sur son expérience, finit par lever en partie le voile. Neuf mois après son limogeage brutal, il s'assoit dans un auditorium de Houston face à une légende du journalisme américain, Bob Schieffer, neuf présidents des États-Unis au compteur. Il se montre impitoyable.

> Je vais être franc, souvent le président disait : « Eh bien, voici ce que je veux faire et voici comment je veux le faire. » Je lui répondais : « Vous voulez procéder de cette manière, mais vous ne pouvez pas. Cela viole la loi. Cela viole le traité. » Il était vraiment frustré quand nous avions ces conversations. Et je lui disais : « Voilà comment nous pouvons avancer. Si vous voulez faire cela, nous devons retourner devant le Congrès et faire modifier la loi. » Je lui disais que j'étais prêt à y aller et à me battre si c'est ce qu'il voulait, mais je pense qu'il en a eu assez que je sois le type qui lui dise en permanence : ce n'est pas possible comme cela, voyons comment nous pouvons faire.

Son diagnostic sur les capacités du président à embrasser les impératifs de la fonction lui vaut dès le lendemain un message assassin publié sur le compte Twitter politique le plus suivi des États-Unis. Donald Trump éreinte un homme dépourvu « des capacités mentales requises », « bête comme une pierre », « flemmard », et dont il n'a pas pu se séparer « aussi vite qu'il aurait fallu ».

Lorsqu'il est nommé secrétaire général de la Maison Blanche en juillet 2017, après avoir occupé le poste de ministre de la Sécurité intérieure, John Kelly a pour mission de remettre de l'ordre au sein d'une présidence totalement désorganisée par des débuts particulièrement chaotiques.

L'homme a un parcours qui force le respect à Washington. Né dans un quartier difficile de Boston, il s'engage dans le corps d'armée des marines à 20 ans, en pleine guerre du Vietnam. Il y passera au total quarante-cinq années et prendra, entre autres, la tête du commandement des forces américaines en Amérique du Sud et en Amérique centrale. Il est l'un des rares chefs militaires à avoir perdu un enfant au combat : son plus jeune fils Robert, lui-même marine, a été tué en Afghanistan en novembre 2010.

Remercié fin 2018, il choisit lui aussi la discrétion. Puis, en octobre 2019, quand la Maison Blanche tangue face aux révélations sur l'affaire ukrainienne qui vaut une mise en accusation à Donald Trump, il rompt avec cette réserve et déplore ouvertement que le président n'ait pas su mieux s'entourer depuis son départ. Et, crime de lèse-majesté, assure lui avoir donné des conseils très clairs. « J'ai dit : "Quoi que vous fassiez, n'embauchez pas un béni-oui-oui, quelqu'un qui ne vous dira pas la vérité. Ne faites pas cela, parce que si vous le faites, vous serez visé par une procédure de destitution." » La réplique de Donald Trump ne se fait pas attendre. « John Kelly n'a jamais dit ça, n'a jamais dit quoi que ce soit de cette nature. S'il l'avait fait, je l'aurais éjecté de son bureau. Il cherche juste à revenir dans le feu de l'action, comme tous les autres. » Sa porte-parole, Stephanie Grisham, dont la plume semble avoir été guidée par la main du président, en rajoute : « J'ai travaillé avec John Kelly. Il n'avait absolument pas les outils pour s'adapter au génie de notre grand président. »

L'histoire de Jeff Sessions est probablement la plus éloquente.

Ce petit homme à l'allure d'élève appliqué a été un élu de l'Alabama, État du Sud qui occupe une place singulière dans l'histoire des États-Unis. Il fut le théâtre, le 7 mars

1965 à Selma, d'un assaut policier sanglant lors d'une marche pour les droits civiques, un « Bloody Sunday » qui secoua le pays et le monde et aboutit, quelques mois plus tard, au Voting Rights Act garantissant le droit de vote aux Afro-Américains des États du Sud.

Le sénateur Sessions a toujours revendiqué haut et fort son attachement aux valeurs conservatrices. Favorable à la peine de mort, opposé à l'avortement, il fut par ailleurs mis en difficulté pour des propos racistes tenus dans les années 1980 lorsqu'il était procureur en Alabama. À l'issue d'une audition houleuse en 1986 concernant notamment ses propos sur le Ku Klux Klan, le Sénat rejeta même – fait rare – sa nomination à un poste de juge fédéral.

Début 2016, il est le premier sénateur républicain à soutenir Donald Trump alors que sa candidature suscite encore beaucoup de réticences au sein du Grand Old Party. À l'arrivée de Donald Trump à la Maison Blanche, un an plus tard, il est nommé au poste prestigieux de ministre de la Justice, en remerciement de son soutien de la première heure mais aussi parce que ses plaidoyers anciens en faveur d'une extrême fermeté face à l'immigration clandestine sont alignés avec ceux du président républicain.

Rapidement, pourtant, Jeff Sessions tombe en disgrâce. Objet de l'ire présidentielle ? Sa décision de se récuser dans l'enquête sur l'ingérence russe pendant la campagne présidentielle. Donald Trump, qui estime que l'homme qu'il a nommé à ce poste régalien doit lui servir de rempart, ne décolère pas. Lors d'une interview sur « Fox & Friends », émission matinale qu'il regarde assidûment, il laisse éclater sa frustration : « Il n'a jamais véritablement pris le contrôle du ministère de la Justice. Il a pris le poste puis il a dit : “Je vais me récuser.” Je me suis dit : “Mais quel genre d’homme est-il ?” » « Je suis très déçu par Jeff Sessions », lancera-t-il peu après dans un entretien au *Wall Street Journal*.

Dans les mois qui suivent, l’Amérique assiste, médusée, à la scène d’un président qui s’en prend publiquement, avec une violence inouïe, au ministre de la Justice qu’il a nommé. « Question : si toute l’ingérence russe a lieu durant l’administration Obama, jusqu’au 20 janvier [2017], pourquoi ne font-ils pas l’objet d’une enquête ? Pourquoi Obama n’a-t-il rien fait pour l’empêcher ? Pourquoi les délits des démocrates ne font l’objet d’aucune enquête ? Demandez à Jeff Sessions ! » tonne le président.

Fin 2018, après des mois d’attaques et de propos moqueurs, Donald Trump le limoge. Un an plus tard, Sessions se lance dans la course pour tenter de récupérer son siège de sénateur. Loin de prendre ses distances, il se montre flatteur, soulignant que « le président a fait un excellent travail pour l’Amérique et pour l’Alabama ». Interrogé le lendemain sur l’initiative de celui qui fut pendant des mois son souffre-douleur, Donald Trump savoure. Il lui accorde quelques bons points – « J’ai vu qu’il avait dit des choses très gentilles sur moi hier soir » – mais se garde bien de se prononcer en sa faveur pour la primaire républicaine. Il décide de faire durer le suspense : « Nous verrons. Je n’ai pas encore pris de décision… » Lorsqu’elle tombe, en mars 2020, elle est défavorable à l’ancien fidèle, qui échouera dans sa tentative.

À cet instant précis, en écoutant le président américain dans les jardins de la Maison Blanche, un passage du livre de l’ancien patron du FBI James Comey nous revient en mémoire. Celui où il raconte comment une rencontre avec

Donald Trump et son équipe en février 2017 à la Maison Blanche l'a fait revenir plusieurs années en arrière lorsqu'il traquait, comme procureur à New York, les chefs de la mafia : « Le cercle silencieux qui acquiesce. Le chef qui contrôle tout de A à Z. Les serments de fidélité. »

Une autre réalité saute aux yeux : l'absence d'un « couple Trump », à tout le moins dans sa version publique, à la Maison Blanche.

Michelle Obama, Laura Bush, Hillary Clinton, Barbara Bush, Nancy Reagan : l'histoire politique américaine moderne est jalonnée de First Ladies aux personnalités affirmées qui ont formé, quels que soient les soubresauts de leur vie privée, une véritable alliance politique avec leur mari, forgée par des années de combat électoral et de vie commune.

Le quarante-cinquième président de l'histoire et sa troisième épouse n'ont jamais fonctionné sur ce mode, que ce soit à la Maison Blanche ou en déplacement officiel. On chercherait en vain des signes de complicité, de connivence, entre Donald et Melania, première femme d'origine étrangère d'un président américain depuis Louisa Adams, femme du président John Quincy Adams (1825-1829), née en Angleterre.

Lorsqu'il parle de sa femme, ancien mannequin d'origine slovène de vingt-quatre ans sa cadette, Donald Trump projette d'abord et avant tout une image. En juin 2018, lors d'un meeting de campagne en Caroline du Sud, il la décrit de la manière suivante :

> Elle a beaucoup de style. Nous avons accueilli aujourd'hui le roi et la reine de Jordanie et c'était comme un tableau.

J'ai regardé les trois, le roi, la reine et la Première dame, je me suis mis en retrait, j'ai regardé, je ne voulais pas détruire cette image. Elle a fait un travail extraordinaire comme Première dame.

Un peu plus d'un an plus tard, lors d'un échange avec des journalistes dans le bureau Ovale sur les dangers du vapotage, il tente d'expliquer pourquoi cette cause est chère à son épouse, assise à ses côtés. « C'est quelque chose qui lui tient vraiment à cœur. [...] Elle a un fils », lâche-t-il, évoquant leur enfant, Barron, alors âgé de 13 ans. Il ajoute « ensemble » quelques secondes plus tard pour tenter de corriger le tir. Mais le malaise est, une nouvelle fois, palpable.

Pas de complicité visible, peu d'engagements publics, visage figé en toutes circonstances : Melania Trump reste un mystère pour l'Amérique. Une seule fois, elle a semblé jouer dans le même registre que celui de son mari. Lorsque, en juin 2018, lors d'un déplacement au Texas dans un centre de rétention pour mineurs sans papiers en pleine polémique sur la séparation des enfants de leurs parents migrants à la frontière mexicaine, elle décide de porter une veste Zara sur laquelle on peut lire : « Je m'en fiche complètement, et vous ? » Elle expliquera, plusieurs mois plus tard, avoir voulu adresser un message « aux gens et aux médias de gauche » qui la critiquent.

Dans ce monde de méfiance, une personne, une seule, bénéficie d'un traitement à part : Ivanka Trump, fille aînée du président, née de son premier mariage avec Ivana Zelníčková. Donald Trump n'est jamais à court de compliments pour cette fille au large sourire, à la chevelure blonde toujours impeccable, à l'image archipolicée et à la communication millimétrée.

La « première fille » occupe un poste non rémunéré de conseillère du président et un bureau dans la Maison Blanche. « Avant l'élection de son père, Ivanka était chargée du développement et des acquisitions au sein de la Trump Organization avec ses frères Donald Jr. et Eric. Ivanka a mené à bien certaines des transactions les plus complexes et les plus importantes du groupe », peut-on lire sur le site de l'exécutif américain.

Sur ce sujet comme tant d'autres, Donald Trump avance à découvert : il l'avoue sans détour, il est très sensible aux demandes de sa fille. « Elle m'appelait et elle disait : "Papa ! Tu ne comprends pas ! Tu dois faire ça, tu dois le faire !" Alors je lui ai dit : "OK, c'est bon" », raconte-t-il, fin 2018, en présence de nombreux élus rassemblés dans le bureau Ovale, lors de la signature d'une loi de réforme sur la justice pénale. « Elle est calme. Je l'ai vue dans des situations d'énorme stress, elle réagit très bien. […] Elle a une présence extraordinaire quand elle entre dans une pièce. » Au printemps 2019, il liste sans ciller les postes auxquels il a pensé pour sa fille aux talents multiples, injustement sous-estimés à ses yeux. Et déplore, se posant en victime d'une cruelle injustice, de n'avoir pu la nommer de peur d'être accusé de népotisme, alors que, assure-t-il, « cela n'aurait absolument rien eu à voir » avec ça.

Ambassadrice des États-Unis à l'ONU ? « Elle aurait été géniale. […] C'est une vraie diplomate. » Présidente de la Banque mondiale, institution fondée en 1944 à Bretton Woods en même temps que le Fonds monétaire international (FMI) ? « Elle aurait été excellente à ce poste parce qu'elle est très bonne avec les chiffres. » Aux yeux de son père, aucune fonction n'est hors d'atteinte pour Ivanka, et les plus grands rêves lui sont permis : « Si elle décidait un jour d'être candidate à la présidentielle, je pense qu'elle serait très, très difficile à battre. »

Dans ce contexte, le sujet Ivanka est de facto tabou, et personne, dans l'entourage du président, ne s'aventure à le contredire lorsqu'il évoque les prouesses de sa fille. Tout le monde joue le jeu, même lorsque, en novembre 2019, lors d'un discours à New York sur l'état de l'économie américaine, il affirme, le plus sérieusement du monde, qu'elle a « créé 14 millions d'emplois ». Il fait en réalité référence à un programme aux contours flous qu'elle défend, baptisé « Promesse aux travailleurs américains », dans lequel des dirigeants de grands groupes mettent en avant des engagements à moyen terme sur la formation et l'emploi. « Jared, tu remercieras Ivanka, elle a fait un travail fantastique », ajoute-t-il à l'intention de son gendre présent dans la salle ce jour-là.

Sous la présidence Trump, un néologisme à la sonorité élégante fait par ailleurs son apparition : Javanka, né de la contraction d'Ivanka Trump et Jared Kushner, son mari. « Jared » a comme point commun avec Donald Trump d'être fils de promoteur immobilier, même si son père, Charles Kushner, a, lui, connu un coup d'arrêt brutal avec sa condamnation à deux ans de prison ferme pour fraude. Mais la comparaison s'arrête là : les deux hommes, que trente-cinq ans séparent, ont des styles radicalement différents.

Visage poupin, voix calme, gestes mesurés : Jared Kushner est monté en puissance à la fin de la campagne de 2016 où il s'est habilement imposé, en coulisses, comme un personnage central. Il a été, pour nombre d'élus et de diplomates, la porte d'entrée dans l'univers Trump. C'est par son entremise que les diplomates japonais en poste à Washington réussiront un gros coup : décrocher la première rencontre de Donald Trump (élu mais pas encore en fonctions) avec un dirigeant étranger, Shinzō Abe.

Lors d'une soirée à la veille de sa prestation de serment, Donald Trump met en lumière sa fille Ivanka. Puis, dans la foulée, son mari, qu'il a chargé des négociations de paix au Proche-Orient. « J'ai en quelque sorte volé son mari », s'amuse-t-il. « Il est tellement formidable », poursuit-il, martelant sa conviction que s'il « ne peut arriver à la paix au Proche-Orient, alors personne n'y arrivera ». « Il connaît la région, il connaît les gens, il connaît les principaux acteurs. »

En avril 2019, en présentant à la Maison Blanche une réforme du système pénal pour laquelle Jared Kushner s'est personnellement impliqué, il dresse le portrait d'un homme talentueux et désintéressé qui aurait ressenti l'appel du service public.

> Jared avait la belle vie. Il avait énormément de succès à New York, tout ce qu'il touchait se transformait en or. Et puis, un jour, il a dit : « Je veux descendre à Washington et je veux faire aboutir la paix au Proche-Orient, je veux mener à bien la réforme de la justice, je veux faire plein de choses formidables. » Sa vie est devenue très compliquée mais il ne l'échangerait pour rien au monde parce que ce qu'il fait est incroyable.

Peu à peu, Jared Kushner, qui dispose d'un titre de conseiller également non rémunéré aux contours volontairement flous, se voit de plus en plus – ainsi que le relate un diplomate européen – comme un super-Premier ministre, l'homme des missions délicates et des grandes négociations sensibles : Mexique, Chine, Proche-Orient.

« Dans toutes les négociations auxquelles j'ai participé, avant que votre interlocuteur ne dise "oui", sa réponse est toujours "non" », déclare avec assurance le jeune homme de 36 ans à l'automne 2018, interrogé sur les chances de succès de son plan de paix en l'absence totale de dialogue avec l'Autorité palestinienne qui a gelé tout contact avec Washington.

Les Javanka s'emploient à projeter l'image d'un couple qui travaille dur sur des sujets de fond, loin de l'agitation médiatique, des polémiques et des mesquineries de Washington. Ils sont présents partout, au premier rang, comme lors de la rencontre avec le dirigeant nord-coréen Kim Jong-un dans la zone démilitarisée entre les deux Corées. Lorsque, en juin 2019, Donald Trump est invité par la reine Elizabeth pour un dîner d'État à Buckingham Palace, le couple est aux premières loges. Sur Instagram, Ivanka prend la pose avec Jared. « Nuit magique à Buckingham Palace avec mon meilleur ami », écrit-elle.

Grâce à leur accès privilégié au président, ces deux conseillers n'ont rien d'ordinaire. Lorsqu'ils voyagent à l'étranger, ils sont bien entendu reçus par les chefs d'État et de gouvernement. La polémiste conservatrice Ann Coulter s'indigne de cette prise de pouvoir, rappelant que personne n'a voté pour « le président Javanka ». Mais à Washington comme sur la scène internationale, tout le monde exprime sa déférence, au moins en public.

Parfois, pourtant, l'image soigneusement travaillée se fissure, un grain de sable vient rappeler l'incongruité de la situation. En juillet 2019, l'Élysée diffuse une vidéo où figure Ivanka Trump avec des dirigeants du G20 lors d'un sommet au Japon. La fille du président tente – maladroitement – de donner son avis lors d'un échange informel entre la directrice générale du FMI Christine Lagarde, la Première ministre britannique Theresa May, le Premier ministre canadien Justin Trudeau et le président français Emmanuel Macron. Le visage de Christine Lagarde se crispe brièvement. Une personne manque cruellement de légitimité dans ce petit groupe de dirigeants. Les images, symboles du fonctionnement clanique de Donald Trump, font le tour du monde.

Personne pour tester les idées, porter la contradiction, formuler des mises en garde : l'isolement et la solitude ont un prix pour Donald Trump.

L'organisation du sommet du G7, attribuée en 2020 aux États-Unis en vertu d'une présidence tournante, est ainsi à l'origine d'un fiasco. Elle donne lieu à un exercice humiliant pour Mick Mulvaney, secrétaire général de la Maison Blanche, l'une des fonctions les plus prestigieuses et, traditionnellement, les plus influentes de Washington. Sur ordre du président, il se présente dans la salle de presse pour annoncer qu'après un examen rigoureux des différentes options à travers les États-Unis la Maison Blanche a retenu un hôtel Trump pour accueillir cette grand-messe diplomatique. Pour l'exécutif américain, pas l'ombre d'un doute : le Trump National Doral Club, à Miami, en Floride, est « de loin le meilleur site pour ce sommet ».

Certes, Donald Trump a lui-même mis en avant cette hypothèse lors du G7 de Biarritz. Mais, jusqu'au dernier moment, Washington a pensé qu'il n'oserait pas franchir cette ligne rouge-là. En bon soldat, Mick Mulvaney tente de défendre l'indéfendable. Il assure que des critères rigoureux, similaires à ceux des administrations précédentes, ont été appliqués. Il précise qu'une douzaine de sites ont été présélectionnés et qu'une équipe de la présidence en a visité dix dans plusieurs États : Californie, Colorado, Floride, Hawaï, Michigan, Caroline du Nord, Tennessee, Utah. Il va même jusqu'à citer un membre de l'équipe ayant visité le Trump National Doral Club qui lui aurait affirmé : « Mick, tu ne vas pas me croire, mais on dirait presque qu'ils ont construit ce complexe pour accueillir ce genre d'événement. »

La conférence de presse tourne à la farce. N'y avait-il pas d'autres possibilités à travers les États-Unis ? « Ce n'est pas le seul endroit possible, mais c'est le meilleur endroit. » Si c'est un lieu en tout point unique pour accueillir ce genre de sommet, pourquoi n'a-t-il jamais été retenu par les présidents précédents ? « Parce qu'ils n'avaient pas étudié cette possibilité. » Dans l'histoire du G7, un sommet a-t-il déjà été organisé dans une propriété appartenant à un président ? « Non. » Quel que soit le prix facturé in fine, n'est-ce pas une gigantesque opération publicitaire pour la marque Trump ? « J'ai déjà entendu cet argument. Je vous demande simplement de prendre en compte le fait que la marque Donald Trump est déjà suffisamment forte comme ça. » « Il y aura toujours des gens qui n'arriveront pas à accepter le fait qu'il s'agit d'une propriété Trump. Nous en sommes conscients mais organiserons le sommet là-bas », conclut-il. Peu après, la Trump Organization se dit « honorée » d'avoir été choisie par Donald Trump.

L'exaspération des élus républicains pousse finalement le président américain à renoncer à ce scénario, en faisant mine d'être indigné par l'« hostilité irrationnelle » des démocrates.

Mais la scène a laissé des traces. Elle a mis à nu la solitude et l'isolement total d'un président qui assurait, amusé, à l'automne 2019 qu'il était « très facile », pour ses conseillers, de collaborer avec lui. « Vous savez pourquoi c'est facile ? Parce que je prends toutes les décisions, ils n'ont même pas à travailler. »

LIMITES DES MOTS D'ORDRE

Lorsqu'il arrive à la Maison Blanche, Donald Trump est le premier homme d'affaires dépourvu de la moindre expérience politique à s'installer dans le bureau Ovale. Il affiche une indéniable confiance en lui qui s'accompagne du dédain qu'il laisse entrevoir à propos des fonctionnaires fédéraux, des rouages d'un « État profond » rapidement dénoncé par ses alliés conservateurs et dont il est convaincu qu'il œuvre à sa perte.

Donald Trump a appris de son père, Fred, comment diriger l'entreprise familiale, non cotée en Bourse et donc dépourvue de conseil d'administration. Pendant des décennies, sans avoir de comptes à rendre à quiconque, il a fonctionné en circuit fermé, en s'appuyant sur son assistante Rhona Graff, ou encore sur Allen Weisselberg, le directeur financier qui a commencé sa carrière auprès du fondateur. Mais il n'a pas été préparé à gouverner. Difficile de trouver sur ce point plus opposé que son adversaire à la présidentielle de 2020, Joe Biden, sénateur pendant trente-six ans et vice-président pendant deux mandats.

Les débuts de l'ancien homme d'affaires sont chaotiques.

Un an après l'arrivée au pouvoir de Donald Trump, 34 % de l'équipe du président a déjà été renouvelée, selon les décomptes de Kathryn Dunn Tenpas, de la Brookings Institution. Très loin des 6 % de celle de Barack Obama ou des 11 % de celle de George W. Bush. L'administration Trump reste tout aussi instable les années suivantes avec un turn-over devenu systémique. Le record est détenu par la fonction d'adjoint au conseiller à la sécurité nationale. Elle est occupée en trois ans par six personnes successives. La crise de coronavirus ne dissuade pas le président de remplacer pour la quatrième reprise, au printemps 2020, son chef de cabinet et sa porte-parole.

Les limogeages répétés entraînent en outre la multiplication des intérimaires, parfois aux postes les plus sensibles, dans « une administration de bureaux vides », selon la formule du diplomate Gérard Araud, alors ambassadeur de France à Washington.

Cette inexpérience et cette instabilité contribuent en grande partie à un premier échec présidentiel dans le domaine de la santé.

« Supprimer et remplacer Obamacare » : ce slogan républicain piège Donald Trump qui essuie une cuisante défaite au Congrès. La réforme adoptée dans la douleur en 2010, grâce aux efforts de Joe Biden auprès de ses anciens collègues sénateurs, et validée de justesse par la Cour suprême a permis de faire baisser le nombre de personnes ne disposant pas d'une couverture de santé. Pour la majorité des Américains, cette dernière est fournie par leur employeur via des compagnies d'assurances privées. Mais le Parti républicain n'a cessé de faire campagne sur la promesse de son abrogation.

Disposant de tous les leviers du pouvoir, le Grand Old

Party lance son offensive en mars 2017. La Chambre des représentants propose un premier texte immédiatement jugé inacceptable par l'aile droite républicaine, qui dénonce une simple réécriture de la loi honnie. Trump recule. Deux mois plus tard, nouvelle tentative. Le texte est adopté, mais de justesse. Au Sénat, où l'étroite majorité républicaine impose un compromis encore moins ambitieux, le projet de loi est repoussé du fait de la défection de trois sénateurs, dont John McCain. Tout espoir de tenir parole étant enterré, Donald Trump le désigne comme unique coupable. Jamais le président n'évoque Susan Collins (Maine) ni Lisa Murkowski (Alaska). Les trois votes qui ont condamné le projet sont réduits à un seul. « À une voix près, on s'était débarrassé de l'Obamacare », peste un an plus tard le président alors que John McCain jette ses dernières forces dans la lutte contre une tumeur agressive au cerveau. « Je ne vais pas m'accuser, je vais être honnête. Ils ne font pas le travail », gronde Donald Trump quelques mois plus tard en se défaussant sur les élus. Cette promesse, « nous l'avions tenue, mais malheureusement quelqu'un a décidé de voter contre cela au dernier moment, alors même qu'il faisait campagne pendant des années en disant qu'il fallait le faire », répète-t-il moins de six semaines après des funérailles auxquelles il n'avait pas été convié.

L'échec pourtant va bien au-delà du vote de juillet 2017. L'empressement républicain finit par produire un résultat inattendu dans l'opinion publique américaine : initialement boudée, la réforme devient populaire. Le slogan « *repeal and replace* » disparaît d'ailleurs des meetings républicains lors des élections de mi-mandat. L'opinion publique accorde sa confiance à une majorité écrasante aux démocrates pour les questions relatives à la santé, désormais en tête des priorités des électeurs. L'arrivée de l'épidémie de Covid-19 renforce encore l'importance d'un sujet sur lequel Joe Biden s'estime plus crédible que le président sortant.

Autre mot d'ordre qui se heurte à la dure réalité politique : la construction d'un mur à la frontière séparant les États-Unis et le Mexique.

Cette promesse emblématique est formulée pour la première fois en juin 2015 dans l'atrium de la Trump Tower.

> Je construirai un grand mur et personne ne construit les murs mieux que moi, croyez-moi, et je les construis à très faible coût. Je construirai un grand, grand mur à notre frontière sud. Et je ferai payer le Mexique pour ce mur. Retenez bien ces mots.

Depuis son arrivée au pouvoir, cet engagement a été pour le magnat de l'immobilier une source de frustration quasi quotidienne. Face aux élus démocrates qui refusent obstinément de financer ce qu'ils estiment être un projet médiéval inefficace, il essaye tout.

Il évoque brièvement la mise en place d'une taxe sur les produits mexicains pour dégager des fonds. Il cherche des voies de contournement et frappe à la porte du Pentagone. En septembre 2019, le ministère de la Défense débloque 3,6 milliards de dollars et, pour ce faire, reporte 127 projets de construction et de modernisation de locaux militaires aux États-Unis et à l'étranger prévus dans son budget 2019. Il signe une déclaration d'« urgence nationale » – procédure exceptionnelle bloquée par une résolution du Congrès avec l'appui de douze sénateurs de son propre camp.

La longueur, la hauteur, la nature même de ce mur varient au fil des mois. Donald Trump dit être prêt à renoncer à un mur en béton et à le remplacer par un mur fait de barres d'acier « conçues de manière artistique ». Lorsque les questions fusent sur la nature exacte de l'édifice qu'il envisageait, sa proche conseillère, Kellyanne Conway, dénonce « un débat sémantique idiot ».

Il multiplie les déplacements à la frontière. En mars 2018, il se rend à San Diego pour examiner huit prototypes. En janvier 2019, il défend l'efficacité de son projet dans la ville frontalière de McAllen, au Texas. « La roue fonctionne, le mur fonctionne. Rien de tel qu'un mur ! » martèle-t-il, casquette blanche « Make America Great Again » vissée sur le crâne. « C'est du bon sens. Ils ont besoin d'une barrière, ils ont besoin d'un mur. Sans cela, il n'y aura que des problèmes. Et la mort, beaucoup de morts. » En avril 2019, il se déplace à Calexico, petite bourgade californienne aux portes du Mexique, à environ 300 kilomètres au sud-est de Los Angeles, et il durcit son message sur l'immigration : « On ne peut plus vous accepter, notre pays est complet », lance-t-il aux potentiels candidats à l'immigration.

Fidèle à lui-même, il assure qu'il ne lâchera rien. Pourtant, autour de lui, on reconnaît que la promesse aura du mal à être tenue. Fin 2018, dans un entretien au *Los Angeles Times* quelques jours avant de quitter ses fonctions de secrétaire général de la Maison Blanche, John Kelly se montre laconique :

> Pour être honnête, ce n'est pas un mur. Le président dit encore « mur » – souvent il parle de barrière ou de clôture, maintenant il penche plutôt pour des barreaux en fer. Mais

> nous avons abandonné l'idée d'un mur en béton très tôt au début de la présidence.

Un an plus tard, Mark Morgan, chef par intérim de la police aux frontières (Customs and Border Protection), se présente au pupitre de la salle de presse de la Maison Blanche pour défendre le bilan de l'administration, et les progrès tangibles sur le mur. Mal à l'aise sous le feu roulant des questions, pressé de se montrer plus précis sur l'avancée des travaux, il finit par admettre que les quelque 110 kilomètres qui ont été construits à ce stade l'ont été « là où il existait une forme de barrière ». Et reconnaît ouvertement que le projet pharaonique se heurte à un défi à la fois simple et colossal : l'acquisition des terres.

> Vous pouvez avoir une bande de terre d'un mile où il y a jusqu'à une centaine de propriétaires qui possèdent un petit bout de terrain. Parfois les titres de propriété sont difficiles à identifier, le découpage n'est pas très rigoureux.

Jared Kushner, lui, met en avant une autre idée pour convaincre les Américains que le mot d'ordre de 2016 est toujours d'actualité, malgré les retards et les revers : la mise en place de caméras qui permettraient de suivre, en direct, vingt-quatre heures sur vingt-quatre, les travaux de construction.

Donald Trump n'a pas plus de réussite avec une autre formule-choc : mettre fin à « la guerre contre le charbon ». Mille fois vantée en campagne, cette renaissance, douce aux oreilles des mineurs de Virginie-Occidentale, de Pennsylvanie ou du Wyoming, ne s'est jamais matérialisée. Cette croisade en faveur de la plus polluante des énergies fossiles, et la plus émettrice de gaz à effet de serre, a bien sûr une explication électorale. En lançant cette véritable ode au charbon, Donald Trump joue sur plusieurs tableaux. Il répond, d'abord, au désespoir des bassins miniers qui assistent impuissants, depuis des années, aux fermetures et aux licenciements. Il se fait aussi l'écho du rejet viscéral – habilement exploité par les puissants lobbies de l'énergie – de toute forme de réglementation fédérale, en particulier environnementale, dans nombre d'États américains.

Plus largement, Donald Trump entretient la nostalgie d'une époque où le charbon était roi : le charbon comme une valeur refuge, rassurante. Lors d'un discours à Charleston, en Virginie-Occidentale, en août 2018, il pousse loin le raisonnement dans cette veine.

> Vous savez que c'est un truc indestructible. En temps de guerre, de conflit, vous pouvez faire exploser ces éoliennes. Elles tombent facilement. Vous pouvez faire exploser ces oléoducs et vous n'allez pas les réparer rapidement. Vous pouvez vous attaquer de plein de façons à ces panneaux solaires. Mais vous savez ce que vous ne pouvez pas attaquer ? Le charbon.

En guise de renouveau, les fermetures de mines, les faillites et les licenciements se poursuivent. Les faits sont têtus : le charbon n'est plus compétitif. La dure réalité du marché plutôt que les obsessions environnementales de la « gauche radicale » contrecarre ses promesses de campagne.

À l'automne 2019, Murray Energy, plus grand groupe privé de charbon aux États-Unis, se déclare en faillite. Ironie de l'histoire, Robert Murray, dirigeant du groupe, est un soutien de Trump des premières heures, un donateur assidu. Il a largement inspiré sa politique énergétique, poussé pour la mise à plat systématique de toutes les réglementations héritées des deux mandats Obama, milité pour la sortie de l'accord de Paris sur le climat.

Depuis les élections parlementaires de mi-mandat, une inflexion est notable : le président républicain parle moins du charbon. Rien n'indique cependant que ses électeurs des zones minières économiquement sinistrées soient tentés par une bascule dans le camp démocrate.

Car le fossé est profond. En campagne, la candidate démocrate Hillary Clinton, soucieuse d'afficher sa volonté d'accélérer la transition énergétique, n'avait pas fait dans la dentelle. « Je suis la seule candidate ayant une politique sur le développement économique des régions de charbon qui s'appuie sur les énergies renouvelables. Parce que nous allons pousser vers la sortie beaucoup de compagnies minières et beaucoup de mineurs », lançait-elle en mars 2016 dans l'Ohio. Dans son livre *Ça s'est passé comme ça*, sorti à l'automne 2017, elle dira que cette déclaration fut celle qu'elle regrettait le plus. « Pris hors contexte, mes mots sonnaient cruellement », reconnaîtra-t-elle.

COLÈRES ET ENTÊTEMENTS

Un jour de janvier 2018, nous nous retrouvons avec un petit groupe de journalistes dans le bureau de John Kelly, *chief of staff* de Donald Trump, pour un échange « *on background* ». Les règles sont claires. Pas de photos ni de vidéos. Les propos peuvent être utilisés mais attribués à un haut responsable de la Maison Blanche. Le sujet brûlant du moment ? L'immigration, et la quête – chimérique – d'un compromis entre républicains et démocrates sur le sort des *dreamers*, ces centaines de milliers de jeunes clandestins arrivés enfants aux États-Unis. L'atmosphère dans la pièce est plutôt studieuse.

Quelques minutes à peine après le début des explications de John Kelly, homme calme, méthodique, toujours courtois, la porte du bureau s'ouvre. Une silhouette connue apparaît dans l'embrasure : c'est Donald Trump. L'effet de surprise est total. Très décontracté, il fait mine de juste saluer en passant. Mais il s'attarde. Dans une certaine cacophonie, nous nous levons tous et le bombardons de questions. La règle du *background* saute, de facto. John Kelly s'efface. Tout vole en éclats, un torrent verbal se déverse.

Le président change de sujet, assure qu'il aimerait répondre personnellement aux questions du procureur spécial Robert Mueller sur l'ingérence russe lors de la présidentielle de 2016. L'audition n'aura jamais lieu, ses avocats redoutant les dérapages du tempétueux président. Mais l'essentiel est ailleurs : comme une métaphore de cette présidence capricieuse, Donald Trump est seul en scène, de bout en bout, ne laissant à personne d'autre le soin de donner le ton, voire, comme tentait de le faire John Kelly ce jour-là, d'expliquer ses choix ou sa stratégie.

Souvent, le président républicain se cabre, s'enferre. Il peine à reconnaître ses erreurs, à tourner la page et à changer de registre. Il est prisonnier de son incapacité à différencier les temps : celui de la campagne et de ses outrances, celui de la présidence. Dans l'exercice du pouvoir, il s'agit d'un handicap de taille.

« Croyez-moi, il faudra faire attention le 8 novembre, car cette élection sera truquée. J'espère que les républicains seront vigilants, sinon la victoire nous sera dérobée. » À l'été 2016, Donald Trump lance cette accusation grave, sans la moindre preuve. « Ridicule », rétorque Barack Obama depuis la Maison Blanche.

À quelques semaines du scrutin présidentiel, le milliardaire républicain persiste et signe. Il affirme qu'il entend garder le suspense quant à son éventuelle acceptation des résultats. Certains n'y voient qu'une formule de style, une roublardise, une façon de s'immuniser contre la défaite annoncée. Après la victoire surprise, Donald Trump insiste. Il a un goût amer en bouche. Pour le roi du superlatif, la victoire n'est pas totale. S'il a été élu sans contestation possible par le collège électoral, son retard marqué dans le vote populaire – près de trois millions de voix de moins que sa rivale démocrate Hillary Clinton – le chagrine. Alors, fin novembre, il se lâche : « Au-delà d'une victoire écrasante dans le collège électoral, j'ai aussi remporté le vote populaire si vous déduisez les millions de personnes qui ont voté illégalement. »

Cinq jours après son installation au 1600 Pennsylvania Avenue, le nouveau président annonce « une grande enquête » sur les fraudes électorales, citant, pêle-mêle, les électeurs inscrits pour voter dans deux États, les sans-papiers et les votes de personnes enregistrées sur les listes électorales et pourtant décédées. Devant les responsables du Congrès, il se fait plus accusateur encore, évoque trois à cinq millions de personnes ayant voté de manière illégale. Sur quelle base ? « Des études et des preuves qui lui ont été présentées par des gens », répond, mal à l'aise, Sean Spicer, son porte-parole.

Dès le début, les ténors du Parti républicain font la moue. Si des exemples isolés existent, bien sûr, aucune étude sérieuse n'a mis en lumière l'existence d'une fraude électorale massive aux États-Unis. Et ils sont convaincus qu'il n'y a rien à gagner dans cet étrange combat. Le sénateur républicain de Caroline du Sud Lindsey Graham, pourtant proche de Trump, lui, ne prend pas de gants. « Je conseille au président de laisser tomber. S'il n'arrête pas, cela va saper sa capacité à gouverner ce pays. »

Peu importe, le président poursuit sa croisade. En mai 2017, il signe un décret créant la commission présidentielle sur l'intégrité des élections. Le vice-président Mike Pence est chargé de la diriger. Kris Kobach, secrétaire d'État du Kansas, sera son numéro deux.

La présidence Trump est jalonnée d'éphémères serviteurs zélés. Portés aux nues en un éclair et quelques tweets, ils retombent ensuite souvent dans l'oubli. Kris Kobach est l'un d'entre eux. Mâchoires carrées, sourire volontaire, verbe haut, ce diplômé de Harvard et d'Oxford s'est très vite fait remarquer au sein du Parti républicain pour ses positions très dures sur l'immigration. Dans le Kansas des milliardaires frères Koch qui a pu faire figure un temps de laboratoire conservateur, il a fait voter une loi parmi les plus restrictives du pays sur l'identification des électeurs, question sensible aux États-Unis qui renvoie à la mise à l'écart des minorités dans le processus démocratique.

Dès novembre 2016, Kris Kobach est l'un des très rares élus du Grand Old Party à soutenir le président dans sa dénonciation de fraudes supposées qui bénéficieraient au Parti démocrate et à ses candidats. Nommé par le président, il est en mission pour le président. Et ne s'embarrasse pas d'un vernis d'objectivité. Dans une tribune publiée fin 2017 sur le site nationaliste Breitbart, il affirme que des électeurs non domiciliés dans l'État du New Hampshire ont fait basculer le résultat de l'élection sénatoriale et « peut-être aussi » celui de la présidentielle. « Pendant des années, les médias traditionnels ont ignoré le problème de la fraude électorale et dénigré ceux d'entre nous qui essayent de faire quelque chose sur ce sujet », écrit-il. En guise de preuve, il propose des extrapolations à partir d'un rapport selon lequel plus de 5 000 électeurs du New Hampshire ont utilisé des permis de conduire émis par d'autres États en guise d'identification le jour du vote. Personne ne le suit dans son raisonnement.

Les travaux de la commission lancée avec tambours et trompettes s'enlisent, tournent rapidement au fiasco. En janvier 2018, le président américain acte la fin de l'aventure. Reste la photo officielle, prise un jour de printemps 2017, de Donald Trump, assis à son bureau, tout sourire, exhibant le décret signé, devant les rideaux dorés installés à son arrivée dans le bureau Ovale. Mike Pence, qui, comme toujours, a joué le jeu du président de bout en bout, est debout à ses côtés, avec un sourire de circonstance.

L'entêtement présidentiel prend à l'automne 2019 la forme d'un coup de feutre sur la carte des États-Unis. Il héritera du nom de « Sharpiegate », le suffixe étant systématiquement ajouté – souvent de façon moqueuse quand les faits sont dérisoires – à toute affaire aux États-Unis depuis le scandale du Watergate.

Ce rajout visait à redessiner, au forceps, la trajectoire de l'ouragan Dorian, qui menaça, pendant quelques jours, les côtes américaines.

Tout commence, encore une fois, par un tweet. Le

1er septembre, le président américain met en garde ses compatriotes contre l'arrivée de la tempête. Et précise que la Floride, la Caroline du Sud, la Caroline du Nord, la Géorgie, mais aussi l'Alabama, plus à l'ouest, pourraient être touchés. Moins de trente minutes plus tard, le bureau du National Weather Service à Birmingham, en Alabama, publie un tweet pour souligner que l'occupant du bureau Ovale s'est trompé et rectifie le tir : « L'Alabama ne sera pas touché par Dorian. Nous répétons : aucun impact de l'ouragan Dorian ne sera ressenti en Alabama. »

Les médias relèvent l'inexactitude, le président est vexé. Il prend pour cible un journaliste de la chaîne ABC. « J'ai suggéré hier que [...] l'Alabama pourrait possiblement être touché, ce qui était VRAI. Ils en ont fait toute une affaire... La seule chose qui intéresse les Fake News, c'est de rabaisser et de dénigrer. »

La polémique, mineure, mais alimentée par Donald Trump lui-même, enfle. Le 4 septembre, il nous présente, dans le bureau Ovale, une carte en couleurs du National Hurricane Center (NHC) datée du 29 août montrant le parcours que devait initialement suivre l'ouragan après son passage dévastateur sur les Bahamas. Un petit trait ajouté au crayon noir attire l'œil, une excroissance qui permet d'inclure l'Alabama dans le « cône » de la tempête.

Que s'est-il passé ? Le président a-t-il demandé cet ajout ? Un collaborateur a-t-il fait du zèle, connaissant la sensibilité de l'occupant des lieux ? Personne ne le saura jamais. L'histoire aurait pu s'arrêter là. Mais ici encore, Donald Trump s'entête.

L'Agence nationale d'observation océanique et atmosphérique (NOAA), qui coordonne l'ensemble des services météorologiques américains, est mise à contribution pour valider, à tout prix, la parole présidentielle. Le ministre du Commerce Wilbur Ross, autorité de tutelle, menace même de limoger plusieurs de ses responsables s'ils refusent de s'exécuter. Le même jour, au cours du congrès annuel de la profession, le directeur du National Weather Service fait ovationner les météorologistes de l'Alabama qui ont contredit Donald Trump.

LA SOIF DE RECONNAISSANCE

En juin 2017, pour la première réunion gouvernementale de l'ère Trump, ils sont tous là, autour de la longue table de la Cabinet Room : ministres, conseillers du premier cercle. Un à un, Donald Trump leur donne la parole, en notre présence. En lieu et place d'un tour d'horizon des priorités et des chantiers en cours, la séquence se transforme en concours de flagornerie.

« Monsieur le président, nous vous remercions pour l'honneur et la chance que vous nous avez accordés d'être au service de votre programme », lance Reince Priebus, secrétaire général de la Maison Blanche. « Je ne peux vous remercier suffisamment pour le privilège que vous m'avez accordé et le *leadership* dont vous avez fait preuve », loue Tom Price, ministre de la Santé. « Monsieur le président, c'est un immense honneur de travailler avec vous », ajoute Ben Carson, ministre du Logement.

La scène se reproduit quelques mois plus tard. Au rythme de 14,5 compliments à la minute, selon les calculs du *Washington Post*, le vice-président Mike Pence s'illustre dans un exercice de flatterie télévisée. « Grâce à votre *leadership*, vous accomplissez un miracle pour la classe moyenne » ; « Vous avez libéré l'énergie américaine » ; « Grâce à votre détermination, les hommes et les femmes oubliés de l'Amérique ne le sont plus » ; « Vous avez restauré le crédit de l'Amérique sur la scène mondiale. »

Cette soif de reconnaissance dépasse largement Washington et les frontières américaines.

« Je pourrais obtenir le prix Nobel pour beaucoup de choses s'ils l'attribuaient de manière honnête, mais ce n'est pas le cas. » À l'automne 2019, en marge de l'Assemblée générale de l'ONU, à New York, Donald Trump rêve à haute voix de la prestigieuse distinction.

Un an plus tôt, avant même la tenue du premier sommet avec Kim Jong-un, un groupe de 18 élus républicains de la Chambre des représentants, emmenés par Luke Messer, de l'Indiana, adresse un courrier à Berit Reiss-Andersen, présidente du comité norvégien du Nobel, lui demandant d'examiner le cas de Donald Trump.

> Depuis son arrivée au pouvoir, le président Trump a travaillé sans relâche pour imposer une pression maximale sur la Corée du Nord afin de mettre fin à son programme d'armement illégal et d'apporter la paix dans la région. Son gouvernement a réussi à unir la communauté internationale, y compris la Chine, afin d'imposer un des régimes de sanctions internationales les plus efficaces de l'histoire. [...] Les sanctions ont décimé l'économie nord-coréenne et ont été largement considérées comme cruciales pour amener la Corée du Nord à la table des négociations.

Deux semaines plus tard, sept gouverneurs républicains en rajoutent. Les propos, qui visent bien sûr d'abord à flatter le président, sont sans nuances.

> Après près de deux décennies de blocage et d'anxiété mondiale concernant le programme nucléaire de la Corée du Nord, nous sommes aujourd'hui, enfin, proches de la paix. Il n'y a qu'un seul nouvel élément qui explique cette évolution : le président Donald J. Trump et sa politique de sécurité par la force qui a été couronnée de succès. Personne ne mérite plus que lui le prix Nobel de la paix.

Donald Trump, qui a mal digéré l'attribution du célèbre prix à son prédécesseur démocrate quelques mois seulement après sa prise de fonctions, rêve à haute voix de lui emboîter le pas, ainsi qu'aux trois autres présidents déjà distingués : Theodore Roosevelt, Woodrow Wilson et Jimmy Carter. Il fait tout pour donner à l'hypothèse autant d'écho que possible. « C'était très généreux de sa part de faire cette déclaration », lance-t-il depuis le bureau Ovale, évoquant les propos du président sud-coréen Moon Jae-in qui a laissé entendre que le locataire de la Maison Blanche pouvait avoir la prestigieuse récompense à sa place. « C'est très gentil, merci. C'est très gentil », répond-il, dans un large sourire, lors d'un meeting dans le Michigan où ses partisans vêtus de tee-shirts et casquettes « Make America Great Again » scandent « No-bel ! No-bel ! ». « Je veux juste faire le boulot », ajoute-t-il non sans avoir prononcé lui-même, ravi, le mot « Nobel », comme pour mieux le savourer en bouche.

Quelques mois plus tard, sa motivation norvégienne reste intacte. Lors d'une conférence de presse dans la roseraie de la Maison Blanche, il raconte.

> En fait, je pense pouvoir dire ceci : le Premier ministre [Shinzō] Abe, du Japon, m'a donné la copie de la plus belle lettre qu'il ait envoyée aux personnes qui remettent cette chose appelée le prix Nobel. Il a dit : « Je leur demande de vous remettre le prix Nobel de la paix. » J'ai dit merci.

Barack Obama « ne savait même pas pourquoi il l'avait », poursuit-il. « Il était là depuis environ quinze secondes et il a reçu le prix Nobel. Il a dit : “Oh, pourquoi l'ai-je obtenu ?” Moi, je ne l'aurai probablement jamais », confie le président avec une candeur presque enfantine. Le ton se veut détaché, mais il ne trompe personne.

5

America First

« Je pourrais être la personne la plus populaire d'Europe. Mais je ne le veux pas. » Pour la première réunion gouvernementale de l'année 2019, le 2 janvier, Donald Trump joue, plus que jamais, la carte « America First ».

Entouré de son équipe, assise autour de l'immense table ovale de la Cabinet Room, il parle, comme toujours, beaucoup de lui. Et, au mitan de son mandat, en rajoute sur le thème « l'Amérique contre le reste du monde ». « Si j'étais populaire en Europe, je ne ferais pas mon boulot. Parce que je veux que l'Europe paye. [...] Je m'en fous de l'Europe. Je ne suis pas élu par les Européens, je suis élu par les Américains et les contribuables américains. »

De fait, les conclusions des enquêtes réalisées à intervalles réguliers par le Pew Research Center sont sans appel : Donald Trump est un président mal aimé à travers le monde, à quelques très rares exceptions près. Selon celle menée dans 32 pays et publiée début 2020, 64 % des personnes interrogées affirment ne pas avoir confiance en lui pour faire les bons choix sur la scène internationale.

Pour l'ancien homme d'affaires arrivé au pouvoir sans une once d'expérience diplomatique, le corollaire de cette fermeté revendiquée haut et fort s'impose : « L'Amérique est de nouveau respectée. » Les propos, même prudents, même polis, de nombre de dirigeants de la planète pointent pourtant dans une autre direction, celle d'un affaiblissement du poids de l'Amérique.

DES MOTS QUI SÈMENT LE DOUTE DANS LE MONDE

Construit en 1909 lorsque William Taft, vingt-septième président des États-Unis, était installé à la Maison Blanche, le bureau Ovale, situé à l'extrémité de la West Wing, est dans l'imaginaire politique moderne le symbole par excellence du pouvoir. Lieu de travail, lieu de rencontre, lieu d'allocutions qui ont marqué l'histoire. C'est là que Richard Nixon a annoncé sa démission le 8 août 1974, c'est aussi là que George W. Bush a pris la parole après les attentats du 11 septembre 2001 avec ces mots : « Aujourd'hui, nos citoyens, notre mode de vie, notre liberté même ont été attaqués par une série d'actes terroristes meurtriers. »

Lorsque le président des États-Unis reçoit un dirigeant étranger, rencontre des élus, signe un décret ou une loi, une quinzaine de journalistes sont invités quelques minutes dans ce lieu chargé d'histoire. Le rituel est immuable : nous attendons devant la porte, à l'extérieur sous les colonnades, le long de la roseraie. Dès que le feu vert est donné par l'une ou l'un des *wranglers*, les assistants du service de presse, nous nous engouffrons. Sur la gauche en entrant, devant trois immenses fenêtres donnant sur les jardins, le *Resolute desk*, bureau présidentiel mythique sous lequel était apparu le visage de John F. Kennedy Jr. pendant que son père était au travail, dans une photo en noir et blanc de 1962 restée célèbre. Sur la droite, la cheminée devant laquelle sont traditionnellement installés deux fauteuils pour le président et son invité. Tout va assez vite. Avec Barack Obama, après quelques mots d'introduction, la traditionnelle poignée de main et de brefs échanges, nous étions invités – courtoisement mais fermement – à quitter la pièce.

Sous la présidence Trump, l'exercice a pris une tournure radicalement différente. L'affaire débute de la même manière, mais s'achève immanquablement dans une extraordinaire cacophonie. Car l'ancien animateur de téléréalité raffole des échanges avec les journalistes, de préférence dans une forme de chaos qui lui permet d'être maître du jeu, de choisir les questions, voire de distribuer les bons et les mauvais points. Dans ce contexte, le choix de sa position pour le journaliste est devenu un art subtil : nous tentons toujours de nous placer le plus loin possible de la sortie, pour être certains de ne pas rater, au moment où tout le monde est prié, dans les cris, de quitter les lieux, une réponse à la volée du président de la première puissance mondiale.

Ce jour de juillet 2019, le visiteur est le Premier ministre pakistanais Imran Khan. La séquence de questions-réponses, plus décousue encore qu'à l'habitude, est particulièrement longue : quarante minutes au total. Le président ne s'arrête plus. La Corée du Nord (« Nous avons vraiment établi de bonnes relations avec Kim Jong-un »), l'Afghanistan (« Je pourrais gagner cette guerre en une semaine, mais je ne veux tout simplement pas tuer dix millions de personnes »), l'Iran (« Honnêtement, cela devient de plus en plus difficile pour moi de vouloir conclure un accord avec l'Iran, car ils se comportent très mal »), les manifestations à Hong Kong (« Je pense que le président chinois Xi a agi de manière responsable, très responsable, ils manifestent depuis longtemps »). Et puis, interrogé sur un nouveau pic de tension au Cachemire qui fait redouter le pire, il lâche :

> J'étais avec le Premier ministre indien Modi il y a deux semaines. Il a dit : « Voudriez-vous être un médiateur ou un arbitre ? » Je lui ai dit : « Où ? » Il a dit : « Au Cachemire. » [...] Si je peux aider, j'aimerais beaucoup être médiateur [...]. J'ai tellement entendu parler du Cachemire, un nom merveilleux, on dit que c'est un des endroits les plus merveilleux au monde. Mais aujourd'hui il y a des bombes de partout. Ils disent qu'il y a des bombes où que vous alliez. Cela dure depuis des années.

Véritable initiative américaine sur cet épineux dossier ou parole en l'air d'un président qui, régulièrement, invente des dialogues avec des personnages réels ou imaginaires pour donner plus de chair à son récit ? Donald Trump, maître autoproclamé de la négociation, a déjà, depuis son arrivée au pouvoir, fait des promesses de médiation sans lendemain. Mais le sujet est explosif : New Delhi, qui a toujours considéré que le conflit avec son voisin devait se régler de façon bilatérale, réagit vivement, et contredit frontalement le président américain. « Aucune demande en ce sens n'a été faite par le Premier ministre Narendra Modi au président américain », lâche Raveesh Kumar, porte-parole du ministère des Affaires étrangères. Trump n'en reparlera pas. Cette offre de médiation faite à la légère un matin d'été dans le brouhaha du bureau Ovale restera lettre morte.

L'épisode – qui n'est pas isolé – renvoie à une question dérangeante du mandat Trump : les déclarations du président des États-Unis expriment-elles la position américaine ?

Le chef de la diplomatie lui-même s'y est embourbé dans le cadre très formel d'une audition au Sénat. En juillet 2018, les membres de la puissante commission des affaires étrangères souhaitent entendre Mike Pompeo. Ils réclament des réponses, de la clarté. Le sommet de Helsinki, neuf jours plus tôt, entre Donald Trump et Vladimir Poutine a suscité un profond malaise à Washington. Le président républicain a obstinément refusé de critiquer Moscou, sur la Crimée ou l'Ukraine, et a semblé se ranger du côté de l'homme fort du Kremlin plutôt que de celui des services de renseignement américains sur la question de l'ingérence russe dans les élections. Pourquoi le président de la première puissance mondiale s'est-il montré aussi arrangeant lors de leur conférence de presse commune ? Que se sont dit exactement les deux hommes lors d'un tête-à-tête de deux heures avec pour seuls témoins leurs interprètes ? Les sénateurs des deux camps sont ulcérés. Les échanges sont vifs. L'entrée en matière de Bob Corker, président républicain de la commission, est décapante.

> Vous vous présentez aujourd'hui devant un groupe de sénateurs qui ont de sérieux doutes sur cette présidence et sa conduite de la politique étrangère américaine. [...] Nous avons vraiment besoin de comprendre ce qui se passe, ce sur quoi notre président a donné son accord, et quelle est notre stratégie sur de nombreux dossiers. [...] Nous espérons que vous pourrez réduire notre niveau d'inquiétude sur le fait de savoir si ceux qui sont à la Maison Blanche savent ce qu'ils font et, pour être franc, si vous savez ce qu'ils font.

Blême, visage fermé, Mike Pompeo encaisse. Il défend la fermeté de Washington vis-à-vis de Moscou, assure qu'il existe une vraie cohérence dans la conduite de la diplomatie américaine. Mais ne convainc pas son auditoire. Le sénateur démocrate Chris Murphy se fait plus didactique, appuie sur les points les plus sensibles : « Nous nous concentrons sur les mots du président parce que nos alliés et nos adversaires écoutent ces mots et qu'ils calibrent leurs actes en fonction de ces mots. » Et il rappelle une évidence : les déclarations du président fixent les grandes orientations politiques. « Ce n'est pas vrai, ce n'est absolument pas vrai », lâche Mike Pompeo, à la stupéfaction générale. « Les gens font beaucoup de déclarations, je fais beaucoup de déclarations. Ce n'est pas la politique américaine. » Chris Murphy s'engouffre dans la brèche : « Comment puis-je faire la différence entre des propos présidentiels qui ne sont pas l'expression de la politique américaine et ceux qui le sont ? » La question reste sans réponse.

À la fin de l'audition, Mike Pompeo se sent dans l'obligation de rectifier le tir. « Je me suis mal exprimé », lâche-t-il. Les déclarations du président « sont bien la politique » des États-Unis. « Le président dirige ce gouvernement », ajoute-t-il maladroitement, tant le fait d'énoncer ce qui devrait être une évidence met en relief combien elle ne s'impose pas à tous.

Ces interrogations sur la valeur de la parole présidentielle atteignent un sommet un an plus tard avec l'épisode du Groenland.

« Le président Trump s'est fait un nom sur l'île la plus célèbre du monde [Manhattan]. Maintenant, il veut acheter la plus grande du monde. » Le 16 août 2019, le *Wall Street Journal* publie un article affirmant que Donald Trump a, avec plus ou moins de sérieux, demandé à ses conseillers si les États-Unis pourraient acheter le Groenland au Danemark.

L'article suscite initialement haussements d'épaules, sourires amusés et incrédulité. Il est rangé au rayon des idées évoquées en privé à la légère par le magnat de l'immobilier. Cette immense île arctique, trois fois la taille du Texas, compte moins de 60 000 habitants mais des ressources naturelles qui attisent les convoitises. Si elle bénéficie d'un statut de « territoire autonome », son économie est très dépendante des subsides versés par Copenhague.

Deux jours plus tard, stupeur. Interrogé sur le tarmac d'un aéroport du New Jersey où il est en vacances, le président confirme l'information, à sa manière, sur un ton badin. « Nous sommes de très bons alliés, nous protégeons le Danemark comme nous protégeons de nombreuses parties du monde. Donc l'idée a été évoquée et j'ai dit "certainement". Stratégiquement, c'est intéressant et cela nous intéresserait et nous leur parlerons bientôt. Mais ce n'est pas une priorité. » Sur le ton encore plus léger et provocateur qu'il affectionne, il compare la proposition à « une grosse transaction immobilière ».

Le lendemain, il renforce lui-même le caractère ubuesque de sa proposition en diffusant un tweet humoristique : un photomontage d'une immense tour Trump dorée, le Trump International Hotel de Las Vegas, posée au milieu d'un village de l'archipel : « Je promets de ne pas faire ça au Groenland ! »

La Première ministre danoise, Mette Frederiksen, répond calmement mais fermement : son pays n'a aucun appétit pour cette offre « absurde ». « Je continue à espérer que cela n'a pas été évoqué sérieusement », lâche-t-elle, se réjouissant que le temps où l'on vendait et l'on achetait des pays et des populations soit révolu.

Piqué au vif par cette rebuffade, Donald Trump change de registre et annonce qu'il repousse sa visite d'État prévue de longue date deux semaines plus tard à Copenhague. L'affaire, qui avait démarré presque comme une plaisanterie pour le plus grand bonheur des *late-night shows*, vire à l'incident diplomatique. « Est-ce une blague ? » s'étrangle Helle Thorning-Schmidt, qui fut la première femme Premier ministre du pays, face au motif de cette annulation, dénonçant un caprice présidentiel profondément insultant pour les habitants du Danemark comme pour ceux du Groenland. « Des parties des États-Unis sont-elles à vendre ? L'Alaska ? » s'interroge le député danois Rasmus Jarlov.

En quelques jours, Donald Trump est passé par tous les registres : taquin, outré, grandiloquent. Il prend les propos de Mette Frederiksen comme un affront personnel, affirme que c'est l'honneur de l'Amérique qui a été bafoué, que le mot « absurde » n'aurait jamais dû être utilisé. « C'était méchant, c'était déplacé », nous explique-t-il dans les jardins de la Maison Blanche avant de s'envoler pour le Kentucky. Il en profite, comme souvent lorsqu'il se sent en difficulté, pour s'en prendre à son prédécesseur démocrate. « Tout ce qu'elle devait dire, c'était "nous ne sommes pas intéressés", mais vous ne pouvez pas traiter les États-Unis d'Amérique comme ils nous traitaient sous le président Obama. »

LE PRÉSIDENT JACKSONIEN

La clé pour comprendre la politique étrangère de Donald Trump patientait dans un livre écrit quinze ans avant son élection : *Special Providence* du géopolitologue

Walter Russell Mead. Au lendemain de l'assassinat du général iranien Qassem Soleimani, en Irak, cet ouvrage a parfaitement rempli son office en expliquant pourquoi un président officiellement hostile aux aventures militaires a pu se lancer dans cette élimination ciblée, puis se dire prêt à bombarder massivement l'Iran en cas de représailles sanglantes du régime iranien, alors même qu'il ne cesse de professer son intention de se retirer d'une région qui ne présenterait plus aucun intérêt stratégique pour les États-Unis selon lui.

Walter Russell Mead, qui reçoit volontiers dans son bureau du Hudson Institute, un cercle de réflexion conservateur situé à un jet de pierre du Trump Hotel, à Washington, ne cache pas avoir voté comme l'écrasante majorité de cette élite intellectuelle en faveur de l'ancienne secrétaire d'État démocrate Hillary Clinton, en 2016. Et il reste souvent interdit devant les manières non conventionnelles employées par Donald Trump pour conduire les États-Unis.

Natif de Caroline du Sud, universitaire passé par Yale, fier de l'être et qui entend le rester, Walter Russell Mead a soutenu l'invasion américaine en Irak, en 2003, avant d'en mesurer les ravages. Très critique de l'action de Barack Obama en Libye, en 2011, il lui a reproché également de ne pas avoir respecté en 2013 les « lignes rouges » qu'il s'était fixées en Syrie : l'usage par le régime d'armes chimiques contre son peuple.

Pour le titre de son ouvrage devenu une référence, l'auteur s'inspire d'une formule prêtée au chancelier allemand Otto von Bismarck. « Dieu réserve un destin particulier aux fous, aux personnes ivres et aux États-Unis d'Amérique », aurait assuré l'un des pères de l'unification allemande.

La typologie de Walter Russell Mead comprend celle à laquelle les instincts de Donald Trump peuvent être associés. Elle repose sur quatre figures historiques américaines qui incarnent chacune l'une de ces écoles : Alexander Hamilton, premier secrétaire au Trésor (1789-1795) des États-Unis, et trois présidents. Il s'agit de Thomas Jefferson (1801-1809), d'Andrew Jackson (1829-1837) et de Woodrow Wilson (1913-1921).

Après la fin de la Seconde Guerre mondiale, deux de ces quatre écoles ont puissamment contribué aux orientations diplomatiques de Washington et à la mise en place d'un ordre international aujourd'hui contesté de toutes parts. Les hamiltoniens et les wilsoniens ont alors jugé qu'il était dans l'intérêt des États-Unis de remplacer le Royaume-Uni comme stabilisateur mondial, ce qui s'est traduit notamment par la création d'une nouvelle Société des nations, sur le modèle de celle souhaitée par Woodrow Wilson mais que les États-Unis n'avaient finalement pas endossée, cédant à un repli isolationniste.

À cette vision morale séparant les régimes vertueux, jugés stables et efficaces, des dictatoriaux, moteurs à corruption et fomenteurs de désordres et de guerres, se sont ajoutés les outils d'une gouvernance économique mondiale. Elle a été incarnée par les purs produits des accords de Bretton Woods (1944) qu'ont été la Banque mondiale et le Fonds monétaire international, l'une comme l'autre d'inspiration hamiltonienne. Le candidat démocrate pour la présidentielle de 2020, Joe Biden, s'inscrit dans cette tradition.

La campagne présidentielle de 2016 a matérialisé la revanche des deux autres écoles de la politique étrangère américaine. Alors que le sénateur de Floride, Marco Rubio, incarnait cette aile wilsonienne dont l'un des avatars a été le néoconservatisme en vogue pendant la présidence de George W. Bush, deux autres élus, Ted Cruz (Texas) et surtout Rand Paul (Kentucky), ont défendu l'inspiration jeffersonienne souvent revendiquée par le courant réaliste, qui prône une réduction de l'exposition au monde des États-Unis. L'aile libertarienne républicaine incarnée par Rand Paul pousse cette inspiration à son maximum en s'opposant à toute forme d'interventionnisme. Elle est très proche en cela des positions de la gauche de la gauche démocrate, comme en témoignent les prises de position du sénateur indépendant du Vermont Bernie Sanders.

Allergique aux « ismes », peu réputé pour la lecture d'ouvrages historiques ou stratégiques, Donald Trump prend place, lui, au sein de la dernière grande famille, celle qui correspond au populisme jacksonien dont le versant intérieur a déjà été mentionné plus haut. Dans la revue *Foreign Affairs*, Walter Russell Mead a consacré, dès le mois de mars 2017, un article à cette « révolte » qui faisait trembler sur ses bases l'écosystème des cercles de réflexion washingtoniens, principaux pourvoyeurs en experts des administrations démocrates et républicaines.

La politique étrangère des jacksoniens est ainsi dénuée de toute préoccupation morale. Les relations avec les autres pays, quels qu'ils soient, sont réduites à ce qu'elles peuvent apporter aux États-Unis, indépendamment de valeurs communes ou de liens historiques partagés. Les jacksoniens rechignent à critiquer les antécédents des autres pays en matière de droits de l'homme et sont sceptiques quant à la promotion de la démocratie.

L'exceptionnalisme américain, selon cette conception du monde, a pour horizon les frontières des États-Unis, celles de « l'Amérique d'abord », plus affirmées encore que pour les jeffersoniens. L'ouverture au monde est transactionnelle et commerciale et n'a pour but que de négocier ou de renégocier des traités pour des motifs plus favorables aux États-Unis. Qui plus est, l'indépendance énergétique promise par le pétrole de schiste permet de rompre les liens de nécessité avec un Moyen-Orient synonyme de piège permanent pour la puissance américaine. Trump a beau jeu de rappeler combien ses prédécesseurs y ont échoué des décennies durant.

Hanté par la crainte d'un ennemi intérieur, le populisme jacksonien incarné par Donald Trump doute du patriotisme d'« une élite cosmopolite » toujours suspecte de « trahison », toujours prête à sacrifier un « peuple » mythifié, et ouverte à la transformation de ce sur quoi reposerait la « nature essentielle » des États-Unis, même s'il s'agit d'un tout jeune pays forgé par des vagues successives d'immigration.

Cette lecture explique la séquence iranienne de janvier 2020. Les électeurs de Donald Trump rejettent les « guerres sans fin », celles dont on perd le sens, mais croient également que les États-Unis doivent répondre, sans économiser leurs forces, à toute attaque contre les Américains. Qu'il s'agisse d'un civil employé sur une base en Irak, tué le 27 décembre, ou du symbole que peut représenter l'ambassade à Bagdad, assiégée quelques jours plus tard. Quant à savoir si l'assassinat de Qassem Soleimani est autorisé par le droit international, la base du président n'en a cure.

Les clés manquent en revanche sur les origines de cet instinct jacksonien chez Donald Trump. Les historiens Brendan Simms et Charlie Laderman, auteurs d'un livre sur les racines de la vision du monde du président, ont cependant exhumé un entretien accordé en 1980 par celui qui était alors un jeune promoteur immobilier flamboyant de 34 ans, non pas à un spécialiste des relations internationales, mais à une reine des potins mondains, Rona Barrett. L'Iran y prend curieusement une part significative.

La majeure partie de la conversation est consacrée aux premiers faits d'armes à New York de Donald Trump et à des réflexions sur la richesse et sa signification. Au détour d'une question sur ce que devraient représenter les États-Unis, Donald Trump évoque, sans doute pour la première fois, « un pays qui devrait obtenir le respect de la part des autres » avant de mentionner directement la crise des otages américains, retenus par le régime iranien à la suite de l'assaut contre l'ambassade des États-Unis, à Téhéran, en 1979.

> Qu'ils puissent retenir nos otages est totalement ridicule. Que ce pays [les États-Unis] renonce et permette à un pays comme l'Iran de retenir nos otages, de mon point de vue, est une horreur, et je ne pense pas qu'ils le feraient avec d'autres pays.

Alors que Rona Barrett lui demande s'il est favorable à une intervention militaire, le promoteur immobilier qui a échappé au Vietnam répond par l'affirmative.

> Je pense que oui, absolument. La question ne se pose pas dans mon esprit. Je pense qu'en ce moment nous serions une nation riche en pétrole, et je crois que nous aurions dû le faire, et je suis très déçu qu'on ne l'ait pas fait. Je pense que personne ne nous l'aurait reproché, et

nous avions tous les droits de le faire à l'époque. Je pense que nous avons perdu une opportunité.

Quarante ans plus tard, la continuité est frappante. La décision d'assassiner le général Qassem Soleimani, au lendemain de l'assaut contre l'ambassade des États-Unis, à Bagdad, souligne la persistance du sentiment d'humiliation consécutif à la prise de la représentation diplomatique des États-Unis à Téhéran. Le 4 janvier 2020, Donald Trump menace d'ailleurs de frapper 52 cibles iraniennes en cas de représailles de la République islamique, faisant allusion aux otages américains retenus pendant quatre cent quarante-quatre jours, à partir du 4 novembre 1979.

Pour le cas où la référence aurait échappé au public, la conseillère du président Kellyanne Conway insiste sur ce point, deux jours plus tard.

> C'est le nombre d'otages qu'ils ont pris il y a quarante ans quand un président très faible, Jimmy Carter, était aux affaires. Ils ont pris nos otages et les ont libérés dès que le président [Ronald] Reagan a pris ses fonctions, bien sûr.

Donald Trump, qui n'est tenu par aucun cadre idéologique, n'a cessé de cultiver l'image de la force depuis son entrée en politique. Ce souci recoupe la hantise d'apparaître comme un autre président « faible », l'une des critiques favorites du président des États-Unis à l'encontre de ses adversaires.

Il explique le réflexe du président de passer par pertes et profits le *soft power* de l'influence américaine pour mieux placer l'armée au centre de la stratégie américaine. Il nomme du personnel militaire à des postes clés dans l'administration à son arrivée à la Maison Blanche (Michael Flynn puis H. R. McMaster au Conseil à la sécurité nationale, James Mattis au département de la Défense, John Kelly à la Sécurité intérieure puis au poste de *chief of staff*). Il donne à un Pentagone doté de moyens considérables une influence encore plus grande vis-à-vis d'un département d'État ouvertement méprisé et budgétairement affaibli.

LE REJET VISCÉRAL DE L'EUROPE

« Notre pays ne s'est jamais aussi bien porté » : le président dresse un tableau lumineux du pays qu'il dirige depuis trois ans. Il n'est question que du « grand retour de l'Amérique » dans le monde, de « l'économie la plus prospère qui ait jamais existé », et des « milliers et des milliers de sociétés qui s'installent aux États-Unis ».

En accueillant, en février 2020, les gouverneurs du pays à la Maison Blanche, Donald Trump prend soin de souligner qu'il s'agit d'un endroit très « spécial, magnifique », comme il le fait presque systématiquement depuis qu'un magazine de golf a révélé, à l'été 2017, qu'il avait qualifié le lieu de « dépotoir » lors d'échanges sur le green qui n'étaient pas destinés à être publiés.

Le gouverneur républicain du Nebraska Pete Ricketts déclenche pourtant l'ire présidentielle avec une question qui se voulait pourtant flatteuse. « Monsieur le président, vous avez enregistré de très nombreux succès sur le commerce international – Canada, Mexique, Chine, Japon. Quel est votre prochain chantier sur ce thème ? » Brusquement, le ton change.

> L'Europe nous a très mal traités. L'Union européenne a véritablement été créée pour qu'ils puissent nous traiter aussi mal. […] C'était l'une des raisons principales de sa création.

Ce n'est ni un dérapage ni un emportement. Quelques semaines plus tôt, devant un autre auditoire, lors d'une conférence de presse à Davos, en Suisse, il a tenu le même discours vengeur sur les origines du projet européen. Dénonçant les pratiques commerciales injustes de l'Union européenne vis-à-vis des États-Unis, il s'est écrié : « Ils ont des barrières commerciales qui rendent impossibles les échanges. Ils ont des tarifs douaniers dans tous les sens. Honnêtement, il est plus difficile de faire des affaires avec eux qu'avec la Chine. […] Vous n'avez qu'à demander à Boris [Johnson] », a-t-il ajouté, louant le courage du Premier ministre britannique sur le Brexit.

L'examen des rapports de Donald Trump avec l'Europe impose une mise en perspective. La perte d'appétit des États-Unis pour la relation transatlantique, la lassitude de Washington face à l'incapacité des Européens à s'organiser et à monter en première ligne, que ce soit en Libye ou en Syrie, correspond à un mouvement de fond, entamé bien avant son arrivée au pouvoir. Les faits sont là : son prédécesseur démocrate Barack Obama, qui a vanté inlassablement le « pivot vers l'Asie », s'est très peu intéressé à l'Europe pendant ses six premières années au pouvoir, un peu plus sur la fin. Il traitera même la France et la Grande-Bretagne de « passagers clandestins », des termes que Donald Trump n'aurait pas reniés.

Dans son livre *Le Paradis perdu. L'Amérique de Trump*

et la fin des illusions européennes, Benjamin Haddad, chercheur français installé à Washington, appelle les dirigeants européens à ne pas se bercer d'illusions et à ne pas s'en tenir à un antitrumpisme rassurant : ils doivent ouvrir les yeux et accepter que Trump n'est, à cet égard, pas un « accident passager » avant un « retour à la normale ».

> La brutalité du président masque, une fois de plus, la réalité d'un rapport de force que constatait déjà son prédécesseur et que n'ignorera pas son successeur. La présidence Trump n'ouvre pas une crise des relations transatlantiques qu'un président plus conciliant résorbera. Elle met en exergue avant tout une crise d'impuissance, mais aussi une forme d'hypocrisie, des Européens.

Au-delà de la redéfinition, sur la durée, des liens entre l'Amérique et l'Europe, ce qui frappe, chez le président républicain, c'est l'hostilité ouverte au projet européen, le ressentiment profond, viscéral, vis-à-vis de tout ce que Bruxelles représente. Les explications sont nombreuses. Donald Trump ne cache pas sa méfiance face aux structures complexes et préfère négocier en mode bilatéral. De plus, la vision jacksonienne du monde s'accommode mal des prises de position assumées et vantées de l'UE sur toute une série de sujets allant de la peine de mort à la gouvernance mondiale en passant par le climat, la bioéthique ou l'immigration.

Il choisit d'ailleurs la Pologne, le 6 juillet 2017, pour prononcer son premier grand discours à l'intention du continent, alors que l'Union européenne s'inquiète déjà d'un effritement des valeurs communes sous la pression du parti conservateur au pouvoir à Varsovie, Droit et Justice. Dans ce discours, il n'est question que de nations européennes et d'un péril intérieur que Bruxelles semble incarner à la perfection.

> Ce danger est invisible pour certains mais familier aux Polonais : la dérive constante de la bureaucratie gouvernementale qui assèche la vitalité et la richesse du peuple. L'Occident est devenu grand non pas à cause de la paperasserie et des règlements, mais parce que les gens ont pu poursuivre leurs rêves et leur destin.

Dans un article publié en 2000 dans le *Chicago Journal of International Law*, John Bolton, futur conseiller à la sécurité nationale sous la présidence Trump, résumait cette vision dans une violente charge contre le projet européen, à ses yeux « teinté d'antiaméricanisme ». Les élites politiques européennes, « non contentes de transférer leur propre souveraineté nationale à Bruxelles, ont aussi décidé, de fait, de transférer une partie de la nôtre à des institutions internationales, faisant par conséquent de l'Union européenne un précurseur miniature de la gouvernance mondiale », écrivait-il. Les désaccords entre le tempétueux président et l'avocat à la célèbre moustache seront nombreux lorsque ce dernier rejoindra la Maison Blanche. Mais sur leur vision de l'Europe, ils sont à l'unisson.

Pour mieux faire passer son message, et enfoncer des coins dans une Europe fragilisée par les poussées populistes et minée par le choc du Brexit, Donald Trump s'est rapproché, avec un goût évident de la provocation, de toutes les figures anti-Bruxelles. L'europhobe britannique Nigel Farage est au cœur de ce dispositif. « Je passe le relais à Donald Trump », affirmait ce grand artisan du Brexit au lendemain de la victoire du milliardaire républicain à la présidence. Les deux hommes sont restés en contact depuis, et ont toujours affiché une complicité certaine.

En octobre 2019, le président américain s'invite brutalement dans la campagne électorale qui démarre tout juste au Royaume-Uni. Interrogé sur la radio britannique LBC par Nigel Farage lui-même, il critique ouvertement l'accord de sortie de l'Union négocié par Boris Johnson, et appelle de ses vœux une alliance avec les partisans d'un Brexit dur. Le président américain, qui a maintes fois promis à Londres un « accord magnifique » post-Brexit, se fait même menaçant, conseillant à son ami Boris d'être « très attentif » à la position de la Maison Blanche.

Lorsque, au printemps 2019, il reçoit dans le bureau Ovale le Premier ministre hongrois Viktor Orbán, Donald Trump a certainement en tête les propos du dirigeant national-conservateur qui, quelques mois plus tôt, n'a pas hésité à le qualifier d'« icône » pour le mouvement souverainiste. Dans une lettre ouverte, un groupe d'influents sénateurs démocrates et républicains, parmi lesquels l'élu de Floride Marco Rubio, exhorte le président à aborder, lors de ses entretiens, « l'érosion significative » de la démocratie en Hongrie. Ils citent en particulier un processus électoral de moins en moins ouvert et une justice de plus en plus aux ordres de l'exécutif. Le président américain n'en a cure. Devant les journalistes, il balaie ces critiques et ne rate pas l'occasion pour couvrir d'éloges cet homme connu pour ses positions eurosceptiques.

> Viktor Orbán a fait un excellent travail à de nombreux égards. Il est très respecté. Respecté à travers toute l'Europe. Il est peut-être, comme moi, un peu controversé, mais ce n'est pas grave. [...] Les gens ont beaucoup de respect pour

ce Premier ministre. Je sais que c'est un homme dur mais c'est un homme respecté. Et beaucoup de gens pensent qu'il a fait les bons choix sur l'immigration. Regardez les énormes problèmes qu'ils ont en Europe parce qu'ils ont fait des choix différents de ceux du Premier ministre.

L'attaque est transparente : elle vise la chancelière allemande Angela Merkel et sa décision d'ouvrir les frontières aux réfugiés syriens en 2015. Comme un symbole, l'annonce de la visite du dirigeant hongrois à la Maison Blanche, qui offre à ce dernier une exposition maximale à l'approche des élections européennes, intervient le jour même où le chef de la diplomatie américaine Mike Pompeo annule un déplacement à Berlin pour rencontrer la chancelière, qui a toujours refusé de rentrer dans le jeu de la complicité, ou de la flagornerie, avec Donald Trump.

À l'ouverture de la conférence annuelle sur la sécurité de Munich, début 2020, le président allemand Frank-Walter Steinmeier dit, en termes simples, son exaspération.

Notre principal allié, les États-Unis, refuse sous l'administration actuelle l'idée même d'une communauté internationale.

Le lendemain, Mike Pompeo rejette en bloc les accusations, dénonce des inquiétudes infondées, joue une carte rassurante. « J'ai le plaisir de vous annoncer que l'idée selon laquelle l'alliance transatlantique serait morte est grandement exagérée », ironise-t-il. « L'Occident est victorieux. La liberté et la démocratie sont victorieuses. Nous respectons l'État de droit », ajoute-t-il. Mais les formules du messager de Donald Trump sonnent creux. À force de coups de boutoir contre les pays alliés, de piques contre ses dirigeants et d'attaques contre l'Union européenne, le lien transatlantique, qui était aussi fait d'une forme d'admiration – ambiguë mais réelle – pour la démocratie américaine, est abîmé.

Le candidat démocrate à la présidentielle de 2020, Joe Biden, a, lui, pris ses marques à l'occasion de son passage dans la capitale bavaroise un an plus tôt.

> L'Amérique que j'envisage ne souhaite pas tourner le dos au monde ou à ses alliés, nos alliés les plus proches. En effet, le peuple américain comprend que ce n'est qu'en travaillant avec nos amis que nous pouvons maîtriser les forces d'un monde en rapide évolution, atténuer leurs inconvénients et les tourner à notre avantage collectif.

L'IMPASSE DE LA PRESSION MAXIMALE

Le cap avait été tracé dès 2014. « Ce n'est pas parce qu'on a le meilleur marteau qu'on doit voir chaque problème comme un clou », avait déclaré Barack Obama dans une allusion à la loi de l'instrument du psychologue Abraham Maslow. Après plus d'une décennie de « guerres sans fin », le démocrate signifiait son opposition à l'outil militaire comme instrument de la politique étrangère américaine. Donald Trump a dépensé des milliards de dollars, avec la bénédiction des républicains du Congrès, pour avoir le plus gros marteau possible, sans pour autant renier cette part de l'héritage de Barack Obama.

Faute de canons, la politique de « pression maximale » articulée autour de sanctions mortifères est donc systématisée, avec ou sans le concours des alliés des États-Unis ou de l'ONU. La première application spectaculaire de cette politique vise les ambitions nucléaires de la Corée du Nord, sur lesquelles ont déjà buté trois administrations. Dans ce cas, Washington s'appuie sur le Conseil de sécurité des Nations unies.

L'avalanche de sanctions, la stratégie d'apaisement de la Corée du Sud et l'audace de Donald Trump permettent la tenue de la première rencontre entre un président américain en exercice et un représentant de la dynastie Kim, à Singapour. À son retour, le président crie victoire.

> Tout le monde peut maintenant se sentir beaucoup plus en sécurité que le jour où j'ai pris mes fonctions. Il n'y a plus de menace nucléaire en Corée du Nord. Rencontrer Kim Jong-un a été une expérience intéressante et très positive. La Corée du Nord a un grand potentiel pour l'avenir !

Pourtant, ces contacts sans précédent n'embrayent sur rien. Kim Jong-un n'envisage qu'une dénucléarisation complète de la péninsule, qui concernerait donc également le parapluie américain protégeant le Sud. Il exige ensuite que ses gestes de bonne volonté, la suspension unilatérale des activités balistiques et nucléaires nord-coréennes, soient accompagnés par un allégement des sanctions. Donald Trump fait un geste en suspendant des manœuvres avec l'armée sud-coréenne régulièrement stigmatisées par Pyongyang, mais il n'est pas question pour lui de revenir sur l'accord de défense conclu avec Séoul, ni de desserrer l'étau à cet instant des discussions. La deuxième rencontre à Hanoï s'achève sur un échec. Plus rien ne bouge par la suite : la « pression maximale » n'a pas fait plier le régime nord-coréen.

Elle n'a pas plus de succès en Iran après le renoncement spectaculaire de Washington, en 2018, à l'accord qui a permis en 2015 de geler un programme nucléaire controversé. Il s'agit d'un autre casse-tête diplomatique, mais cette fois-ci l'administration américaine se lance en solitaire, indifférente aux objections de ses alliés qui jugent que le compromis a porté ses fruits.

Ces derniers sont d'autant plus sceptiques sur ce cavalier seul qu'ils soupçonnent Washington, en dépit des dénégations de Donald Trump, de vouloir provoquer la chute du régime iranien. Cette ligne dure est soutenue dans la capitale fédérale par un groupe de « faucons » qui dispose d'avocats du Congrès. Tous jouent de la solide inimitié que quatre décennies de relations torturées entre les deux pays ont alimentée. Les conditions présentées par les États-Unis pour lever leurs sanctions sont d'ailleurs inacceptables par Téhéran.

Affaibli financièrement comme jamais, ébranlé par des mouvements de protestation provoqués par le marasme économique, puis par sa gestion décriée de l'épidémie de coronavirus, le régime iranien se durcit avec l'élection sous contrôle en mars 2020 d'un Parlement encore plus hostile à des concessions que le précédent. Et il s'affranchit à son tour de certaines dispositions de l'accord nucléaire en relançant des activités d'enrichissement limité d'uranium. À l'été 2020, l'activisme américain a donc produit un résultat inverse à celui recherché.

La « pression maximale » n'est pas plus fructueuse au Venezuela. Déjà visé par des sanctions adoptées par l'administration de Barack Obama, le régime chaviste de Nicolás Maduro est désigné à la vindicte dès l'arrivée de Donald Trump à la Maison Blanche. Il y reçoit la femme d'un opposant emprisonné quelques semaines seulement après le début de son mandat. Caracas est vivement critiqué lors du premier discours prononcé par Donald Trump devant les Nations unies, occasion d'une charge très idéologique.

> Il n'y a pas si longtemps, le Venezuela était l'un des pays les plus riches de la planète. Aujourd'hui, le socialisme a mis en faillite une nation riche en pétrole et plongé son peuple dans une pauvreté abjecte. Presque partout où le socialisme ou le communisme a été mis à l'épreuve, il a produit des souffrances, de la corruption et de la décomposition. La soif de pouvoir du socialisme mène à l'expansionnisme, à l'agression et à l'oppression. Toutes les nations du monde devraient résister au socialisme et à la misère qu'il apporte à tous.

En janvier 2019, Washington passe à l'offensive en reconnaissant comme président par intérim l'opposant Juan Guaidó. Contrairement à la stratégie menée en Iran, les États-Unis prennent le soin de bâtir une large coalition internationale qui comprend, outre les principaux pays d'Amérique latine, un bon nombre de nations européennes. En avril, le conseiller à la sécurité nationale du président, John Bolton, est à la manœuvre derrière une tentative de coup de force qui tourne cependant rapidement court. Un an plus tard et en dépit de pressions économiques sans précédent, le régime de Nicolás Maduro est toujours en place et rejette un plan de transition proposé par Washington.

À l'été 2020, la politique de « pression maximale » n'a donc pas plus porté ses fruits à Pyongyang qu'à Téhéran ou Caracas. Est-ce parce qu'elle était vouée à l'échec ou est-ce tout simplement, comme l'affirme le « faucon » John Bolton, limogé en septembre 2019, parce qu'elle n'a pas été appliquée avec assez de vigueur ? Donald Trump reste évasif sur ce thème.

Le résumé – clinique et sans concession – de l'aventure nord-coréenne a été dressé, lors d'un échange avec des étudiants à l'université Drew, dans le New Jersey, en février 2020, par un homme qui avait été aux premières loges durant tout le processus : John Kelly, ancien *chief of staff* de Donald Trump.

> Cela n'a pas marché. Je suis de nature optimiste la plupart du temps, mais je suis aussi un réaliste, et je n'ai jamais pensé que Kim ferait autre chose que de se jouer de nous, et il l'a fait de manière assez efficace.

LA SUPERPUISSANCE VOYOU

Barack Obama prend congé des Nations unies en septembre 2016. Dans son discours devant l'Assemblée générale annuelle, le président des États-Unis tente de dresser un bilan positif de ses deux mandats.

> Nous avons rendu des alliés plus sûrs. Nous avons agi pour protéger les plus vulnérables. Nous avons soutenu les droits humains et accepté un droit de regard sur nos propres actes. Nous nous sommes soumis aux lois et institutions internationales. Lorsque nous avons commis des erreurs, nous avons tenté de les reconnaître. Nous avons mené des actions pour faire reculer la pauvreté, la faim et la maladie au-delà de nos frontières, et pas seulement au sein de nos frontières. Je suis fier de tout cela. Mais je

sais aussi que nous ne pouvons pas agir seuls. Et je pense que si nous voulons relever les défis de ce siècle, nous allons tous devoir renforcer encore davantage les moyens internationaux.

Climat, vagues migratoires, épidémies : tout est devenu mondial selon le démocrate. Les réponses qui peuvent être apportées à ces défis ne peuvent qu'être le produit d'un multilatéralisme imparfait mais indispensable. Barack Obama ne se prive pas d'une critique directe contre Donald Trump, alors en campagne : « Aujourd'hui, un pays qui serait entouré de murs ne ferait que s'emprisonner lui-même. »

Un an plus tard, ce dernier s'avance à son tour dans la grande salle des Nations unies, à New York, à l'appel de son nom. Il dresse alors une tout autre perspective.

> En tant que président des États-Unis, je mettrai toujours l'Amérique en premier. Tout comme vous, en tant que leaders de vos pays, mettez toujours et devez toujours mettre vos pays en premier.

La souveraineté, assure-t-il, est un horizon indépassable. Il répète le terme plus de vingt fois alors que Barack Obama ne l'avait mentionné qu'une fois lors de sa première intervention, en 2009, négativement, pour tenter d'expliquer pourquoi les Nations unies « sont souvent transformées en forum où est semée la discorde » au lieu d'être l'atelier « où se forgent les terrains d'entente ».

Certes, convient le président, « améliorer les conditions de vie de nos peuples exige aussi que nous travaillions ensemble dans une étroite harmonie et une unité pour créer un avenir plus sûr et pacifique pour tout le monde ».

Comment la somme d'intérêts particuliers va-t-elle automatiquement favoriser le bien commun ? Donald Trump reste évasif.

Deux ans et demi plus tard, la déflagration du coronavirus laisse ces vagues promesses sans réponses concrètes. Donald Trump ne se contente pas de fermer les frontières, comme d'autres dirigeants s'y résignent pour juguler la pandémie. Il dénonce aussi un « virus étranger », sous-entend que les pays européens n'auraient pas pris les mesures nécessaires à temps et qu'ils seraient donc coresponsables de la flambée. L'heure est plus que jamais au repli.

Le penseur et politologue prolifique Robert Kagan revient sur l'opposition entre les deux présidents dans un entretien au *Monde* en janvier 2019.

> Obama s'ajustait à un ordre mondial postaméricain. Trump rompt avec lui sur ce point, mais en transformant les États-Unis en ce que je qualifie de « superpuissance voyou » [*rogue super power*]. On a souvent réduit le débat sur la politique étrangère américaine à l'opposition entre internationalisme et isolationnisme. Il y a cependant une troisième voie, celle d'un véritable unilatéralisme. Tout le monde a considéré que [George W.] Bush s'était inscrit dans ce registre, alors qu'il n'a pas fait la moitié de ce que pourrait faire Trump ! Aujourd'hui, l'unilatéralisme est réel, ce qui me conduit à cette notion de *rogue super power*, renvoyant à une Amérique très active, très forte, et qui ne pense qu'à elle-même.

Pendant la campagne de 2016, les propos tenus par Donald Trump sur l'usage de la torture inquiètent. Il jure aussi de maintenir « ouvert » le symbole des excès de la guerre contre le terrorisme de George W. Bush, Guantanamo, cul-de-basse-fosse pour les « combattants illégaux » capturés par les États-Unis, alors que son prédécesseur s'est efforcé en vain de le liquider.

Les craintes d'un retour de la politique des prisons secrètes de la CIA se dissipent cependant très vite lorsque James Mattis, premier secrétaire à la Défense de Trump, use de son aura de militaire pour convaincre le président républicain de son inefficacité. Averti du coût de fonctionnement de la prison installée dans une base américaine sur l'île de Cuba, le président des États-Unis, sans pour autant accélérer sa fermeture, se ravise et renonce à ce que de nouveaux prisonniers y soient transférés.

Donald Trump s'inscrit dans la continuité de son prédécesseur démocrate pour ce qui est de la pratique des assassinats extrajudiciaires par drones armés, pratiqués à grande échelle par l'ancien directeur de la prestigieuse revue de droit de Harvard. En témoigne l'élimination du général iranien Qassem Soleimani, à Bagdad, sans que Washington puisse se prévaloir, contrairement au Yémen sous la présidence d'Ali Abdallah Saleh par exemple, du feu vert du pays souverain.

La première ambassadrice nommée par le président aux Nations unies, Nikki Haley, sans expérience diplomatique autre que ses anciennes fonctions de gouverneure de Caroline du Sud, montre dès son premier jour à New York que la souveraineté américaine est désormais la seule boussole qui vaille. « Nous noterons les noms de ceux qui ne nous soutiennent pas. Nous ferons en sorte de leur répondre comme il se doit », menace-t-elle.

Nikki Haley s'inscrit dans le sillage de Jeane Kirkpatrick (transfuge du Parti démocrate par anticommunisme), ambassadrice nommée par Ronald Reagan, ou encore de John Bolton, pour qui « l'ONU n'existe pas ». « L'immeuble à New York a trente-huit étages. Il pourrait bien en perdre dix, cela ne ferait aucune différence », ajoute celui qui y a été brièvement ambassadeur pendant le second mandat de George W. Bush. Avec Donald Trump, le dédain devient souverain.

Cette primauté des intérêts américains, les alliés européens de Washington l'éprouvent à leur tour lorsque Donald Trump décide d'user sans réserve du bras armé des sanctions. Les États-Unis ont toujours frappé de cette manière les pays ou les entités qu'ils jugeaient hostiles. L'arme de la sanction, « lorsque la diplomatie seule est insuffisante et que la réponse militaire est inadaptée », selon le secrétaire au Trésor de Barack Obama, Jacob Lew, a même été longtemps soutenue par une majorité bipartisane au Congrès. Mais sous la présidence Trump, l'imposition de ces sanctions a battu des records.

Les alliés mesurent la détermination de Washington et l'indifférence à leurs propres intérêts nationaux avec l'usage tout aussi exponentiel des sanctions secondaires, extraterritoriales, tout particulièrement dans le dossier iranien. Il suffit que Washington, sous l'impulsion de Donald Trump, se retire de l'accord de 2015 pour le mettre en panne. La contrepartie du gel des activités nucléaires iraniennes consistait en effet dans la réinsertion économique de l'Iran. La menace de sanctions contre tout pays ou entité commerçant avec l'Iran et usant par ailleurs du dollar dans ses activités a coupé la République islamique des échanges internationaux, à commencer par ses exportations de pétrole. Ce levier des sanctions secondaires, parfaite illustration de la primauté absolue des objectifs des États-Unis, se banalise avec Donald Trump. Les tentatives européennes de le contourner tournent court.

Cette tentation unilatérale trouve ainsi au Proche-Orient un terrain inégalé pour se déployer, avec chez le président des idées fixes dont on trouve déjà la trace dans son entretien de 1980 avec Rona Barrett. Il met ainsi au jour une obsession pour le pétrole, soulignant l'effet durable créé chez le trentenaire d'alors par le second choc pétrolier relatif à la révolution iranienne et à la guerre déclenchée par l'Irak, un mois plus tôt. Cette obsession est réapparue à de nombreuses reprises, notamment avec le regret que les États-Unis n'aient pas « pris le pétrole » irakien après l'invasion de 2003.

L'or noir est l'argument manifestement agité devant le président par le Pentagone à l'automne 2019 pour maintenir une présence de forces spéciales américaines dans le nord-est de la Syrie afin de lutter contre une éventuelle résurgence de l'organisation État islamique, en dépit des velléités de retrait exprimées par Donald Trump. L'astuce du département de la Défense paie. « Nous gardons le pétrole », commente ainsi avec satisfaction le président des États-Unis, en octobre, après l'annonce du repositionnement de ces forces autour des champs syriens. « Ce que j'ai l'intention de faire, peut-être, est de conclure un accord avec un ExxonMobil ou l'une de nos grandes entreprises pour y aller et le faire correctement [l'exploitation du pétrole], et répartir la richesse », assurait la veille le président des États-Unis, évoquant tranquillement ce qui correspond juridiquement à la définition d'un crime de guerre selon des experts du droit international.

Les manifestations de cet unilatéralisme méprisant les engagements internationaux des États-Unis sont légion, mais c'est dans la relation avec Israël qu'il s'illustre avec le plus de vigueur.

En reconnaissant en décembre 2017 Jérusalem comme capitale de l'État hébreu, Donald Trump tient parole, contrairement à ses prédécesseurs. Il applique une résolution du Congrès votée en 1995, sans cependant donner la moindre définition géographique de cette souveraineté. Le président étire à son maximum la position américaine, favorable à la solution des deux États, qui repose en bonne partie sur un partage négocié de la ville sainte. Le flou maintient les illusions, qui volent en éclats deux ans plus tard.

Le président le plus pro-israélien de l'histoire des États-Unis a préparé le terrain en se débarrassant des habits d'« honnête courtier » de la paix revêtus depuis près de cinq décennies par ses prédécesseurs républicains comme démocrates. La reconnaissance de Jérusalem comme capitale d'Israël rompt les relations avec l'Autorité palestinienne ? Washington n'en a cure et s'attaque aussitôt à un autre point de contentieux du conflit israélo-palestinien en remettant en cause le statut des réfugiés palestiniens des conflits israélo-arabes de 1948 et de 1967, et en supprimant son soutien financier à l'agence des Nations unies qui en est spécifiquement chargée. De même, l'administration américaine cesse de critiquer la croissance des colonies israéliennes implantées dans les territoires palestiniens occupés.

La négation du droit international franchit une première étape lorsque, le 21 mars 2019, Donald Trump valide, d'un tweet, l'annexion du plateau syrien du Golan par Israël pour aider le Premier ministre israélien Benyamin Nétanyahou à la veille de législatives anticipées délicates.

> Après cinquante-deux ans, il est temps que les États-Unis reconnaissent pleinement la souveraineté d'Israël sur les hauteurs du Golan, qui est d'une importance stratégique et sécuritaire critique pour l'État d'Israël et la stabilité régionale !

L'annexion d'un territoire conquis par la force est contraire aux règles des Nations unies et la souveraineté syrienne sur ce plateau qui surplombe le lac de Tibériade s'est exercée jusqu'à la guerre de 1967. L'écrasante suprématie militaire israélienne a relativisé par la suite l'importance stratégique de cette hauteur basaltique. Des négociations de paix qui en prévoyaient la rétrocession n'ont achoppé en mars 2000 que sur un accès au lac pour la Syrie, sur quelques kilomètres seulement, revendiqué par le dictateur Hafez al-Assad.

Huit mois plus tard, le secrétaire d'État, Mike Pompeo, porte un nouveau coup à la position défendue des années durant par les États-Unis en assurant que « l'établissement de colonies de civils israéliens en Cisjordanie n'est pas en soi contraire au droit international ».

Le chef de la diplomatie se réfugie derrière un propos de l'ancien président républicain Ronald Reagan qui avait estimé au cours d'une rencontre avec des journalistes peu de temps après son arrivée à la Maison Blanche, en février 1981, que ces colonies « n'étaient pas illégales ». Ronald Reagan avait alors pris le contre-pied de la précédente administration démocrate de Jimmy Carter, dont le conseiller juridique, Herbert Hansell, avait considéré que ce transfert de population dans un territoire occupé constituait une violation de la quatrième convention de Genève.

Le secrétaire d'État de Donald Trump se garde cependant de rappeler ce qu'avait ajouté à l'époque le président républicain, à savoir que la poursuite de la colonisation des territoires palestiniens occupés à partir de la guerre de 1967 était « peu judicieuse » et « inutilement provocatrice ». Ronald Reagan avait même appelé à son gel. De fait, la position des administrations américaines successives, démocrates comme républicaines, a toujours été de considérer la colonisation comme un « obstacle à la paix », même si ces réserves n'ont pas enrayé la croissance exponentielle d'une population passée en Cisjordanie, à l'exclusion de Jérusalem-Est, de 16 200 personnes lors de la déclaration de Ronald Reagan à 427 800 en 2018, selon l'organisation israélienne Peace Now.

Puis Donald Trump porte l'estocade en présentant le 28 janvier le « plan de paix » élaboré par son gendre et conseiller, Jared Kushner, avec le soutien de l'ambassadeur des États-Unis, David Friedman, fervent soutien de la colonisation. Il s'agit une nouvelle fois de porter secours à Benyamin Nétanyahou, par ailleurs poursuivi par la justice, alors que son pays n'est pas parvenu à se doter d'une majorité à la Knesset ni d'un gouvernement en dépit de nouvelles élections législatives en septembre 2019. Un troisième scrutin est fixé au début du mois de mars, qui ne sera pas favorable au Premier ministre israélien.

Ce plan qui nie le consensus international basé sur les résolutions 242 et 338 votées aux Nations unies, y compris par Washington, constitue un alignement sans précédent de Washington sur les positions de la droite israélienne.

Il étend unilatéralement la souveraineté de l'État hébreu sur la totalité de la vallée du Jourdain, conquise en 1967 et contrôlée dans les faits par l'armée israélienne depuis cette date. La « vision » de Donald Trump entérine également le maintien sous cette même souveraineté, au prix d'un morcellement considérable d'un éventuel État palestinien, de toutes les colonies israéliennes. Y compris celles situées en profondeur dans le territoire palestinien. Présent à Washington au côté de Donald Trump, Benyamin Nétanyahou confirme que les « avant-postes » souvent illégaux selon les propres lois israéliennes (toutes les colonies le sont au regard du droit international) sont également concernés.

Enfin, Donald Trump reprend à son compte la terminologie israélienne en évoquant une Jérusalem « indivisible » et qui a été selon lui « libérée » en 1967. Les Palestiniens devront se contenter d'une capitale à l'extérieur des limites de la ville, dans les villages situés à l'est de la « clôture de séparation » progressivement érigée par Israël à partir de 2002. Les gigantesques concessions de Washington, précise David Friedman, sont à effet immédiat alors que la création d'une Palestine est soumise à des conditions draconiennes.

Par ces déflagrations successives, Donald Trump ne cache pas son projet d'imposer de nouveaux termes de référence. Avec un succès limité. Lors d'un vote à l'ONU en 2018 sur sa décision de transférer l'ambassade des États-Unis de Tel-Aviv à Jérusalem, l'ambassadrice Nikki Haley menace une nouvelle fois de « prendre les noms » des pays qui auront mal voté. Les États-Unis se retrouvent isolés avec le Honduras, le Guatemala, la Micronésie, Palaos et Nauru (des États du Pacifique), même si 35 pays s'abstiennent courageusement pendant que 21 autres choisissent vaillamment de ne pas prendre part au vote. La délégation américaine passe à l'acte plus tard. « Elle n'a pas été élue maîtresse d'école du monde », réagit la Palestinienne Hanan Ashrawi.

Le plan Kushner se heurte de même à l'hostilité d'une Ligue arabe pourtant en coma dépassé et à la défiance des alliés européens des États-Unis, attachés aux paramètres onusiens. Encore plus significatif, l'activisme de Donald Trump fragilise le consensus bipartisan entre républicains et démocrates cultivé depuis des années par l'American Israel Policy Affairs Committee, le puissant lobby pro-israélien. En août 2019, Donald Trump a déjà dénoncé les démocrates de confession juive, jugés « déloyaux » à Israël.

LA FASCINATION DES « GRANDS LEADERS »

Lorsque le président des États-Unis se déplace à l'arrière d'Air Force One pour rendre visite aux journalistes, c'est le plus souvent pour un échange informel, *off the record*. Ce 11 novembre 2017, pourtant, quelque part entre Pékin et Hanoï, au milieu d'une tournée marathon en Asie, Trump est décidé à s'exprimer *on the record*. Tout sourire, il nous raconte combien son escale à Pékin a été formidable, de la visite privée de la Cité interdite à la cérémonie en grande pompe au bord de la place Tian'anmen. « Ils disent que, dans l'histoire des dirigeants qui se sont rendus en Chine, il n'y a jamais rien eu de tel, et je les crois. Vous avez vu le show ? C'était incroyable », lance-t-il, ravi. Les questions fusent : Vladimir Poutine, la Corée du Nord, une élection partielle en Alabama. Dès qu'il le peut, Donald Trump revient à l'accueil fastueux qui lui a été réservé, nous prend à témoin : « Ce fut, de loin, le plus grand dîner d'État jamais organisé en Chine. »

Goût de la provocation ? Conception d'un monde où les relations entre dirigeants et régimes, purement transactionnelles, se moquent des valeurs ? Séduction de l'image de la force que présentent les autocrates ? Les raisons sont nombreuses pour expliquer les ambiguïtés du président vis-à-vis des régimes autoritaires. Comme le notent les historiens Charlie Laderman et Brendan Simms, Donald Trump, né en 1946, est le contemporain de trois impasses américaines, en Corée pendant son enfance, au Vietnam pendant son adolescence et en Iran alors qu'il se lance dans les affaires à New York sous le pavillon hérité de son père.

Ces impasses, alors que la puissance américaine, notamment militaire, est pourtant déjà écrasante, alimentent dans les années 1950 une attitude dans l'opinion aux États-Unis signalée par l'historien britannique D. W. Brogan : celle qui veut que chaque obstacle ne puisse être que le résultat d'une défaillance de leadership. Ce thème est constant chez Donald Trump, de son entretien à Rona Barrett dans lequel il déplore la pusillanimité du président Jimmy Carter, un mois avant sa défaite, à sa déclaration de candidature, en 2015.

> Notre pays a besoin d'un véritable grand leader. Et il a besoin d'un véritable grand leader maintenant. Nous avons besoin d'un leader qui a écrit *The Art of the Deal.* Nous avons besoin d'un leader qui peut ramener nos emplois, ramener notre industrie, ramener nos militaires et prendre soin de nos anciens combattants.

Il renchérit dans son discours d'acceptation de l'investiture républicaine à Cleveland, en juillet 2016, lorsqu'il assure être « le seul » à pouvoir régler les problèmes des États-Unis. Donald Trump est aussi prompt à stigmatiser les faiblesses supposées de ses prédécesseurs qu'à vanter le talent de ceux auxquels ils se sont heurtés, ces hommes « forts » auxquels il prête toujours une efficacité présentée comme remarquable.

Le meilleur exemple en est donné par sa relation avec le président russe Vladimir Poutine. Avant même son arrivée au pouvoir, il lui rend ainsi un hommage appuyé : « Il dirige son pays et au moins il est un leader, contrairement à ce que nous avons dans notre pays. » Pendant sa première année à la Maison Blanche, en partie du fait de l'enquête « russe » consacrée aux ingérences survenues pendant la campagne de 2016 et prêtées à Moscou par le renseignement américain, Donald Trump doit remiser ses espoirs d'un sommet avec ce président si respectable, qu'il ne croise que brièvement en marge de deux réunions internationales.

L'occasion se présente enfin le 15 juillet 2018, à Helsinki, au lendemain de la finale de la Coupe du monde de football organisée en Russie. Quatre mois plus tôt, le président des États-Unis est passé outre les recommandations de ses conseillers en félicitant Vladimir Poutine pour sa réélection, en mars, au terme d'un scrutin dont son opposant le plus sérieux, Alexeï Navalny, a été écarté. À l'occasion de cette conversation, Donald Trump adresse une invitation à la Maison Blanche à son interlocuteur que le compte rendu de la présidence américaine passe sous silence, au contraire du Kremlin. Vladimir Poutine souhaite que cette première rencontre bilatérale se déroule sur un terrain neutre : ce sera la Finlande.

Ce jour-là, les deux hommes passent une partie de la journée ensemble. Ils la commencent par un tête-à-tête, accompagnés par leurs seuls traducteurs, et l'achèvent par une conférence de presse qui frappe les esprits tant Vladimir Poutine en assume le contrôle et maîtrise de toute évidence les dossiers qu'il passe en revue. Dans une salle d'apparat de la présidence finlandaise, nous assistons au spectacle surprenant du président de la première puissance mondiale, presque passif, qui laisse le maître du Kremlin conduire les échanges. Le plus souvent, il se contente d'écouter et d'opiner. Il aborde de lui-même le sujet le plus brûlant : les ingérences de 2016. Le président des États-Unis refuse à plusieurs reprises de condamner Moscou, voire d'émettre le moindre doute. « Vladimir Poutine a contesté avec force » une telle implication, explique un Donald Trump extrêmement compréhensif.

À plusieurs milliers de kilomètres de là, à Washington, le tollé que suscite cette prise de position, y compris dans les rangs républicains, contraint le président des États-Unis à publier d'urgence sur son compte Twitter une manière de correctif.

> Comme je l'ai dit aujourd'hui et à plusieurs reprises auparavant, j'ai une IMMENSE confiance dans MES agents du renseignement. Toutefois, je dois aussi reconnaître qu'afin de construire un avenir meilleur nous ne pouvons pas nous tourner exclusivement vers le passé – [la Russie et les États-Unis] étant les deux plus grandes puissances nucléaires mondiales, nous devons nous entendre !

Cette efficacité des régimes autoritaires et ce mépris des normes occidentales sont également avancés lorsque Donald Trump évoque la lutte contre le trafic de drogue en Chine, à l'occasion d'une conférence de presse dans la roseraie de la Maison Blanche, début 2019.

> J'ai demandé au président Xi, j'ai dit : « Avez-vous un problème de drogue ? » Il m'a répondu : « Non, non, non. » J'ai dit : « Vous avez 1,4 milliard de personnes et vous voulez dire que vous n'avez pas de problème de drogue ? » Il a assuré : « Non, nous n'avons pas de problème de drogue. » J'ai dit : « Pourquoi ? » « Peine de mort ! Nous condamnons à mort les personnes qui vendent de la drogue », m'a-t-il dit. Le problème est réglé. Et nous, pendant ce temps, qu'est-ce qu'on fait ? On a les programmes de réinsertion, des hommes et des femmes adorables. Ils s'assoient autour d'une table, ils déjeunent, ils mangent, ils dînent et ils perdent beaucoup de temps. Donc, si nous voulons devenir intelligents, nous pouvons devenir intelligents et mettre fin au problème de la drogue.

Il en va de même lorsque le candidat républicain, en septembre 2016, fait l'éloge de son homologue turc Recep Tayyip Erdoğan. « Il dirige une partie très difficile du monde. Il est très, très fortement impliqué et, franchement, il obtient des résultats très bons. »

Avec Donald Trump, le dictateur devient un visiteur comme un autre, aussi appréciable que le dirigeant d'une démocratie dès lors que l'Amérique peut en bénéficier, comme il l'assure lors d'un meeting en Caroline du Nord à l'été 2019 :

> Ces Premiers ministres et présidents, ces rois et reines, et je déteste d'avoir à le dire, mais parfois ces dictateurs – mais nous les prenons comme ils sont, n'est-ce pas ? Nous les prenons comme ils sont –, ils disent toujours :

« Monsieur, félicitations pour l'excellent travail que vous avez fait avec l'économie. »

D'ailleurs, relativise le président, « ils ne savent même pas qu'ils sont des dictateurs, et notre peuple non plus ».

Fin 2018, Mike Pence se lance dans une violente diatribe contre le régime chinois, ravivant les accents de Ronald Reagan face à l'URSS. Il ne s'en prend pas seulement à ses pratiques commerciales ou à ses ambitions maritimes, mais aussi et surtout à sa nature. « La Chine a bâti un État de surveillance inégalé, qui ne cesse de grossir et de devenir plus intrusif, souvent avec l'aide de la technologie américaine », dénonce-t-il, stigmatisant un modèle « orwellien » visant à contrôler « la moindre facette de l'activité humaine ». Chrétien évangélique fervent, le vice-président consacre également un passage de son intervention à « la vague de répression qui s'abat sur les chrétiens, les bouddhistes et les musulmans ». On serait bien en peine de trouver dans les discours de Donald Trump une telle dénonciation d'un régime autoritaire.

TROISIÈME PARTIE

LE TEMPS DES ÉPREUVES

6

L'impeachment, victoire à la Pyrrhus

La scène de départ, légendaire, se déroule le 9 août 1974. Accompagné de sa femme, Pat, escorté par le vice-président Gerald Ford et sa femme Betty, Richard Nixon s'avance d'un bon pas, tout sourire, sur le tapis rouge déroulé dans les jardins de la Maison Blanche. Devant l'hélicoptère présidentiel qu'il s'apprête à utiliser pour la dernière fois, il échange quelques poignées de main. Arrivé en haut des marches, il se retourne, et fait – en dépit des circonstances – un salut qui fera couler beaucoup d'encre : les deux bras tendus, deux doigts écartés en signe de victoire. Marine One décolle, s'envole en direction du Washington Monument, puis disparaît peu à peu.

Trente-septième président de l'histoire des États-Unis, Richard Nixon fut le premier à démissionner. Nombreux sont ceux qui avaient décelé des similitudes avec Donald Trump, tracé des parallèles entre les deux présidences, redouté – ou espéré de toutes leurs forces – que lui non plus n'aille pas au bout de son mandat. L'histoire leur a donné tort. Le scandale du Watergate a fait tomber Richard Nixon, Donald Trump a survécu aux enquêtes russe et ukrainienne.

Au-delà de son dénouement, la procédure de destitution le visant a été un concentré du rapport de Donald Trump au pouvoir. Elle a offert, en prime time, *une tribune à une étonnante galerie de personnages qui ont révélé, chacun à leur manière, les dérives d'un président qui gouverne en eaux troubles et multiplie les coups de boutoir contre les institutions. Elle a rappelé, de manière éphémère, une évidence presque oubliée sous l'effet d'un show permanent qui aspire tout l'oxygène : Donald Trump n'est pas le seul, en Amérique, à fixer les règles et à donner le ton. Elle a enfin démontré une nouvelle fois son extraordinaire capacité de rebond.*

La séquence aura duré un peu plus de quatre mois, entre le lancement de l'enquête le 24 septembre 2019 par la présidente démocrate de la Chambre des représentants, Nancy Pelosi, et le vote d'acquittement par le Sénat le 5 février 2020.

DE L'AFFAIRE RUSSE À L'AFFAIRE UKRAINIENNE

Ce jeudi 25 juillet 2019, Donald Trump exulte. La veille, l'audition à la Chambre des représentants du procureur spécial Robert Mueller a mis un terme définitif à « l'enquête russe », qui a empoisonné sa présidence depuis son arrivée à la Maison Blanche début 2017. Sur son compte Twitter, il s'en félicite bruyamment. À l'en croire, le voilà innocenté des accusations de collusion avec la Russie pendant la campagne présidentielle. Le site WikiLeaks avait en effet publié avant le scrutin des informations internes, embarrassantes, du Parti démocrate obtenues après un piratage informatique imputé à la Russie par le renseignement américain. Après près de deux ans d'enquête, le ministre de la Justice William Barr assure qu'aucune charge ne peut être retenue. Les conclusions du procureur spécial ont été beaucoup plus mesurées et il a refusé de conclure à l'absence d'obstruction de la part du président, mais Donald Trump les a interprétées sans vergogne à son avantage.

Il n'a prêté aucune attention aux réponses apportées par Robert Mueller aux questions du président de la commission du renseignement de la Chambre, le démocrate Adam Schiff. « Je conclus de votre témoignage qu'accepter sciemment l'assistance d'un gouvernement étranger est contraire à l'éthique », lance cet élu californien à M. Mueller. « Et c'est un crime », complète celui-ci. « Dans la mesure où cela sape notre démocratie et nos institutions, nous pouvons également convenir que c'est non patriotique ? poursuit Adam Schiff. — Exact. — Et que c'est répréhensible ? — Exact. » On jurerait que les deux hommes s'expriment à propos de la conversation téléphonique au sommet qui va se tenir, quelques heures plus tard, entre le président américain et son homologue ukrainien.

L'agenda présidentiel du jour, ce jeudi, a des allures de vacances. Un passage au Pentagone, où son nouveau secrétaire à la Défense, Mark Esper, prend ses fonctions à 11 h 15, puis une cérémonie à la Maison Blanche en l'honneur des travailleurs américains, à 15 h 30. C'est tout pour la partie officielle. En début de matinée, Donald Trump a donc tout le loisir de consacrer une demi-heure à Volodymyr Zelensky, ancien comédien élu à la surprise générale en avril et désormais maître du jeu à Kiev, après sa victoire aux législatives, quelques jours plus tôt.

Peu après 13 heures, la Maison Blanche rapporte leur échange dans un communiqué lapidaire. On y apprend simplement que Donald Trump a félicité son interlocuteur, évoqué avec lui les moyens de renforcer la coopération entre les deux pays et la lutte contre une corruption ukrainienne endémique. Une future rencontre a de même été envisagée.

Ce laconisme vole pourtant en éclats deux mois plus

tard. Sous la pression des démocrates, qui ont déclenché, la veille, une procédure en destitution, la Maison Blanche se résigne, le 25 septembre, à publier le compte rendu tiré de cette conversation. Donald Trump est en effet accusé par un lanceur d'alerte anonyme d'avoir utilisé sa fonction pour demander à un pays étranger d'enquêter sur l'un de ses adversaires politiques, l'ancien vice-président démocrate Joe Biden. Le document publié par la Maison Blanche le confirme. Noir sur blanc.

L'affaire russe et l'affaire ukrainienne sont liées, emboîtées même. C'est parce que la première a pesé comme un couvercle sur ses premières années à la Maison Blanche que Donald Trump, voyant l'absolution se profiler, s'est lancé furieusement dans la seconde. Au point que son envie d'en découdre a emporté toute prudence. Il veut sa revanche. Son avocat personnel, le fidèle Rudy Giuliani, 75 ans, ancien maire républicain de New York, est chargé de s'y employer. Il s'empare de thèses développées depuis des semaines par des médias conservateurs.

Selon ces derniers, des responsables ukrainiens ont fourni des informations compromettantes au camp démocrate avant la présidentielle. Ces informations ont été à l'origine de la démission de Paul Manafort, le deuxième directeur de campagne de Donald Trump, en août 2016. Mercenaire de la communication politique, ce dernier a été le conseiller de l'ancien président ukrainien prorusse Viktor Ianoukovitch jusqu'à sa chute, en 2014. Paul Manafort a en effet reçu des millions de dollars qu'il a dissimulés au fisc américain. Il sera condamné aux États-Unis à de la prison pour fraude fiscale et bancaire.

Un an plus tôt, le journaliste d'investigation conservateur Peter Schweizer, un autre habitué de Fox News, a mis en cause, pour sa part, Hunter Biden, le fils de l'ancien vice-président, dans un ouvrage consacré aux « empires secrets » de la politique américaine. Le journaliste cible le poste occupé par le fils Biden au conseil d'administration d'une entreprise gazière ukrainienne, Burisma, de 2014 à 2019. Selon d'autres sources ukrainiennes, Joe Biden aurait obtenu le limogeage d'un procureur général de Kiev parce qu'il enquêtait sur la firme. En réalité, le procureur a été limogé sur vote du Parlement de son pays après des pressions américaines et européennes et des critiques du Fonds monétaire international sur les réticences de la justice ukrainienne à s'attaquer à la corruption.

L'angle d'attaque semble donc fragile, et des témoins ukrainiens reviendront sur leurs propos. Mais Donald Trump, qui ne manque pas de partager sur son compte Twitter tout ce qui s'y réfère, le juge malgré tout prometteur. Ces rumeurs lui permettraient de retourner une accusation portée contre lui pendant l'enquête russe : celle d'avoir bénéficié de l'aide d'une puissance étrangère. Elles feraient également de lui la victime d'une machination d'État. Elles embarrasseraient enfin le favori de la primaire présidentielle démocrate. Rudy Giuliani se met à l'œuvre.

Ses contacts avec de hauts responsables ukrainiens brouillent toutes les lignes. Considérée comme un obstacle, l'ambassadrice des États-Unis à Kiev, Marie Yovanovitch, est écartée au terme d'une campagne de dénigrement, en mai. Comme le révéleront plus tard les auditions de témoins par la Chambre des représentants, dans le cadre de la procédure de mise en accusation, un canal diplomatique officieux se met en place, piloté par Rudy Giuliani, au grand dam d'une partie de l'administration.

Ce canal signifie au nouveau président ukrainien que le

soutien de Washington passe par l'ouverture d'enquêtes visant les adversaires politiques de Donald Trump. Cette demande se fait de plus en plus insistante jusqu'à l'échange téléphonique du 25 juillet, au point qu'une aide militaire cruciale pour un pays en guerre contre des séparatistes prorusses est gelée sans explication officielle.

Le 12 août, un lanceur d'alerte appartenant à la communauté du renseignement rédige un signalement dans lequel il détaille la conversation téléphonique, reconstituée à partir de témoignages qu'il a obtenus. Ce signalement a vocation à être transmis au Congrès. Jugé crédible par l'inspecteur général de la direction du renseignement national, Michael Atkinson, promu par Donald Trump en 2018, il est cependant bloqué. Nommé le 8 août, le directeur par intérim du renseignement national, Joseph Maguire, a pris conseil auprès de la Maison Blanche et du département de la Justice, et l'avis rendu par le second est négatif.

À Kiev, le chargé d'affaires américain qui a remplacé l'ambassadrice écartée, William Taylor, nommé par le secrétaire d'État Mike Pompeo, fait part de son malaise. Le Congrès s'impatiente face au gel de l'aide. La pression s'accentue sur la Maison Blanche qui doit faire machine arrière. Puis la presse américaine, à commencer par le *Washington Post*, évoque ce marchandage. La Chambre des représentants à majorité démocrate décide alors d'ouvrir une procédure de mise en accusation le 24 septembre. Acculée, la Maison Blanche publie le lendemain la conversation des deux présidents. Le jour d'après, la Chambre dévoile le signalement du lanceur d'alerte, validé point par point par les auditions qui s'enchaînent à partir de la fin du mois de septembre.

Ces auditions mettent en scène principalement des diplomates et des experts de l'Ukraine, y compris au sein du Conseil à la sécurité nationale qui est rattaché à la Maison Blanche et qui assiste le président. Pièce maîtresse du canal diplomatique officieux, Gordon Sondland, un riche donateur républicain nommé par Donald Trump ambassadeur auprès de l'Union européenne mais pourtant chargé spécifiquement du dossier ukrainien, confirme lui aussi la tentative de marchandage. L'obstruction opposée par la Maison Blanche à l'enquête de la Chambre, qu'il s'agisse d'assignations à comparaître visant les plus proches conseillers du président ou des demandes de transmission de documents afférents, empêche d'aller plus loin.

LE DILEMME DÉMOCRATE

Nancy Pelosi empoigne avec fermeté le maillet, symbole de ses nouvelles fonctions, que lui tend le chef de la minorité républicaine de la Chambre des représentants, Kevin McCarthy. Après une éclipse de huit ans, elle redevient ce 3 janvier 2019, à 78 ans, *speaker* (présidente), et troisième personnage de l'État. Seule femme à avoir occupé ce poste, elle le retrouve l'année du centenaire de la conquête par les femmes américaines du droit de vote, à la tête du groupe démocrate le plus féminisé et le plus divers de l'histoire du pays.

Dans son discours de prise de fonctions, Nancy Pelosi évoque le « système de freins et contrepoids qui protège notre démocratie ». Elle rappelle que le pouvoir législatif est le premier mentionné dans l'article premier de la Constitution, et qu'il constitue donc « la première branche du gouvernement, à égalité avec le président et le pouvoir judiciaire ». Ce rappel juridique a valeur d'avertissement. Désormais majoritaires, les démocrates entendent en effet soumettre la Maison Blanche de Donald Trump au contrôle prévu par la Loi fondamentale américaine, précisément pour éviter qu'un pouvoir supplante les deux autres.

En accédant au bureau Ovale, Donald Trump a déjà rompu avec certaines des règles qui encadraient jusqu'à présent la présidence. Il a tout d'abord refusé pendant la campagne de publier ses déclarations de revenus passées, contrairement à l'usage qui s'est imposé depuis quatre décennies. Il a ensuite renoncé à couper franchement les ponts avec son empire, écartant la formule d'une fiducie sans droit de regard qui lui était conseillée. Certes, il en a confié la direction exécutive à ses deux fils aînés, Donald Jr. et Eric, sa fille Ivanka le rejoignant à la présidence, mais ses actifs ont été transférés à un trust géré par l'homme de confiance avec lequel il a toujours travaillé, Allen Weisselberg. Autrement dit, le lien est maintenu.

La formule n'a d'ailleurs pas satisfait le directeur du Bureau des États-Unis pour l'éthique gouvernementale, Walter Shaub. Elle le place selon lui en porte-à-faux par rapport à un article de la Constitution qui dispose qu'« aucune personne détenant une charge [...] ne peut, sans le consentement du Congrès, accepter quelque cadeau, émolument, charge ou titre, de quelque nature que ce soit, de la part d'un roi, d'un prince ou d'un État étranger ».

Les recettes de ses hôtels et golfs entrent-elles dans cette catégorie ? Pour ne prendre l'exemple que d'un seul pays, et avant même qu'il s'installe au 1600 Pennsylvania

Avenue, à Washington, le Trump Hotel, inauguré quelques mois plus tôt dans la capitale fédérale, a été choisi en décembre 2016 pour une opération de lobbying liée à l'Arabie saoudite. Une firme américaine y réserve des chambres pour un montant de 270 000 dollars. Le Center for Responsive Politics, une organisation indépendante spécialisée dans le financement politique, note également une hausse de revenus significative pour l'établissement hôtelier dont la Trump Organization est propriétaire à New York, après le séjour du prince héritier saoudien, Mohammed ben Salmane. Il en va de même avec l'hôtel de Chicago, également avec des réservations liées au royaume.

Face à la suspicion, le président s'indigne. « Vous, avec votre fausse clause d'émoluments », peste-t-il en 2019 à l'égard de la presse à l'occasion d'une réunion de son cabinet.

> D'autres présidents, si vous regardez – d'autres présidents étaient riches. [...] George Washington était en fait considéré comme un homme très, très riche à l'époque. Mais ils dirigeaient leurs entreprises. George Washington, à ce qu'on raconte, avait deux bureaux : un pour la présidence et un pour ses affaires. Cela me coûte de 2 à 5 milliards de dollars pour être président, mais ça va, entre ce que je perds comme argent et ce que j'aurais pu gagner. J'aurais amassé une fortune si j'avais dirigé mon entreprise. Je le faisais vraiment bien. J'ai une grande entreprise. J'ai les meilleures propriétés.

Face à cette détermination à s'affranchir des règles, les démocrates multiplient les démarches et les assignations à comparaître. Pour se heurter à la même tactique de guérilla judiciaire éprouvée par ses années de promoteur immobilier, copiée par les autres responsables de son administration. Face à un président procédurier, passé maître dans l'art de gagner du temps, la mise en accusation, l'impeachment, devient une hypothèse de travail.

Elle est défendue dès 2017 par des francs-tireurs démocrates de la Chambre, où les républicains sont alors majoritaires, ce qui rend leur démarche purement symbolique. Elle reprend de la vigueur début 2019 à la double faveur du changement de majorité à la Chambre et de l'épilogue de l'enquête du procureur spécial Robert Mueller. En effet, le soupçon d'obstruction à la justice qui pèse sur Donald Trump ne peut pas faire l'objet d'une procédure judiciaire ordinaire compte tenu d'une jurisprudence du département de la Justice concernant les présidents en exercice.

La responsable des démocrates à la Chambre, Nancy Pelosi, reste pourtant sceptique. Dans le cas d'une mise en accusation du président par la Chambre, où les démocrates sont majoritaires, le Sénat est chargé d'instruire le procès en destitution. Une majorité qualifiée de 67 voix est exigée alors que les opposants du président n'en disposent que de 47. Dans un long entretien au *Washington Post*, en mars, elle s'exprime sans nuances.

> Je ne suis pas pour la mise en accusation [...], j'y ai réfléchi : la mise en accusation est une telle source de division pour le pays qu'à moins de se retrouver face à quelque chose de convaincant, d'écrasant et de bipartisan, je ne pense pas que nous devrions emprunter cette voie.

La démocrate connaît trop le rapport de force au Congrès pour se bercer d'illusions. Et elle a sans doute en tête la formule aux accents nietzschéens d'un homme de lettres américain du XIXe siècle, Ralph Waldo Emerson, selon laquelle « lorsque vous frappez un roi, vous devez le tuer ». Un Donald Trump acquitté par le Sénat ne serait-il pas plus redoutable en novembre 2020 ?

Nancy Pelosi sait de plus que les sondages sont défavorables à une procédure d'impeachment. Les Américains interrogés en mars par l'université Quinnipiac, un institut reconnu pour son sérieux, ne se font aucune illusion sur le président. Une nette majorité des personnes interrogées le juge « moins honnête » que ses prédécesseurs et pense qu'il a commis des délits avant d'arriver à la Maison Blanche. Pourtant, 59 % s'opposent à une mise en accusation.

La publication de l'enquête de Robert Mueller et les critiques virulentes de l'administration qu'on peut lire entre les lignes renforcent les rangs des démocrates du Congrès partisans de l'impeachment, mais la direction du parti campe sur la ligne fixée par la femme politique la plus influente de Washington. En juillet, un élu démocrate du Texas à l'origine du tout premier vote récidive. Une nouvelle fois, le 17 juillet, une large coalition de représentants des deux camps bloque la procédure. Une semaine plus tard, Donald Trump décroche son téléphone pour s'adresser à son homologue ukrainien Volodymyr Zelensky.

Le signalement du lanceur d'alerte puis la publication du compte rendu de la conversation précipitent le revirement de Nancy Pelosi. L'affaire ukrainienne, par sa simplicité, apporte aux démocrates, juge-t-elle, ces faits « écrasants et convaincants » indispensables pour lancer une procédure de mise en accusation. Ils parlent d'eux-mêmes, selon la *speaker* de la Chambre. En quelques semaines, après leur révélation, l'opinion américaine bascule d'ailleurs de peu du côté de l'impeachment.

L'évolution d'un bloc d'élus est suivie avec une attention particulière par la *speaker* : celui composé des démocrates qui se sont imposés dans des circonscriptions détenues jusqu'en novembre 2018 par des républicains. Ils sont en première ligne, les plus exposés pour les élections de 2020. Une bonne partie d'entre eux dispose d'une expérience solide dans les rangs de l'armée ou du renseignement. Ils sont donc plus sensibles aux arguments relatifs à la sécurité nationale que certains de leurs collègues.

En dépit de leur situation électorale fragile, une écrasante majorité juge désormais légitime une mise en accusation dès lors qu'elle est circonscrite à l'affaire ukrainienne. Le jour du scrutin décisif, le 18 décembre, ils justifient leur vote au nom du respect de la Constitution et des « *checks and balances* » évoqués douze mois plus tôt par Nancy Pelosi.

L'AFFRONTEMENT CLANIQUE

> Le président doit répondre de ses actes, personne n'est au-dessus des lois.

Lorsque Nancy Pelosi annonce l'ouverture d'une enquête en vue d'une procédure de destitution visant le président des États-Unis, ce dernier se trouve dans la Trump Tower, à New York, l'immeuble depuis lequel il avait annoncé sa candidature quatre ans plus tôt. Même si elle était attendue depuis plusieurs jours, cette déclaration a l'effet d'un coup de tonnerre à Washington tant la procédure reste exceptionnelle dans l'histoire politique américaine. Selon la présentation de la *speaker*, les faits sont graves, et l'histoire est simple : Donald Trump est accusé d'avoir utilisé sa fonction pour faire pression sur un gouvernement étranger (l'Ukraine) afin qu'il enquête sur l'un de ses rivaux (Joe Biden) à l'approche d'une échéance électorale.

L'ancien homme d'affaires, qui avait plusieurs fois vanté publiquement une forme de complicité avec Nancy Pelosi en dépit de leurs profondes divergences, est ébranlé. À chaud, il choisit l'outrance en guise de riposte. Il cite un pasteur baptiste qui a évoqué des risques de « guerre civile », parle de « coup d'État », suggère d'arrêter pour « trahison » le président de la commission du renseignement à la Chambre, Adam Schiff. Lors d'une rencontre avec des membres de la mission diplomatique américaine à l'ONU, il se dit déterminé à démasquer celui qui a fourni les informations au lanceur d'alerte, jugeant qu'il s'agit presque d'un espion. « Vous savez ce qu'on faisait au bon vieux temps [...] avec les espions ? » ajoute-t-il, menaçant. À la Maison Blanche, comme dans le camp républicain, une forme de fébrilité domine. Faut-il collaborer à l'enquête de la Chambre ? Tenter d'expliquer et de justifier l'attitude du président et son désormais célèbre échange téléphonique avec son homologue ukrainien ? Permettre aux collaborateurs du président de livrer leur récit ?

Le 8 octobre 2019, la réponse, écrite, tombe. Le courrier de huit pages est signé de Pat Cipollone, avocat de la présidence. La stratégie est là, noir sur blanc. Le ton n'a rien de juridique. C'est une déclaration de guerre. « Pour faire simple, vous essayez d'annuler les résultats de l'élection de 2016 et de priver les Américains du président qu'ils ont librement choisi », écrit l'avocat à Nancy Pelosi et à Adam Schiff, Eliot Engel et Elijah Cummings, les présidents des trois commissions impliquées dans le processus. « Nombre de démocrates voient visiblement l'impeachment non seulement comme un moyen de remettre en cause les résultats démocratiques de la dernière élection mais aussi comme une stratégie pour influencer la prochaine élection. » « Le président n'a pas le choix », conclut-il : afin de remplir ses devoirs vis-à-vis du peuple américain et de la Constitution, ni lui ni les membres de son équipe et de son gouvernement ne peuvent participer à l'enquête.

Le ton est donné, et les élus républicains sont appelés à suivre le président, le doigt sur la couture du pantalon. Tout rejeter, en bloc. Transformer le processus en une guerre de tranchées sans merci entre pro-Trump et anti-Trump. Écarter d'un revers de manche les détails de l'affaire ukrainienne, les récits, les témoignages. L'objectif est double : prendre la base électorale à témoin en criant à l'injustice et souder les élus républicains pour éviter à tout prix les défections en cascade.

Certains s'inquiètent, pourtant. La stratégie n'est pas sans risque. Le sénateur Lindsey Graham, proche de Donald Trump, annonce une résolution, largement symbolique, critiquant l'attitude de la Chambre basse. « Nous ne pouvons avoir un pays dans lequel tous les Américains ont des droits sauf Donald Trump. Le processus en cours est illégitime et dangereux pour l'avenir de la démocratie », écrit-il. Mais, preuve d'une certaine anxiété dans son camp, il exhorte aussi la Maison Blanche à faire preuve de plus d'organisation et de discipline dans ce combat. Et de citer en exemple la réaction de Bill Clinton en 1998. « Il avait une équipe organisée, il avait des spécialistes du droit qui pouvaient analyser et décortiquer les déclarations et les procédures. Et ils avaient un message très clair tous les jours. » Donald Trump, lui, est convaincu que sa stratégie commence à payer. Il s'entête, et redouble d'activité sur Twitter.

« Est-ce que vous haïssez Trump ? » La question claque au milieu du brouhaha d'une fin de conférence de presse de Nancy Pelosi. L'élue de Californie, figure du Congrès, s'arrête net alors qu'elle se dirigeait vers la sortie. La question, volontairement provocatrice, a été posée par James Rosen, journaliste du Sinclair Broadcast Group, gigantesque groupe audiovisuel résolument pro-Trump.

Debout, l'index tendu vers le journaliste, elle riposte : « Je ne hais personne ! » Après quelques secondes d'hésitation, elle retourne au pupitre pour retrouver le micro et un peu de hauteur. Car elle sait que le sujet est explosif.

> Je pense que le président est un lâche quand il s'agit d'aider nos enfants qui ont peur de la violence par les armes à feu [dans les écoles]. Je pense qu'il est cruel lorsqu'il ne s'occupe pas de nos *dreamers* [les sans-papiers entrés enfants aux États-Unis et protégés jusqu'en septembre 2017 par un statut provisoire] dont nous sommes très fiers. Je pense qu'il est dans le déni sur la crise climatique. Mais tout cela doit se régler dans les urnes. La procédure de destitution concerne la Constitution des États-Unis. [...] Ne jouez pas avec moi avec des mots comme celui-là.

Tout au long de la procédure de destitution, les proches du président mettent en scène un sentiment largement répandu au sein du socle électoral de Donald Trump :

celui que leur champion fait l'objet d'une vindicte injustifiée que n'a subie aucun de ses prédécesseurs. Le professeur de droit de l'université George-Washington Jonathan Turley, invité par les républicains du Congrès à livrer son analyse de l'affaire ukrainienne, joue sur cette corde dans une version légèrement différente : l'Amérique traverse une époque de tensions, de divisions, mais Donald Trump ne peut en être tenu pour responsable.

> Je comprends. Vous êtes en colère. Le président est en colère. Mes amis démocrates sont en colère. Mes amis républicains sont en colère. Ma femme est en colère. Mes enfants sont en colère. Même mon chien est en colère. Et Luna est un goldendoodle, ils ne se mettent pas en colère facilement.

Bien sûr, il utilise cet argument, non sans humour, pour bâtir la défense du président.

> Nous sommes tous en colère. Où est-ce que cela nous mène ? Est-ce qu'une procédure de destitution bâclée nous rendra moins en colère ? Est-ce qu'elle n'aura pas pour seul effet d'encourager cette colère à se poursuivre sous toutes les présidences à venir ?

Lorsque les élus de la Chambre des représentants se retrouvent le 18 décembre 2019 pour le vote, la partie est déjà jouée, les positions sont cimentées. Un sondage NBC News/*Wall Street Journal* rendu public quelques heures avant le scrutin résume de manière éclatante un pays coupé en deux : 48 % des Américains sont favorables à la destitution de Donald Trump, 48 % y sont opposés. Dans le camp républicain, le concours semble lancé pour désigner celui qui poussera la métaphore le plus loin pour plaire au président. Barry Loudermilk, élu de Géorgie, ne fait pas dans la nuance.

> Avant que vous ne participiez à ce vote historique, une semaine avant Noël, je veux que vous gardiez une chose à l'esprit : quand Jésus a été faussement accusé de trahison, Ponce Pilate lui a offert la possibilité d'être confronté à ses accusateurs. Durant ce simulacre de procès, Ponce Pilate a accordé plus de droits à Jésus que les démocrates n'en ont accordé au président dans cette procédure.

« Le président a eu l'occasion de venir témoigner, de se faire représenter par son avocat, de poser des questions aux témoins. Il a refusé », lui répond Jerry Nadler, président démocrate de la commission judiciaire.

Mike Kelly, élu de Pennsylvanie, dresse, lui, un parallèle entre la procédure visant le président avec l'attaque de Pearl Harbor, à Hawaï, qui a fait plus de 2 400 victimes américaines et poussé les États-Unis à entrer dans la Seconde Guerre mondiale. Relevant que cette attaque surprise avait aussi eu lieu en fin d'année (le 7 décembre 1941), il rappelle que le président Franklin Roosevelt avait jugé que ce jour resterait marqué comme « un jour d'infamie ». « Aujourd'hui est un autre jour qui restera marqué du sceau de l'infamie », lance-t-il, dénonçant la haine de démocrates prêts à tout pour que Donald Trump ne soit pas réélu.

Bill Johnson, élu de l'Ohio, propose, lui, d'utiliser son temps de parole pour une minute de silence en l'honneur des 63 millions d'Américains qui ont voté pour Trump et que les démocrates tentent de « réduire au silence ».

La Chambre vote sans surprise en faveur de la mise en

accusation du quarante-cinquième président des États-Unis pour « abus de pouvoir » et « entrave à la bonne marche du Congrès ». Le lendemain du vote infamant, Jeff Van Drew, élu démocrate du New Jersey, a rendez-vous avec le président dans le bureau Ovale. Le représentant de 66 ans a été élu au Congrès en 2018 dans une circonscription qui était représentée par un républicain depuis 1995. Opposé à l'impeachment, il confirme son intention de franchir le pas et de rejoindre le Parti républicain. L'élu cite Ronald Reagan, l'un de ses « héros », qui était initialement enregistré comme démocrate avant de devenir républicain au début des années 1960, longtemps avant d'accéder à la Maison Blanche en 1981. « Je n'ai pas quitté le Parti démocrate, le Parti m'a quitté », avait-il lancé dans une phrase restée célèbre.

Face à nous, le président *showman* ne cache pas sa joie, brandit l'élu comme un trophée. Assis à son côté, ce dernier s'emballe : « Vous avez mon soutien éternel. » Interrogé quelques minutes plus tard sur cette surprenante formule de soumission, il assure ne l'avoir pas prononcée. Aucune place au doute, pourtant, ce sont bien les mots utilisés. Donald Trump savoure ce soutien, sans faille et sans nuances.

Quelques jours plus tard, l'ex-sénateur de l'Arizona Jeff Flake publie une tribune dans le *Washington Post* sous forme de lettre ouverte à ses anciens collègues républicains. « Le président Trump est en procès. Mais vous l'êtes aussi. Tout comme le parti politique auquel nous appartenons », écrit celui qui a tenu tête à Donald Trump pendant les premières années de sa présidence avant de renoncer à briguer un nouveau mandat en 2018.

Il tente de susciter un sursaut en leur demandant de

retrouver un peu de leur capacité d'indignation, rappelant qu'il fut un temps, pas si ancien, où ils rivalisaient de superlatifs pour dénoncer le danger que faisait peser, selon eux, le milliardaire sur leur parti, son histoire, ses valeurs. Jeff Flake ne cite personne mais les exemples sont légion. Le plus frappant est sans aucun doute celui du sénateur de Caroline du Sud Lindsey Graham, devenu l'un des plus farouches défenseurs de Donald Trump. Au cœur de la campagne, son analyse était sans appel, et dépassait de loin le jeu des petites phrases des primaires vite oubliées. « Donald Trump n'est pas un conservateur républicain. C'est un opportuniste. Il n'est pas digne d'être président des États-Unis », tweetait-il le 17 février 2016. « Si nous faisons de Trump notre candidat, nous nous détruirons… et nous l'aurons mérité », ajoutait-il quelques semaines plus tard. Jeff Flake insiste.

> La plupart d'entre vous ont refusé de faire campagne avec lui. Vous saviez alors que le faire serait une faute, serait une tache sur votre réputation et celle du Parti républicain. […] Posez-vous la question aujourd'hui : le président a-t-il changé de comportement ? A-t-il grandi avec la fonction ? Est-ce que le poids de la présidence a altéré sa conduite ?

La tribune est largement reprise dans les grands quotidiens américains. Mais le constat est là, implacable : à l'ère Trump, la voix de Jeff Flake ne porte plus. L'appel à « sauver le Grand Old Party » avant qu'il ne soit trop tard reste sans effet.

Retour en arrière. Le 7 août 1974, trois ténors du Parti républicain issus des deux chambres – Barry Goldwater (Arizona), Hugh Scott (Pennsylvanie) et John Rhodes

(Arizona) – rendent visite à Richard Nixon à la Maison Blanche pour lui adresser un message simple : le soutien au sein de son propre parti est en train de s'évaporer, les élus ne suivent plus. Le lendemain, Nixon annonce sa démission. Près d'un demi-siècle plus tard, Donald Trump ne connaîtra pas l'humiliation d'une telle visite.

L'attaque frontale a payé. La destitution a joué comme un révélateur : celui de la place centrale qu'il occupe au sein du Parti républicain grâce à son extraordinaire popularité. Oser une voix dissonante, c'est prendre le risque de se mettre à dos celui qui, mieux que personne, rassemble la famille républicaine. Seule option : mettre en sourdine ses critiques, ou abandonner purement et simplement la politique, comme l'ont fait nombre d'élus républicains depuis l'arrivée de Trump au pouvoir.

Cet impeachment, qui a tenu l'Amérique en haleine, fut historique à de nombreux égards. La procédure, imaginée par les Pères fondateurs pour garantir l'équilibre des pouvoirs et lutter contre la tentation d'un « président-roi », a joué son rôle. L'épisode figurera en bonne place dans les livres d'histoire. Pour Donald Trump, la tache est indélébile. Mais à court terme, il a réussi à la réduire à une péripétie de plus dans une présidence mouvementée, un banal affrontement partisan. À cette aune, sa stratégie de franchissement de l'obstacle a été couronnée de succès.

LA REVANCHE DE LA DIPLOMATIE

Marie Yovanovitch, Fiona Hill, Alexander Vindman. Deux femmes et un homme, nés respectivement au Canada, au Royaume-Uni et en Union soviétique. Trois

Américains. En quelques jours, ces diplomates de carrière ont mis en relief, comme dans un précipité, la face la plus sombre de la présidence Trump : son goût pour les zones grises et les intermédiaires aux méthodes douteuses, son mépris des dossiers et de leur complexité, son rejet systématique de la diplomatie et de son temps long.

Leurs témoignages sous serment devant le Congrès, toujours précis, souvent poignants, ont rappelé combien il existait en Amérique, loin d'un antitrumpisme frontal et sans nuances, une capacité d'indignation intacte face aux dérives du locataire de la Maison Blanche.

Ils ont raconté, avec des parcours très différents et des personnalités aux antipodes les unes des autres, des histoires à la fois hors norme et ordinaires, leurs fonctions au département d'État ou à la Maison Blanche, leur vision de l'American Dream.

Les auditions devant le Congrès sont toujours des moments forts de la démocratie américaine. Puissants leviers d'investigation, elles offrent aussi des instants de solennité et de théâtralité. Elles fascinent, captivent, bien au-delà des frontières étroites de la capitale fédérale. Des élus quasi inconnus ont explosé en pleine lumière. Des témoins y ont connu la gloire et le début d'une carrière politique. En 1973, le feuilleton des auditions du Watergate au Sénat a tenu l'Amérique en haleine pendant plusieurs mois. C'est grâce à ces dernières que l'Amérique a appris que Nixon avait fait installer un système d'enregistrement des conversations dans le bureau Ovale, des bandes magnétiques qui allaient précipiter sa chute.

Marie Yovanovitch, diplômée de la prestigieuse université de Princeton, dans le New Jersey, a travaillé pendant trente-trois ans au sein du département d'État. Elle a, comme tant d'autres diplomates, été nommée par des administrations de couleurs politiques différentes : au Kirghizistan et en Arménie par George W. Bush, en Ukraine par Barack Obama. En mai 2019, elle a été abruptement rappelée à Washington sur ordre de Donald Trump après une campagne de dénigrement d'une violence inouïe.

Au deuxième jour des auditions publiques devant la Chambre des représentants, en novembre, cette femme à la voix parfois friable mais au verbe aiguisé a, malgré elle, écrit une page inédite de l'histoire du Congrès. Celle d'un témoin personnellement attaqué, insulté, en pleine audition, par le président des États-Unis.

Née au Canada de parents ayant fui les régimes soviétique et nazi, elle dit d'entrée sa « profonde gratitude envers les États-Unis » où sa famille a trouvé refuge. Mais elle reste à l'écart des grandes déclarations sur les principes et la morale. Elle s'en tient à son histoire, son parcours, la façon dont elle a vécu les mois écoulés. Elle raconte, par le menu, l'opération de déstabilisation dont elle a été victime, détaille le rôle de Rudy Giuliani, avocat personnel de Donald Trump.

> Ce fut terrible, pour être honnête. Après trente-trois ans de service pour notre pays, c'est un sentiment terrible, ce n'était pas la façon dont je voulais que ma carrière s'achève.

À aucun moment elle ne conteste le droit du président de rappeler un ambassadeur, mais s'interroge à haute voix sur les raisons pour lesquelles il a jugé nécessaire de la salir. « Dans ma profession, peut-être que c'est le cas dans votre profession aussi, tout ce que nous avons, c'est notre réputation », lâche-t-elle devant les élus qui lui font face.

Dans sa conversation téléphonique avec son homologue ukrainien Volodymyr Zelensky, Donald Trump avait critiqué sa propre ambassadrice en Ukraine. Questionnée sur cet épisode inédit, elle raconte son effroi dans un silence de cathédrale. « J'étais choquée, absolument choquée, et franchement bouleversée. [...] Une personne qui était présente au moment même où j'ai la transcription de l'appel a dit qu'elle a vu mon visage perdre d'un coup toutes ses couleurs. » Il va « lui arriver des choses », avait ajouté Donald Trump lors de la conversation qui est au cœur de l'affaire. « Cela sonnait comme une menace », raconte-t-elle, secouée.

Et, là, au beau milieu de ce témoignage d'une diplomate blessée, le président, qui suit les auditions en direct à la télévision depuis la Maison Blanche, distante de deux kilomètres du Congrès, décoche un tweet assassin envers l'ancienne ambassadrice. « Partout où Marie Yovanovitch est passée, les choses ont mal tourné. Elle a débuté en Somalie, et regardez comment ça s'est terminé. » Scène inouïe : le tweet devient partie intégrante de l'audition. Le président de la commission du renseignement, Adam Schiff, qui mène les débats, se saisit de l'épisode, et prend l'Amérique à témoin. Visage grave, les yeux plantés dans ceux de la diplomate, il passe à l'offensive. « Au moment même où nous procédons à ces auditions, le président vous attaque sur Twitter », lance-t-il, avant de lire, en détachant chaque mot, le message laconique et insultant. « Je ne crois pas avoir de tels pouvoirs, ni à Mogadiscio en Somalie, ni ailleurs », répond-elle dans un sourire nerveux. Puis, la voix tremblante, elle ajoute : « C'est très intimidant. »

Après cinq heures d'audition, Marie Yovanovitch quitte la salle sous les applaudissements.

Né à Kiev, arrivé à Brooklyn à l'âge de trois ans avec sa famille qui fuyait l'Union soviétique, le colonel Alexander Vindman a passé plus de vingt ans dans l'armée américaine avant de rejoindre le prestigieux Conseil à la sécurité nationale, à la Maison Blanche.

Il est attaqué pendant l'audition, mais bien avant aussi. Le sénateur républicain du Wisconsin Ron Johnson tente de lui ôter par avance toute once de crédibilité en l'enfermant dans la catégorie « des nombreux bureaucrates au sein de l'exécutif qui n'ont jamais considéré le président Trump comme légitime ». Des théories du complot colportées sur Fox News et ailleurs le présentent comme un ennemi, voire un espion, parce qu'il est né à Kiev.

Tendu, butant parfois sur les mots, sanglé dans son uniforme, il lit sa déclaration préliminaire en ne détachant que rarement les yeux des feuilles qu'il tient dans ses mains. Ses premiers mots ? « J'ai consacré l'intégralité de ma vie professionnelle aux États-Unis d'Amérique. »

Le lieutenant-colonel Vindman est un acteur singulier dans le drame qui se joue sur la colline du Capitole : il a écouté, en direct, depuis la Situation Room, l'échange téléphonique du 25 juillet 2019 entre Donald Trump et Volodymyr Zelensky, et a immédiatement fait part de ses inquiétudes à ses supérieurs.

> Cet appel m'a inquiété. Ce que j'ai entendu était déplacé. Il est déplacé pour le président des États-Unis d'exiger d'un gouvernement étranger qu'il enquête sur un citoyen américain et opposant politique.

Il met en avant son sens du devoir : « L'uniforme que je porte aujourd'hui est celui de l'armée américaine. Nous ne sommes au service d'aucun parti politique, nous sommes au service de notre pays. » Il insiste aussi longuement sur les raisons de son attachement à l'Amérique.

> Le simple fait que je puisse témoigner aujourd'hui devant cette commission, comme mes courageux collèges qui ont aussi témoigné ici, ne serait pas possible dans de nombreux pays à travers le monde. En Russie, témoigner publiquement concernant le président me coûterait probablement la vie.

La conclusion est très personnelle. Il s'adresse à son père, absent.

> Papa, le fait que je sois assis ici aujourd'hui au Capitole, répondant aux élus, est la preuve que tu as pris la bonne décision, il y a quarante ans, en quittant l'Union soviétique et en décidant de rejoindre les États-Unis. Ne t'inquiète pas, tout ira bien car je dirai la vérité.

Née à Bishop Auckland, ancienne ville minière du nord-est de l'Angleterre, passée par Harvard et devenue américaine en 2002, « par choix », Fiona Hill est une spécialiste de la Russie, coauteure d'un livre référence sur Vladimir Poutine. Pendant un peu plus de deux ans, entre 2017 et 2019, elle est conseillère de Donald Trump sur la Russie et l'Europe au sein du Conseil national de sécurité.

Celle qui a travaillé au sein de la prestigieuse Brookings Institution fait partie de cette poignée de spécialistes qui ont choisi de rejoindre l'équipe Trump non parce qu'ils étaient des inconditionnels mais parce qu'ils pensaient qu'ils pouvaient apporter leur expertise sur des sujets complexes, voire jouer un rôle de modérateur. La plupart en sont sortis secoués, égratignés.

Sa déclaration initiale donne le ton. La voix est ferme, le regard direct, perçant, comme lorsque nous l'interrogions lors de briefings « *on background* » à la Maison Blanche. Elle attaque par un rappel, simple et direct : l'Amérique est un pays de migrants. « Presque tout le monde ici a des migrants dans sa famille, et c'est ce qui fait la grandeur de l'Amérique. » Elle ne s'arrête pas là. Pour mieux insister plus tard sur ce qui l'inquiète dans les dérives auxquelles elle a assisté depuis son poste, elle met en relief ce que son pays d'adoption a de meilleur : la mobilité sociale.

> Je peux dire sans la moindre hésitation que ce pays m'a offert des opportunités que je n'aurais jamais eues en Angleterre. J'ai grandi dans un milieu pauvre avec un accent très fort de la classe ouvrière. Dans les années 80 et 90, ça aurait freiné ma carrière. [...] Ces origines n'ont jamais été un handicap en Amérique.

Puis, elle livre un résumé implacable de l'affaire ukrainienne, des enjeux diplomatiques de fond et des dérives d'un petit groupe de proches du président. Elle rappelle son extrême gravité avec des phrases courtes et percutantes. « Notre pays est déchiré. La vérité est remise en question. Notre diplomatie, composée de grands professionnels et d'experts, est affaiblie », lance-t-elle, appelant à lutter contre ces « forces extérieures qui cherchent à nous dresser les uns contre les autres, à dégrader nos institutions, et à détruire la foi du peuple américain dans notre démocratie. »

Son message ? Les enjeux géopolitiques en Ukraine

sont énormes, il est urgent de tracer une ligne claire entre ceux qui travaillent pour les intérêts de sécurité nationale américains dans le cadre de la politique étrangère des États-Unis et ceux qui consacrent leur temps et les ressources de l'État fédéral à « une aventure de politique interne hasardeuse ».

Face aux questions parfois agressives, la quinquagénaire aux faux airs de l'actrice Kristin Scott Thomas ne vacille pas un instant. Elle reprend calmement mais fermement les élus républicains qui colportent des théories du complot, « des mensonges qui font clairement le jeu des intérêts russes ».

> Si j'en juge par les questions et les déclarations que j'ai entendues, certains d'entre vous au sein de cette commission semblent croire que la Russie et ses services de sécurité n'ont pas mené de campagne contre notre pays et que peut-être l'Ukraine, elle, l'aurait fait. C'est une pure invention qui a été propagée par les services de sécurité russes eux-mêmes. La triste réalité est que la Russie est la puissance étrangère qui a attaqué de façon systématique nos institutions démocratiques en 2016.

Et elle prend l'Amérique et le monde à témoin : « À l'instant même, les services de sécurité russes et leurs associés sont prêts à recommencer leurs ingérences dans l'élection de 2020. Il ne reste plus beaucoup de temps pour les arrêter. »

Sans surprise, Donald Trump attaque ces diplomates. Lors d'un entretien téléphonique particulièrement décousu accordé à l'émission matinale « Fox & Friends » quelques jours plus tard, il s'en prend une nouvelle fois à Marie Yovanovitch, cette femme « dont tout le monde dit qu'elle est si formidable » mais qui n'est en réalité « pas un ange » et qui, assure-t-il contre toute évidence, a refusé d'accrocher son portrait officiel dans l'ambassade des États-Unis à Kiev. Depuis le bureau Ovale, il ironise sur le fait qu'Alexander Vindman ait choisi de porter son uniforme durant son audition.

Mais au-delà d'une procédure de destitution dont l'issue – l'acquittement de Donald Trump par le Sénat – fut rapidement connue d'avance, les témoignages de ces trois diplomates ont marqué les esprits. Devant des millions d'Américains, ils ont exprimé, en direct, le haut-le-cœur d'une partie de la haute administration face aux méthodes du président.

LE RENONCEMENT DU SÉNAT

Lorsque le procès en destitution s'ouvre le 21 janvier au Sénat, pour la troisième fois seulement de l'histoire des États-Unis, tout est déjà sous le contrôle d'un allié du président. Le chef de la majorité républicaine, Mitch McConnell, le sait mieux que personne, Donald Trump attend de lui un acquittement, de préférence le plus vite possible.

Sur le papier, l'élu du Kentucky dispose des voix et du savoir-faire nécessaires. La majorité qualifiée de 67 voix exigée pour chasser un président de la Maison Blanche est hors d'atteinte. Depuis qu'il règne sur le Sénat, après la défaite démocrate aux élections de mi-mandat de 2014, Mitch McConnell a tiré le meilleur profit de majorités étroites (51 puis 53 sièges sur 100). Dès le début du mois de janvier, il tient sa victoire en obtenant le soutien unanime des sénateurs républicains pour que le procès du président des États-Unis fasse l'économie des auditions de nouveaux témoins. Les rares élus qui les avaient envisagées ont fini par renoncer après un patient travail de sape.

Le sénateur du Kentucky a souvent été sous-estimé. À tort. Ses traits poupins font le bonheur des caricaturistes ? Il est comparé à une tortue ? L'intéressé n'en a cure, poussant la coquetterie jusqu'à collectionner les dessins de presse et à les afficher dans son bureau. Le maître du Sénat est d'une efficacité redoutable : il se vante d'être l'équivalent de l'ange exterminateur pour tous les projets qualifiés de « socialistes » votés par les démocrates à la Chambre.

Après le vote de mise en accusation, Mitch McConnell affirme qu'il ne sera pas « un juré impartial » lorsque le Sénat se prononcera. Il assure également qu'il travaillera en étroite collaboration avec les avocats du président. En amont du procès en destitution de Bill Clinton, en 1999, le chef de la majorité républicaine, Trent Lott, élu du Mississippi, était parvenu à une entente avec le patron de la minorité démocrate, Tom Daschle. Rien de tel pour Mitch McConnell. Il ne recherche aucun compromis avec Chuck Schumer, le chef de la minorité démocrate. Le verrouillage du procès de Donald Trump porte sa marque.

Face à lui, un démocrate va s'efforcer en vain de faire dérailler ce dispositif. Désigné par Nancy Pelosi pour défendre les deux articles de mise en accusation votés par la Chambre, Adam Schiff est mûr pour l'épreuve. Réélu sans interruption en Californie depuis 2000, il est le démocrate le plus influent au sein d'une commission du renseignement présidée jusqu'en 2019 par le conservateur Devin Nunes (Californie). Il y a ferraillé contre les républicains dans l'enquête sur l'attaque meurtrière de la représentation diplomatique américaine à Benghazi, en Libye, en 2012.

Adam Schiff a suivi ensuite, de cette même loge privilégiée, l'enquête consacrée aux ingérences russes pendant la présidentielle de 2016. Chargé de conduire les investigations de la Chambre dans l'affaire ukrainienne et face aux incessants coups de colère des élus républicains, il a dû avoir régulièrement à l'esprit une tirade de John Goodman, alias Walter Sobchak, l'irascible partenaire du Dude, Jeff Bridges, dans *The Big Lebowski* : « On n'est pas au Vietnam ! On est au bowling ! Il y a des règles ! » Adam Schiff est réputé connaître par cœur les dialogues de ce monument cinématographique. Rien de surprenant pour un élu de Hollywood, même si sa mise toujours impeccable et sa componction sont aussi éloignées que possible du héros des frères Ethan et Joel Coen.

Lorsqu'il prend la parole devant les avocats du président et les sénateurs contraints par la procédure de respecter le plus parfait des silences, Adam Schiff sait qu'il compte un auditeur de plus, aussi attentif qu'indisposé à son encontre. Il s'agit de Donald Trump lui-même, qui ne décolère pas contre lui depuis qu'il s'est lancé lors d'une séance publique dans une interprétation provocatrice de la conversation téléphonique à l'origine de l'impeachment, imprégnée, selon lui, de codes propres à la mafia. Pour le président des États-Unis, qui ne cesse de clamer que son échange téléphonique a été « parfait », ce réquisitoire relève du crime de lèse-majesté, passible d'une « arrestation pour trahison ». Il exige en vain que « Schiff le sournois », le méchant surnom dont il le gratifie, soit démis de ses fonctions. Et il relaie les critiques des républicains visant la confidentialité de l'enquête de la Chambre, pourtant logique concernant des informations souvent classifiées.

Des heures et des heures durant, Adam Schiff tente de forcer le verrou du clanisme. Il s'appuie sur un célèbre article sur l'importance du Sénat d'un des Pères fondateurs des États-Unis, Alexander Hamilton, pour flatter son audience. Inlassablement, il revient au cœur de l'affaire.

> Le président Trump a sollicité une ingérence étrangère dans nos élections démocratiques, abusant du pouvoir de sa fonction [...] pour renforcer ses perspectives de réélection à la maison. [...] Il a retenu des centaines de millions de dollars d'aide militaire à un partenaire stratégique, en guerre contre la Russie, pour obtenir une aide étrangère lors de sa réélection. En d'autres termes, pour tricher. [...] Si le problème n'est pas résolu, l'abus de ses fonctions par le président Trump et l'obstruction au Congrès modifieront de façon permanente l'équilibre des pouvoirs entre les branches du gouvernement.

Adam Schiff dramatise encore sa mise en garde en évoquant le vent mauvais qui souffle, selon lui, sur les régimes et les valeurs démocratiques dont les États-Unis ont longtemps été les champions. Si la procédure de destitution n'est plus qu'« une relique », conclut-il gravement, « je me demande combien de temps notre République pourra tenir ». Donald Trump, pendant ce temps, bat un record en publiant ou en partageant tout au long de la journée du 22 janvier plus de 140 messages offensifs sur son compte Twitter.

> Plus nous entendons parler d'Adam Schiff, plus le Parti républicain se rassemble contre cette mascarade partisane !

> Les démocrates en colère travaillent à la mise en accusation de @realDonaldTrump depuis le 8 novembre 2016 !
>
> Ce qui est dangereux pour l'avenir de cette nation, ce sont des responsables comme Adam Schiff aux commandes, qui récitent une fausse conversation entre deux dirigeants mondiaux pour manipuler une audition dans une procédure de destitution, qui bloquent des témoins […] et qui tiennent des auditions secrètes loin des regards du peuple américain.

Le camp démocrate est fragilisé par une contradiction mise en exergue par les avocats du président. Il assure disposer de « preuves accablantes », mais demande pourtant que les sénateurs puissent prendre connaissance de nouveaux éléments que les élus de la Chambre n'ont pas pu recueillir compte tenu de l'obstruction de la Maison Blanche. Le procès se concentre sur la personne du conseiller à la sécurité nationale de Donald Trump limogé en septembre 2019, John Bolton, témoin direct de l'affaire ukrainienne. Il avait refusé d'être entendu par la Chambre mais se ravise avant le début du procès au Sénat.

Les avocats du président, et les sénateurs républicains qui reprennent leurs arguments, offrent la même faiblesse en assurant que les réquisitoires des démocrates ne reposent que sur des « on-dit » tout en s'opposant à entendre le conseiller. Une position devenue encore plus inconfortable après les révélations contenues dans un livre que John Bolton doit publier et rendues publiques par le *New York Times* en plein procès. Ces révélations consolident les accusations démocrates.

Le poids de ces révélations pourtant ne suffit pas à faire fléchir les sénateurs du Grand Old Party. Au fil des jours, la défense du président ne cesse de marquer des points, en particulier quand le pénaliste Alan Dershowitz, enrôlé parmi les avocats de Donald Trump, frappe les esprits en assurant que « si un président fait quelque chose qui, selon lui, l'aidera à se faire élire dans l'intérêt public, cela ne peut pas être le genre d'élément qui aboutit à une mise en accusation ».

Le sénateur républicain de Floride Marco Rubio illustre cette disposition à une application de la Constitution à géométrie variable lorsqu'il estime « que ce n'est pas parce que les actions [du président] répondent à une norme de mise en accusation qu'il est dans l'intérêt du pays de révoquer un président de ses fonctions ». L'un des avocats de Donald Trump justifie le recours à un pays étranger pour enquêter sur un opposant. « L'idée que toute information qui vient de l'étranger est nécessairement une ingérence dans la campagne est une erreur », dit-il, alors qu'un président sortant se voit dans ce cas grandement avantagé par rapport à un adversaire. Le président de la commission du renseignement du Sénat, Richard Burr, assure n'avoir « aucun problème » avec ce point de vue.

Jusqu'au bout, Adam Schiff tente de lutter contre une arithmétique fatale.

> Si le droit ne compte plus, peu importe la qualité de la Constitution, peu importe le génie des Pères fondateurs, peu importe si nos arguments dans ce procès sont bons ou mauvais, peu importe comment le serment d'impartialité a été rédigé. Si le droit n'a pas d'importance, nous sommes perdus. Si la vérité n'a pas d'importance, nous sommes perdus. Les Pères fondateurs ne pourront pas nous protéger contre nous-mêmes si le droit et la vérité ne comptent plus. Vous savez que vous ne pouvez pas faire

confiance à ce président pour faire ce qui est bon pour ce pays. Vous pouvez être convaincus qu'il fera ce qui est bon pour Donald Trump.

Le 5 février 2020, par 52 voix contre 48, dont celle d'un seul républicain, Mitt Romney, le Sénat acquitte Donald Trump de l'accusation d'abus de pouvoir, puis par 53 voix contre 47 de celle d'obstruction au Congrès. Le lendemain, Donald Trump réunit ses alliés à la Maison Blanche et brandit la manchette du *Washington Post* barrée par les deux mots « *Trump acquitted* ».

En 1999, après son propre acquittement par le Sénat, Bill Clinton, mis en accusation pour un parjure visant à masquer une relation extraconjugale, avait demandé pardon au pays au cours d'une intervention d'un peu plus d'une minute qu'il avait achevée en assurant que cet épilogue devait ouvrir « une période de réconciliation et de renouveau pour l'Amérique ». Au terme d'un soliloque décousu de plus d'une heure, Donald Trump, lui, stigmatise ses adversaires démocrates, qualifiés de « vicieux » et de « corrompus », et s'acharne sur l'unique élu républicain qui lui a manqué. Il ne s'excuse qu'auprès de sa famille pour les tourments que sa mise en accusation lui a, selon lui, injustement infligés.

Le lendemain, le colonel Alexander Vindman est limogé et escorté de manière humiliante hors de la Maison Blanche. Il est accompagné par son frère jumeau, Yevgeny, qui travaillait comme conseiller juridique au sein du Conseil à la sécurité nationale. Marie Yovanovitch a abandonné quelques jours auparavant la carrière diplomatique. Fiona Hill avait également renoncé six mois plus tôt au service de l'État. D'autres témoins membres de l'administration sont également écartés dans les jours et les semaines qui suivent.

Si la procédure d'impeachment s'est refermée en février 2020 sans dommage pour le quarante-cinquième président de l'histoire, un dernier acte restait encore à écrire neuf mois plus tard : celui de l'élection présidentielle. Car ce scrutin devait être un référendum sur ce style de présidence, comme le résument Susan Hennessey et Benjamin Wittes, chercheurs à la Brookings Institution dans leur livre *Unmaking the Presidency* :

> La réélection est une ratification. C'est l'un des deux principaux moyens par lesquels le public accepte des innovations proposées par des présidents qui bousculent les attentes liées au comportement présidentiel, l'autre étant l'adoption de ces innovations par leurs successeurs. La réélection est le moyen par lequel un pays fait une distinction entre les bonnes et les mauvaises évolutions. C'est le moyen par lequel les électeurs décident quels présidents sont des Andrew Johnson et des James Buchanan – de simples accrocs dans l'histoire – et quels présidents sont des Woodrow Wilson et des Franklin Delano Roosevelt – qui transforment la présidence pour toujours.

LES DÉGÂTS SUR LES INSTITUTIONS

L'effet délétère de la polarisation de la politique américaine n'a pas attendu l'élection de Donald Trump. Une bataille pour le contrôle de la Cour suprême en atteste. Le 13 février 2016, Antonin Scalia, l'un de ses neuf juges, meurt dans son sommeil dans un ranch du Texas où il s'était rendu pour chasser la caille. Ce conservateur sans nuances, figure du courant « originaliste », défendait une lecture littérale de la Constitution des États-Unis.

La nouvelle aussitôt électrise Washington. La majorité conservatrice de la plus haute instance juridique des États-Unis, qui ne tient qu'à une voix, est en effet brutalement en jeu. Cinq juges qui la composent ont été nommés par des présidents républicains et quatre par des démocrates. Et la nomination du successeur d'Antonin Scalia revient à Barack Obama.

Ce dernier reste sourd à ceux de son camp qui lui conseillent de nommer un ou une juge qui s'inscrirait franchement à gauche, dans la lignée de la figure tutélaire du courant progressiste à la Cour suprême, la doyenne Ruth Bader Ginsburg. Il choisit au contraire un modéré, Merrick Garland, dont les états de service sont au-dessus de tout soupçon. Ce dernier préside en effet depuis trois ans la prestigieuse cour d'appel du district de Columbia.

Face à ce choix, le républicain Mitch McConnell, maître de l'ordre du jour, refuse d'organiser le moindre vote jusqu'au départ du démocrate de la Maison Blanche. Une décision controversée qu'il justifie en assurant qu'à quelques mois de l'élection présidentielle, en novembre, le président des États-Unis ne dispose plus selon lui de la légitimité suffisante pour une décision aussi fondamentale, susceptible de faire sentir ses effets des décennies durant. Un argument affaibli par le précédent de la nomination et de la confirmation du juge Anthony Kennedy durant la dernière année du président Ronald Reagan.

La Cour suprême est privée de majorité, réduite à l'impuissance sur certains dossiers brûlants, jusqu'à la nomination du remplaçant d'Antonin Scalia, Neil Gorsuch, choisi par Donald Trump. Pour contourner l'ire des sénateurs démocrates, excédés par la manœuvre de Mitch McConnell, ce dernier utilise à son tour « l'option nucléaire » en remplaçant la majorité qualifiée par une majorité simple. Neil Gorsuch devient le juge le plus mal confirmé de l'histoire (54 voix pour et 46 contre). Le sénateur du Kentucky se vante pourtant de ce résultat. « L'une de mes plus grandes fiertés a été quand j'ai regardé Barack Obama droit dans les yeux et que je lui ai dit : “Monsieur le président, vous ne pourvoirez pas le siège de la Cour suprême” », raconte-t-il un jour dans son État d'élection.

Les tensions entre les différents pouvoirs sont une constante de l'histoire américaine, mais la pratique non conventionnelle du quarante-cinquième président des États-Unis les a portées à un niveau rarement atteint au cours de ces dernières décennies.

La juge fédérale des États-Unis Ketanji Brown Jackson se montre cinglante en novembre 2019. « La conclusion fondamentale des deux cent cinquante dernières années d'histoire américaine est que les présidents ne sont pas des rois », tranche-t-elle, après avoir estimé que le pouvoir exécutif ne peut faire barrage à une assignation à comparaître visant l'ancien conseiller juridique de la Maison Blanche, Don McGahn. La formule fait écho à celle rappelée abondamment par les démocrates dans le contexte de la mise en accusation de Donald Trump par la Chambre des représentants et prêtée à Benjamin Franklin. Interrogé en 1787 sur la nature du régime auquel les Pères fondateurs venaient d'aboutir, il aurait répondu : « Une république, à condition que vous la préserviez. »

L'obstruction défendue par le conseiller juridique de la Maison Blanche, Pat Cipollone, dans la procédure de mise en accusation a poussé à son extrémité une logique de confrontation et de remise en cause des équilibres qui prévalaient jusqu'alors.

La démission brutale du secrétaire à la Marine, Richard Spencer, fin novembre 2019 a découlé de la même tentation d'étendre le plus loin possible le périmètre du pouvoir exécutif. Le haut responsable du Pentagone a en effet été limogé après avoir tenté en vain de s'opposer aux interventions du président en faveur d'un militaire accusé de crimes de guerre et condamné pour avoir posé au côté du cadavre d'un prisonnier de l'organisation État islamique pendant la reconquête de Mossoul, en 2017. Richard Spencer ne mâche pas ses mots dans la lettre fracassante par laquelle il annonce sa démission.

> Il est devenu évident [que] je ne partage plus la même compréhension des principes fondamentaux de l'ordre juste et de la discipline avec le commandant en chef qui m'a nommé. Je ne peux pas, en toute conscience, obéir à un ordre qui, à mon avis, enfreint le serment sacré que j'ai prêté en présence de ma famille, devant mon drapeau et ma foi, pour soutenir et défendre la Constitution des États-Unis.

Lors des fêtes de fin d'année qui s'ensuivent, le militaire controversé est reçu personnellement par le président dans son club de luxe de Mar-a-Lago.

Face à cette présidence en quête de surpuissance, le Parti républicain observe le plus parfait des silences après avoir stigmatisé des années durant le « roi » Barack Obama lorsque ce dernier, faute de majorité au Congrès, tentait de gouverner par décrets exécutifs. Au cours des trois premières années passées à la Maison Blanche, Donald Trump en a signé plus que son prédécesseur, y compris lorsqu'il pouvait s'appuyer sur une majorité républicaine au Congrès.

Dans un discours prononcé devant la Federalist Society, un cercle de réflexion conservateur, le ministre de la Justice, William Barr, a tenté d'apporter une caution juridique à ce style de pouvoir exécutif. Déjà auteur d'une note décrivant ce que ses détracteurs qualifient de présidence impériale, qui a sans doute contribué à sa nomination, en 2018, William Barr a dépeint une Maison Blanche entravée depuis le Watergate par les prétentions du Congrès et du pouvoir judiciaire à la contrôler.

Cette vision se heurte à la réalité des excès autorisés par la Maison Blanche au plus fort de la guerre contre le terrorisme, et à l'affaiblissement d'un Congrès neutralisé par la polarisation politique, mais William Barr n'en a cure.

> En examinant l'histoire, c'est la présidence américaine qui a le mieux concrétisé la vision des fondateurs. Cela a apporté à notre république un dynamisme et une efficacité qui manquaient aux autres démocraties.

Un habillage lustré pour une prétention que Donald Trump résume à sa manière : « L'article 2 [de la Constitution américaine, qui concerne le pouvoir exécutif] me donne tous les droits à un niveau jamais vu auparavant », assure-t-il en juillet 2019. Deux ans plus tôt, il affirmait déjà avoir selon lui « le droit absolu de faire ce [qu'il veut] avec le ministère de la Justice ». À deux reprises, en 2020, William Barr intervient d'ailleurs au bénéfice de proches du président englués dans l'affaire « russe », Roger Stone et Michael Flynn.

« Je peux faire tout ce que je veux en tant que président », estime Trump. Il lance une offensive en règle contre les inspecteurs généraux chargés de contrôler l'exécutif, un héritage du Watergate, remplaçant ces fonctionnaires théoriquement indépendants par des hommes liges. Le président de la Réserve fédérale, Jerome Powell, patron d'une institution dont le crédit repose sur son indépendance, peut également témoigner du poids accru de la présidence. Des mois durant, il a été pris à partie publiquement par Donald Trump, souvent de manière agressive, pour une politique monétaire jugée trop restrictive.

La brève escalade militaire avec l'Iran, de décembre 2019 à janvier 2020, offre une autre illustration de cette dérive. Donald Trump s'inscrit certes dans les pas de ses prédécesseurs pour justifier l'assassinat ciblé du général iranien Qassem Soleimani, à Bagdad, mettant en avant un principe de légitime défense et des « menaces imminentes » restées classifiées. Mais il rompt de manière répétée à cette occasion avec le souci, au moins apparent, de respecter les normes juridiques.

Il a été entretenu dans la défiance du droit international par son troisième conseiller à la sécurité nationale, John Bolton, qui a prononcé en 2018 un discours virulent contre une justice internationale jugée incompatible avec la souveraineté américaine.

En dépit des faits qui étaient reprochés à Qassem Soleimani, dont la mort ou les blessures de centaines de militaires américains victimes en Irak d'engins explosifs improvisés, le général était un représentant officiel d'un État souverain. La dernière élimination comparable remonte à 1943 et à l'attaque contre l'avion qui transportait l'amiral japonais Isoroku Yamamoto, ce qui témoigne du caractère exceptionnel de l'inflexion imposée par Donald Trump. Par ailleurs, contrairement à ce précédent, les

États-Unis et l'Iran ne sont pas juridiquement en guerre au moment de l'assassinat.

À la suite des menaces de riposte de la part de l'Iran, le président des États-Unis assume la perspective de crimes de guerre. Tout d'abord en évoquant des représailles « disproportionnées » à ces éventuelles répliques, alors que l'asymétrie est proscrite. Puis en jugeant légitime de cibler des « sites culturels » iraniens, en s'affranchissant des obligations de la convention de La Haye relative à la protection des biens culturels ratifiée par les États-Unis depuis 2009, même s'il est rapidement contredit par le secrétaire à la Défense, Mark Esper, qui l'oblige à se dédire.

L'autre domaine dans lequel la crise avec l'Iran vérifie cet effritement des normes juridiques concerne les relations entre le pouvoir exécutif et le Congrès. Là encore, l'administration de Donald Trump n'est pas, tant s'en faut, la première à interpréter à son bénéfice la loi dans un sens très extensif. Barack Obama s'était ainsi abstenu de solliciter le feu vert du Congrès lors de l'intervention américaine en Libye, en 2011, qui faisait cependant l'objet d'une résolution des Nations unies. De même, il s'était appuyé en 2014, pour intervenir contre l'organisation État islamique en pleine expansion en Irak, sur une autorisation de l'usage de la force militaire (AUMF), votée par le Congrès en 2001, qui ne concernait que la nébuleuse Al-Qaïda.

Après l'élimination du général iranien, le conseiller à la sécurité nationale de Donald Trump, Robert O'Brien, se retranche derrière une AUMF, votée en 2002 contre l'Irak dans la perspective de l'invasion de 2003, alors qu'elle concerne un ressortissant iranien. De plus, et contrairement à Barack Obama cinq ans plus tôt, Washington ne peut se prévaloir d'un feu vert irakien : Bagdad n'a pas été consulté et les autorités par intérim ont au contraire désapprouvé le bombardement.

Donald Trump témoigne du peu de cas qu'il fait du War Powers Act de 1973 en indiquant qu'il tiendra informé le Congrès par le biais de messages publiés sur son compte Twitter en cas d'hostilités, assurant qu'il n'est lié par aucune obligation juridique. Il doit pourtant informer le Congrès dans les quarante-huit heures de tout engagement de l'armée américaine dans des hostilités. Cette obligation a été introduite après la révélation de bombardements clandestins au Cambodge, ordonnés par le président Richard Nixon, dans le contexte de la guerre du Vietnam. Le War Powers Act impose également un feu vert du Congrès pour tout déploiement de troupes d'une durée supérieure à soixante jours.

Cette désinvolture pousse les démocrates à voter à la Chambre des représentants une résolution symbolique limitant la capacité de Donald Trump d'engager les États-Unis dans un conflit avec l'Iran sans l'aval du Congrès, qui dispose seul, constitutionnellement, du pouvoir de déclarer la guerre. Alors qu'aucune voix républicaine n'a manqué au président pendant la procédure de mise en accusation, trois élus conservateurs, dont l'un de ses plus fervents défenseurs, Matt Gaetz, représentant de Floride, se joignent à ses opposants. Au Sénat, un autre élu républicain, Mike Lee (Utah), se rapproche également sur ce point des démocrates après un briefing jugé indigent par les conseillers à la sécurité du président des États-Unis. Tous sont éreintés publiquement en représailles par Donald Trump et ses fidèles.

7

Coronavirus, l'ennemi invisible

Un accueil triomphal, coloré, et soigneusement chorégraphié : lorsque, au premier jour de sa visite en Inde, le 24 février 2020, Donald Trump nous rejoint à l'arrière d'Air Force One peu après avoir décollé d'Ahmedabad, plus grande ville de l'État du Gujarat, fief du Premier ministre Narendra Modi, il exulte. Il a prononcé un discours dans un stade de cricket devant plus de 100 000 personnes : « C'était fantastique. » Il s'apprête à atterrir à Agra pour visiter, au soleil couchant, pour la première fois de sa vie, l'enchanteur Taj Mahal : « On me dit que c'est un endroit incroyable. » Mais le président-candidat est aussi ravi de la période qu'il traverse. À trente-six semaines de l'élection présidentielle, tous les voyants sont au vert.

La procédure de destitution le visant est déjà un lointain souvenir, les chiffres économiques sont flatteurs, un accord tout juste conclu avec les talibans laisse entrevoir un retrait des troupes américaines d'Afghanistan, sa cote de popularité est au plus haut depuis son arrivée au pouvoir, et ses adversaires sont empêtrés dans des luttes fratricides pour désigner leur candidat à la présidentielle. Amusé, enjoué, le président nous demande comment nous voyons la primaire démocrate se dessiner. La discussion s'éternise, le président, dont l'humeur – bonne ou mauvaise – est facile à lire lorsqu'on le côtoie au quotidien, savoure. Il ne semble pas pressé de retrouver son bureau, à l'avant de l'avion.

Dix jours plus tard, le paysage a profondément changé.

L'accord avec les talibans donne des signes de faiblesse, les primaires démocrates se sont accélérées de manière spectaculaire et ont placé en orbite Joe Biden. Le président, qui pendant des mois a, avec un plaisir évident, tenté de façonner les primaires de ses rivaux à coups de tweets sarcastiques, en est réduit à constater les difficultés de Bernie Sanders qu'il rêvait d'affronter, convaincu – à tort ou à raison – qu'il serait plus facile à battre.

Mais surtout l'épidémie de coronavirus a secoué l'Amérique et le monde. Donald Trump apparaît démuni, désemparé, face à cette crise d'une ampleur inédite. Le cap macabre des 100 000 morts sur le territoire américain est franchi fin mai, le taux de chômage s'envolera à un niveau jamais vu depuis les années 1930.

THE ECONOMY, STUPID !

À la mi-mars 2020, l'économie américaine est stoppée net par la déflagration du coronavirus. Les mesures de confinement adoptées pour juguler la progression de l'épidémie la jettent à terre. Pour ne rien arranger, l'Arabie saoudite et la Russie se lancent dans une guerre des prix du pétrole qui met en péril les producteurs américains et fragilise le rêve d'indépendance énergétique. Le taux de chômage s'envole. Wall Street efface en dix jours la totalité des gains enregistrés depuis l'arrivée de Donald Trump à la Maison Blanche, inlassablement vantés dans ses meetings. Lors de ses points de presse consacrés à la pandémie, l'évocation de cet atout maître, désormais envolé, revient presque quotidiennement.

> Nous avions la plus grande économie de l'histoire du monde. Nous faisions mieux que la Chine, mieux que n'importe quel pays du monde, mieux que n'importe quel autre pays. Nous avions de loin le plus haut marché boursier de l'histoire.

Donald Trump se convertit dans la douleur en « président pour temps de guerre » mais très vite veut remettre en route le pays, indépendamment des ravages causés par le Covid-19. À sept mois de la présidentielle, il veut raviver à toute force le tableau idyllique qui alimentait ses chances de réélection quelques semaines plus tôt.

Au début de l'année 2020, en effet, les bonnes nouvelles s'accumulent. Les chiffres de janvier prennent par surprise les experts. Avec 225 000 nouveaux emplois, l'économie américaine continue de tourner à un rythme enviable pour bien des pays. Certes, le taux de chômage remonte légèrement en passant de 3,5 % à 3,6 %, mais c'est tout simplement parce que plus de personnes se présentent sur un marché toujours aussi prometteur.

Le mois de février est encore plus spectaculaire avec 273 000 créations d'emplois. La part des adultes travaillant ou en recherche de travail atteint 63,4 %, son niveau le plus élevé depuis la mi-2013. Et la proportion d'adultes âgés de 25 à 54 ans qui occupent un emploi grimpe à 80,6 %, un record depuis la mi-2001. En décembre 2019, Wall Street, dont dépend une bonne partie des retraites américaines, a fini une nouvelle fois l'année en hausse.

Les salaires restent le point faible de cette croissance que le président revendique comme exclusivement sienne. La rémunération horaire moyenne n'a augmenté que de 3,1 % au cours de l'année 2019, mais la faible inflation n'a pas entaillé cette croissance très modeste. L'armistice conclu avec Pékin en février dans la guerre commerciale qui oppose les deux pays écarte les craintes d'un dérapage. Cet apaisement est de bon augure pour la consommation qui reste le moteur le plus solide de la croissance américaine, alors que le secteur manufacturier est en net recul, notamment dans des États clés pour la présidentielle, comme le Michigan et la Pennsylvanie.

Le coronavirus n'a pas encore commencé à sévir en Chine lorsque l'agence de notation Moody's estime qu'un maintien de l'économie au niveau de 2019 constituerait une quasi-garantie de victoire en novembre pour le président sortant. Les trois modèles de l'agence le donnent tous réélu, avec une marge supérieure à celle de 2016, en nombre de grands électeurs, dans deux scénarios sur trois. Selon Moody's, Donald Trump serait en effet capable d'ajouter à tous les États remportés lors de son élection le Minnesota et le New Hampshire. Ces prévisions présidentielles de Moody's, lancées dans les années 1980, ont toujours été validées par les résultats des scrutins, à une seule exception, notable, celle qui avait vu précisément Donald Trump l'emporter sur la démocrate Hillary Clinton, alors donnée gagnante.

En février, au terme d'un tour d'horizon, le *New York Times* que Donald Trump aime conspuer se montre formel : « En termes cycliques, l'économie est la plus forte jamais enregistrée en année électorale (ou n'importe quelle année) depuis 2000. »

Revient alors en mémoire la formule de James Carville, stratège électoral du candidat démocrate de 1992, Bill Clinton : « L'économie, crétin ! » Un mot d'ordre placardé dans le quartier général de ce gouverneur de l'Arkansas, à Little Rock, pour qu'il reste concentré sur l'essentiel. Il affrontait un sortant élu quatre ans plus tôt dans le sillage des deux mandats du républicain Ronald Reagan, l'ancien vice-président George H. W. Bush. Ce dernier avait inauguré ses fonctions en fanfare. L'économie et le marché boursier avaient bondi au cours de sa première année au pouvoir. Puis une crise de l'épargne et des prêts ainsi que l'impact de la guerre du Golfe, en 1991, avaient brisé net cet essor. Le jeune gouverneur sans grande expérience avait défait ce serviteur de l'État au passé sans tache.

Le dernier discours de Donald Trump sur l'état de l'Union, le 4 février 2020, est triomphal. « Je suis ravi de vous annoncer ce soir que notre économie est la meilleure qui ait jamais été. » Ce faire-savoir, quels que soient les résultats effectifs du savoir-faire, a ancré dans l'opinion une image flatteuse du président en la matière. Elle a précédé son entrée à la Maison Blanche, et les jugements de l'opinion sur sa gestion de l'économie restent constamment positifs, au contraire des avis sur sa politique migratoire ou sa diplomatie. En février 2020, une majorité absolue de personnes interrogées par *Fox News* estime que le président a réussi à « stimuler l'économie ».

La conclusion semble évidente pour les sondés : ils sont 56 % à estimer que Donald Trump sera réélu en novembre, au lieu de 39 % en décembre 2018. Le revirement de l'opinion est net, comme si le tumulte de la présidence était désormais relégué au second plan, au profit de ses résultats. La réélection de Barack Obama, en janvier 2012, était anticipée par une majorité plus réduite (52 %).

Un mois plus tard, avec la crise sanitaire provoquée par la pandémie, tout est remis en cause et le spectre des défaites de Jimmy Carter et de George H. W. Bush, piégés l'un comme l'autre par le marasme économique, hante le bureau Ovale.

UNE TRÈS LENTE PRISE DE CONSCIENCE

Les premières déclarations publiques du dirigeant de la première puissance mondiale sur le Covid-19 ont lieu le 22 janvier en marge du Forum de Davos, en Suisse. Le premier cas sur le sol américain a été annoncé la veille. Il s'agit d'un homme d'une trentaine d'années, originaire de Wuhan, en Chine, et résidant près de Seattle, dans l'État de Washington. La question posée au président est simple : « Existe-t-il des inquiétudes sur une possible pandémie à ce stade ? » La réponse laisse peu de place au doute pour un citoyen américain qui s'en remettrait aveuglément à la parole présidentielle.

> Nous contrôlons parfaitement la situation. Il s'agit d'une personne venue de Chine. Nous contrôlons la situation. Tout va bien se passer.

Dans les semaines qui suivent, toutes les déclarations et tous les tweets témoignent de la détermination de Donald Trump de minimiser à tout prix la première véritable crise à laquelle il est confronté depuis son arrivée au pouvoir.

> 24 janvier : « La Chine a travaillé très dur pour contenir le virus. Les États-Unis apprécient vraiment leurs efforts et leur transparence. Cela va bien se passer. »

> 30 janvier : « Nous contrôlons très bien la situation. Nous avons très peu de problèmes dans notre pays à ce stade : cinq cas. Et ces personnes récupèrent très bien.

Nous travaillons étroitement avec la Chine et d'autres pays et nous pensons que cela va très bien se terminer pour nous. »

10 février : « D'ici avril, en théorie, quand il commencera à faire un peu plus chaud, [le virus] disparaîtra miraculeusement. »

19 février : « Je pense que plus nous avancerons, plus les indicateurs vont s'améliorer. »

23 février : « Nous avions 12 cas à un moment donné. Et ils vont beaucoup mieux. La plupart d'entre eux sont complètement rétablis. »

24 février : « Le coronavirus est très largement sous contrôle aux États-Unis. Nous sommes en contact avec tout le monde et avec tous les pays concernés. Les CDC [centres de contrôle et de prévention des maladies] et l'OMS [Organisation mondiale de la santé] ont travaillé dur et de façon très intelligente. À mon avis, les choses se présentent bien pour la Bourse ! »

26 février : « Nous sommes à un niveau bas [de contamination]. Au fur et à mesure que [les malades] vont mieux, nous les retirons de la liste, donc nous serons bientôt à cinq personnes seulement. Et nous pourrions passer à une ou deux personnes très bientôt. Nous avons eu beaucoup de chance. »

Le 7 mars 2020, Trump visite des CDC à Atlanta avec la célèbre casquette rouge « Keep America Great », son slogan de campagne pour la présidentielle de novembre, vissée sur le crâne. Dans un échange décousu avec les journalistes, entouré de médecins en blouse blanche, il vante la réussite « extraordinaire » des opérations de tests

– « Toute personne qui a besoin d'un test est testée » – à travers les États-Unis alors que le spectaculaire retard à l'allumage sur ce front est le point noir des États-Unis. Et loue, contre toute évidence, la réaction extrêmement rapide du gouvernement et des autorités sanitaires.

> Ils ont commencé à travailler quand ils ont vu qu'il y avait un problème en Chine. C'était il y a de nombreuses semaines. Ils ont vu que quelque chose se passait en Chine bien avant que qui que ce soit en ait entendu parler, avant que l'on en parle dans les journaux. C'est à ce moment-là qu'ils se sont mis à travailler. C'est la raison pour laquelle nous sommes en bonne position face à l'épidémie.

Il parle de l'épidémie à venir aux États-Unis comme si elle venait de s'achever.

> Nous avons 240 cas et 11 morts. C'est toujours trop, bien sûr. Mais sur la durée, lorsque les gens ont la grippe saisonnière, il y a en moyenne 36 000 morts. Je ne connaissais pas ces chiffres. J'aurais été choqué si je les avais sus. Je ne savais pas que les gens mouraient de la grippe. 36 000 ! Et il faut savoir que certaines années, plus de 100 000 personnes sont mortes de la grippe. Et si vous regardez les pourcentages, le pourcentage [de mortalité] pour la grippe saisonnière est en dessous de 1 %. Mais cela pourrait aussi être en dessous de 1 % parce que beaucoup de gens qui n'ont pas de symptômes ne se signalent pas.

Il assure qu'il maîtrise parfaitement le dossier, qu'il est très à l'aise avec sa dimension scientifique.

> J'adore ce truc. Vous savez, mon oncle était un type formidable. Il était au MIT [Massachusetts Institute of

Technology]. Il a enseigné au MIT pendant un nombre d'années record. C'était un super-génie. Dr John Trump. J'adore ça. Je comprends vraiment le sujet. Les gens sont surpris. Tous les docteurs aujourd'hui disaient : « Comment en savez-vous autant là-dessus ? » J'ai peut-être un talent naturel, peut-être que j'aurais dû faire ça plutôt que d'être candidat à la Maison Blanche.

Deux jours plus tard, lorsqu'il se présente dans la salle de presse de la Maison Blanche, les attentes sont énormes. Un vent de panique a soufflé sur les Bourses mondiales. Wall Street a enregistré sa plus lourde dégringolade sur une séance en plus de onze ans. Son indice vedette, le Dow Jones Industrial Average, a plongé de 7,79 %. Furieux, l'ancien homme d'affaires, qui en a fait le baromètre de son succès, peine à trouver le ton juste, mélange les registres. Il attaque bille en tête et promet, avant même d'évoquer les enjeux sanitaires, de prendre soin de l'économie américaine.

Dans un éditorial au vitriol intitulé « Virus et leadership », le *Wall Street Journal*, peu suspect d'antitrumpisme primaire, résume début mars l'incapacité du président à relever le défi de cette crise sanitaire mondiale.

> Lorsque le président Trump identifie une menace, son instinct est de la nier, de s'arc-bouter et de riposter. Cela a souvent été efficace politiquement, mais dans le cas du nouveau coronavirus cela a nui à sa capacité à diriger.

Après des semaines de confusion, Donald Trump a l'occasion, le mercredi 11 mars, de fixer un nouveau cap, d'effacer au moins partiellement les atermoiements des jours écoulés : une allocution formelle depuis le bureau Ovale.

Assis derrière le *Resolute desk*, il se lance d'une voix hésitante.

> Mes chers compatriotes. Ce soir, je veux vous parler de la réponse sans précédent de notre pays face à l'épidémie de coronavirus qui a commencé en Chine et se répand maintenant à travers le monde.

Le ton, grave, semble indiquer qu'il a enfin pris la mesure de la pandémie. Mais son allocution, qu'il lit pourtant sur un téléprompteur, est truffée de formules ambiguës et d'approximations sur des sujets sensibles qui obligent son équipe à rectifier le tir presque en temps réel. Il annonce qu'il suspend « tous les voyages en provenance d'Europe vers les États-Unis pour les 30 prochains jours ». Mais en réalité l'interdiction ne s'applique pas aux Américains. Il affirme, dans une formule alambiquée, que la décision s'applique aussi aux échanges commerciaux, alors qu'il n'en est rien.

Ce premier grand oral sur la pandémie est entrecoupé de quelques formules agressives qui lui donnent une tonalité beaucoup plus politique, comme cette référence au « virus étranger ». Joe Biden, à ce moment-là déjà quasi assuré d'obtenir l'investiture démocrate pour la présidentielle, bondit sur l'occasion. « Appeler le Covid-19 un "virus étranger" n'écarte pas la responsabilité des mauvaises décisions prises jusqu'ici par l'administration Trump », lance-t-il, dénonçant un discours aux accents xénophobes.

Dans les jours qui suivent, tout s'accélère.

Le 13 mars, Trump déclare, depuis la roseraie de la Maison Blanche, l'état d'urgence nationale, qui permet de mobiliser des fonds d'urgence et de desserrer des contraintes réglementaires. Certes, les gestes sont maladroits : au moment où la planète n'a qu'un mot d'ordre – « distanciation sociale » –, le président américain serre les mains d'une demi-douzaine de dirigeants de grandes entreprises qui se succèdent au pupitre. Mais le ton a changé, l'heure est à la mobilisation générale.

Le 16 mars, il annonce une série de recommandations : limitation des rassemblements à dix personnes, fermeture des écoles (déjà à l'arrêt dans plusieurs grandes villes comme New York, Chicago ou Los Angeles), fermeture des bars et des restaurants.

Un président mobilisé siège désormais dans le bureau Ovale. Mais ces longues semaines d'atermoiement ont laissé des traces.

La désinvolture initiale du président a d'ailleurs été largement partagée par la base républicaine. Selon un sondage de l'université Quinnipiac publié le 9 mars, les sympathisants républicains se déclarent ainsi nettement moins « inquiets » que les démocrates (35 % contre 68 %) face à l'épidémie.

Le 15 mars, alors que la menace se précise, le représentant de Californie Devin Nunes, un très proche du président, assure sur Fox News, qui campe sur la ligne présidentielle, que « si vous êtes en bonne santé, vous et votre famille, c'est le moment idéal pour sortir et aller dans un restaurant local. Vous pouvez probablement y entrer facilement ».

La veille, le gouverneur républicain de l'Oklahoma, Kevin Stitt, a publié sur son compte Twitter une photo de lui et de ses enfants dans un restaurant bondé. Son porte-parole s'est fait encore plus explicite : « Le gouverneur continuera à emmener sa famille dîner et à faire les magasins sans vivre dans la peur, et il encourage les habitants de l'Oklahoma à faire de même. »

LES EXPERTS EN PREMIÈRE LIGNE

Comme dans la majorité des pays confrontés à la crise sanitaire, la riposte fédérale américaine au coronavirus est lente et laborieuse. Mais le poids déterminant des gouverneurs, celui des scientifiques reconnus dont le président choisit de s'entourer et la rapide réponse du Congrès, qui multiplie les plans de soutien en mars et en avril, permettent de limiter les effets de la déflagration.

Fin février, Donald Trump nomme son vice-président, Mike Pence, à la tête de la « *task force* » chargée de coordonner la riposte à l'épidémie. Contrairement à ses prédécesseurs face à des crises semblables, il fait le choix d'un politique et non d'un expert, mais son bras droit connaît bien le fonctionnement de l'État fédéral après une décennie passée au Congrès, à la Chambre des représentants, et trois ans comme gouverneur de l'Indiana. Le vice-président adopte immédiatement le ton consensuel qu'imposent les circonstances et ne manque jamais de saluer la mémoire des victimes du virus ni de rendre des hommages appuyés au personnel de santé.

Son expérience se révèle d'autant plus précieuse que la crise sanitaire a mis en évidence les difficultés de Donald Trump à appréhender les complexités du fédéralisme américain. Le président n'hésite pas à se plaindre des gouverneurs, en première ligne face à la maladie, dont la gestion relève de leurs compétences, qui critiquent la lenteur de sa réaction.

À son côté, Mike Pence maintient au contraire le lien avec les élus, y compris démocrates. À son poste de gouverneur de l'Indiana, sa gestion d'une flambée de sida a été controversée, mais il sait que les décisions les plus essentielles reposent sur leurs épaules. Face à un président qui hésite entre les impératifs sanitaires et ceux d'un redémarrage de l'économie, les gouverneurs maintiennent le cap, toutes tendances politiques confondues dans le nord-est des États-Unis, la région la plus touchée au printemps, alors que les élus républicains du Midwest et du Sud, comparativement moins frappés, se montrent les plus pressés de s'affranchir des règles les plus strictes en matière de confinement.

Donald Trump peut également compter sur une équipe scientifique solide au sein de laquelle émergent rapidement de fortes personnalités, à commencer par le professeur Anthony Fauci, directeur de l'Institut national des allergies et des maladies infectieuses depuis 1984. Né à Brooklyn en 1940, il n'est pas seulement un expert écouté, un bourreau de travail à qui certains de ses collègues laissaient selon la légende des notes sur le pare-brise de sa voiture l'invitant à abréger ses journées (« Rentre chez toi. Tu nous fais culpabiliser »). Il a travaillé successivement avec cinq présidents, républicains comme démocrates, et cette longue expérience a aiguisé son sens politique.

Omniprésent dans les médias où il excelle par sa pédagogie, Anthony Fauci parvient à corriger les emballements présidentiels, notamment la brusque passion de Donald Trump pour un médicament contre le paludisme qui n'a pas fait l'objet des tests nécessaires, l'hydroxychloroquine. Le locataire de la Maison Blanche se montre en effet enthousiaste :

> Vous connaissez l'expression, je l'ai utilisée pour certaines raisons : « Qu'est-ce que vous avez à perdre ? » Qu'avez-vous à perdre ? [...] Si cela fonctionne, il serait dommage de s'en priver.

Le président s'en fait l'avocat fin mars et début avril, avant d'annoncer en mai, provocateur, qu'il en prend lui-même à titre préventif.

Anthony Fauci s'attire la hargne de la droite de la droite, qui milite rapidement pour la réouverture du pays, aux risques et périls des Américains. Donald Trump partage même sur son compte Twitter un message appelant à son limogeage, avant d'assurer le lendemain qu'il n'entend pas se séparer de lui. L'immunologiste en chef des États-Unis jouit, il est vrai, d'un taux de confiance pour la gestion de cette crise sanitaire bien plus élevé que celui du président (60 % contre 36 %), selon un sondage NBC-*Wall Street Journal* publié mi-avril.

Il n'est pas isolé car il peut compter sur une autre scientifique chevronnée : Deborah Birx. Passée par le prestigieux hôpital militaire Walter-Reed, dans la banlieue de Washington, puis par les centres de contrôle et de prévention des maladies, une pièce maîtresse du dispositif de santé américain, et par l'Institut national de la santé, cette médecin a été nommée par Barack Obama en 2014 ambassadrice des États-Unis chargée du sida, dont elle est une spécialiste comme Anthony Fauci.

Elle gagne la confiance du président sans s'interdire de pondérer et de relativiser certaines de ses déclarations. Lorsque le président compare les bilans humains de la maladie en Europe et aux États-Unis pour vanter celui de son pays, elle prend ainsi soin d'insister sur la coopération avec les services de santé italiens, français ou espagnols, qui a permis, assure-t-elle, de préparer une meilleure riposte.

Donald Trump ne tarit pas d'éloges à propos de son équipe. Dès le mois de mars, il lui décerne ce qui est pour lui l'un des compliments les plus flatteurs.

> Je vais vous dire ce qui a été ma meilleure décision : les gens derrière moi sont des pros. Partout dans le monde, ils sont respectés. Le docteur Birx, Anthony, qui est devenu un – où est Anthony ? – qui va devenir une star de la télévision pour tout un tas de bonnes raisons. Il est tellement professionnel. Tellement bon. Les gens avec qui nous travaillons sont incroyables. Et ils sont totalement respectés.

En dépit de ses hésitations, le président suit d'ailleurs systématiquement leur avis. Anthony Fauci le reconnaît publiquement à la mi-avril.

> La première fois que le docteur Birx et moi-même avons formellement recommandé au président de mettre le pays à l'arrêt [...], nous avons eu un débat. De toute évidence, certains craignaient que cela puisse avoir des conséquences négatives. Néanmoins, le président a écouté notre recommandation et il a tranché en ce sens. Quand nous sommes allés ensuite avec le docteur Birx dire au président que quinze jours ne suffisaient pas, qu'il fallait trente jours supplémentaires, il y avait des gens qui ont eu évidemment un problème avec ça, à cause des effets secondaires potentiels [pour l'économie]. Mais le président a accepté cette recommandation et nous avons prolongé la pause de trente jours.

Donald Trump, enfin, approuve sans mot dire les gigantesques plans de soutien rapidement votés par le Congrès, presque à l'unanimité. Les sommes engagées tutoient les 3 000 milliards de dollars à la fin avril. Plus de quatre fois la facture du plan de relance adopté sous l'administration de Barack Obama, en 2009, auquel la totalité des républicains de la Chambre s'étaient opposés en 2009 et que seuls trois élus conservateurs avaient soutenu au Sénat. Cet argent permet de compenser la faiblesse majeure du système de santé américain : le sort des non-assurés. Tous les frais d'hospitalisation liés au coronavirus sont ainsi pris en charge.

Dix ans plus tôt, le déficit fédéral était une ligne rouge pour le Grand Old Party, et le mouvement du Tea Party s'était nourri du rejet suscité par les plans de soutien financés par le contribuable. Il en va tout autrement avec Donald Trump et rares sont les voix qui s'élèvent au printemps 2020 au sein de son parti pour déplorer ce recours à l'« *helicopter money* » popularisé par Milton Friedman.

LE RENDEZ-VOUS MANQUÉ DE TRUMP

Le Fonds monétaire international, la Banque mondiale, Peet's Coffee à l'angle de la 17e Rue pour le café matinal : remonter Pennsylvania Avenue, artère centrale de Washington, pour se rendre à la Maison Blanche, c'est sentir battre le cœur de la capitale fédérale américaine. Au printemps, Lafayette Square, situé juste en face du site choisi en 1791 par George Washington pour accueillir la résidence et le lieu de travail du président, est le rendez-vous des touristes, des joggeurs et de personnages hauts en couleur venus dire leur amour ou leur haine du président, dénoncer l'arme atomique ou crier leur foi dans un mégaphone de fortune.

Au temps du coronavirus, ce paysage familier est méconnaissable. Tout est désert. Avant même d'entrer dans le bâtiment du Secret Service qui commande l'accès à la Maison Blanche, une tente blanche installée à l'extérieur nous attend pour une première prise de température. La grille passée, les lieux sont tout aussi fantomatiques. Pebble Beach (« la plage de galets »), nom donné à l'espace où sont alignées sous des tentes vertes les caméras de télévision pour des directs avec vue sur la Maison Blanche, est d'un calme surprenant.

La salle de presse est un lieu à part dans la Maison Blanche. Située à quelques mètres seulement du bureau Ovale, elle a été bâtie durant la présidence de Richard Nixon sur une piscine couverte construite pour Franklin Delano Roosevelt. Curieusement restée intacte, la piscine, où l'on accède par un petit escalier en métal dissimulé derrière une porte discrète, ne contient plus d'eau mais un entrelacs de câbles. Ses carreaux bleus sont recouverts de signatures multicolores de journalistes et d'employés de la Maison Blanche qui y ont effectué, au fil des présidences, une furtive visite. Nous n'avons pas résisté à y ajouter la nôtre dans un recoin encore vierge.

Au pire de l'épidémie, le temps y semble figé. Seul un siège sur quatre est accessible, en vertu des règles de distanciation physique mises en place par l'Association des correspondants de la Maison Blanche (WHCA).

C'est ici que tous les jours pendant plus d'un mois, en fin d'après-midi, se joue un ballet singulier, officiellement intitulé « briefing des membres de la cellule de crise sur le coronavirus ». Il a pour acteur principal le président des États-Unis, qui avait jusqu'ici délaissé ce lieu emblématique. Privé d'estrades de campagne, de déplacements, de rencontres dans le bureau Ovale avec ses homologues ou encore de sorties de golf, Donald Trump voit ces rendez-vous quotidiens comme autant de shows qui lui permettent de battre des records d'audience, ce dont il se félicite. Le style est très éloigné du ton rassurant et de l'empathie des « *fireside chats* », les conversations au coin du feu de Franklin Delano Roosevelt, qui, de 1933 à 1944, s'adressait aux Américains en ces temps d'angoisse que furent la Grande Dépression et la Seconde Guerre mondiale.

Un jour, Trump évoque « le grand mur magnifique » à la frontière mexicaine promis en campagne. Un autre, il moque « Sleepy Joe » Biden. Un autre encore, s'accorde un satisfecit en forme de « dix sur dix ». Entre deux explications scientifiques des docteurs Anthony Fauci et Deborah Birx et un état des lieux sur la coordination avec les États de Mike Pence, le président bondit. Il lance des ballons d'essai, sans lendemain. Comme lorsque, furieux de la lenteur avec laquelle le Sénat confirme les juges qu'il a nommés, il menace d'avoir recours à des dispositions constitutionnelles jamais utilisées et de suspendre les deux chambres du Congrès. Le rythme est débridé.

Comment couvrir ce flot de paroles en restant concentré sur la pandémie ? Les chaînes de télévision américaines s'interrogent, en ordre dispersé, sur le bien-fondé d'une retransmission en direct. CNN hésite. Un jour, la chaîne renonce à retransmettre ce rendez-vous quotidien sur la pandémie qui secoue l'Amérique au motif qu'il se transforme en meeting de campagne. Un autre, elle revient au direct mais avec des bandeaux « *Breaking News* » détonants.

« Un Trump en colère transforme le briefing en séquence de propagande », « Trump refuse de reconnaître la moindre erreur », « Trump utilise le briefing de la cellule de crise pour réécrire l'histoire sur la riposte face au coronavirus ».

Les points de presse battent tous les records, certains dépassent le cap des deux heures et s'achèvent après la tombée de la nuit. Selon le décompte du *New York Times*, le président s'autocongratule près de 600 fois. Il assure avoir fait « du très bon boulot dès le début ».

> J'ai toujours su que c'était une pandémie. Je l'ai senti bien avant qu'on l'appelle une pandémie.

Il s'en prend à une journaliste de Fox News qui l'interroge sur la difficulté d'accès aux tests :

> Vous devriez dire : « Bravo, super boulot », plutôt que d'être aussi méchante dans la façon dont vous posez votre question.

Il défend tel ou tel traitement qu'il juge prometteur :

> Qu'est-ce que j'en sais, moi ? Je ne suis pas médecin. Mais j'ai un solide bon sens.

Il évoque ses conquêtes féminines au milieu d'un débat sur les projections scientifiques :

> Les professionnels ont fait les modèles [de prévision]. Je n'ai jamais rien eu à voir avec un modèle… Enfin, pas ce genre de modèle.

Il se pose en victime d'un traitement médiatique injuste :

> Ils ont dit qu'Abraham Lincoln avait lui aussi été très mal traité.

Il assure que tous les dirigeants avec lesquels il est en contact lui font part, en privé, de leur admiration :

> Si seulement je pouvais vous raconter ce que les autres pays, même des pays très puissants, me disent. Leurs dirigeants le disent discrètement et *off the record*, mais ils ont énormément de respect pour ce que nous sommes capables de faire.

Il vante sa politique étrangère :

> Écoutez, c'est simple : si je n'avais pas été élu, nous serions en guerre, en ce moment même, avec la Corée du Nord.

Lorsqu'un journaliste lui fait remarquer que sa parole a un poids particulier, que les Américains qui regardent le briefing quotidien sont en quête d'informations et de conseils, pas de rumeurs, Donald Trump s'emporte :

> Je suis le président et vous êtes Fake News !

Pendant ses monologues, tout le monde se tait. Inutile de chercher un rictus de surprise ou de désapprobation sur le visage de Mike Pence. Il est passé maître dans l'art de rester de longues minutes à écouter le président sans manifester la moindre émotion. Les bras le long du corps, il évite le regard des journalistes.

Le point culminant intervient le jeudi 23 avril. Ce

jour-là, le briefing donne lieu à la présentation d'une étude, réalisée par un laboratoire du gouvernement américain mais non publiée dans une revue spécialisée, selon laquelle le nouveau coronavirus s'affaiblit dans une atmosphère chaude et humide ainsi que sous les rayons du soleil. Au cours de son exposé, Bill Bryan, le conseiller scientifique du département de la Sécurité intérieure, évoque rapidement les études en cours sur le rôle que peuvent jouer les désinfectants pour combattre le virus sur certaines surfaces.

Donald Trump, debout non loin de lui, ne cache pas son enthousiasme. Et lorsqu'il reprend place derrière le micro, il laisse entendre, de manière confuse, que des désinfectants pourraient s'avérer efficaces à l'intérieur du corps humain.

> Je vois que le désinfectant l'assomme [le coronavirus] en une minute. Une minute. Et est-ce qu'il y a un moyen de faire quelque chose comme ça avec une injection à l'intérieur ou presque comme un nettoyage ?

Deborah Birx, assise près du président pendant ses déclarations, peine à dissimuler sa gêne, fuit le regard de Donald Trump qui quête son approbation. Les images de ce briefing particulièrement chaotique tournent en boucle, notamment celle où l'on voit le président affirmer, en désignant son cerveau : « Je ne suis pas médecin, mais je suis le genre de personne qui fonctionne bien d'ici. »

Le fabricant du désinfectant Lysol publie une mise au point : « Nos produits ne doivent, en aucune circonstance, être administrés dans le corps humain (que ce soit par injection, par ingestion ou par quelque autre voie). » Son adversaire démocrate Joe Biden s'en tient à une réaction courte mais ciselée : « J'ai du mal à croire que je doive le dire mais, s'il vous plaît, ne buvez pas d'eau de Javel. »

Face au tollé, la Maison Blanche tente, le lendemain, de limiter les dégâts. Sa nouvelle porte-parole Kayleigh McEnany assure dans un premier temps que les mots du président ont été « sortis de leur contexte ». Quelques heures plus tard, Donald Trump affirme, lui, qu'il plaisantait.

Au lendemain de ce point de presse, Paul Krugman, Prix Nobel d'économie et farouche détracteur du président, espère déceler un point d'inflexion :

> On dirait que ce moment Lysol pourrait être un tournant psychologique, le moment où même nombre de ses fans inconditionnels réalisent qu'il est fondamentalement inapte pour la présidence. [...] Bien sûr, je pourrais avoir tort. Mais mon sentiment à ce moment précis est que, pour prendre un vieux cliché à l'envers, hier fut le jour où Trump a arrêté d'être président.

Deux jours plus tard, samedi en fin d'après-midi, la Maison Blanche annonce un « *lid* » pour la journée, ce qui signifie, dans le jargon washingtonien, que le « couvercle » est mis et que les journalistes peuvent quitter la Maison Blanche l'esprit léger, sachant que le président ne fera plus aucune apparition publique. Pas de briefing quotidien, donc, pour la première fois depuis plusieurs semaines.

Donald Trump livre peu après, sur Twitter, son explication, mêlée de toute sa frustration.

> À quoi sert d'organiser des conférences de presse à la Maison Blanche quand les médias malhonnêtes ne posent que des questions hostiles et refusent de relater la vérité ou les faits de manière exacte. Ils font des records d'audience

et les Américains ne reçoivent que des Fake News. Perte de temps et d'énergie !

Si la pandémie change profondément les règles du jeu de la campagne électorale et déstabilise le locataire de la Maison Blanche, son adversaire démocrate, Joe Biden, peine, pendant les premiers mois de la pandémie, à se faire entendre depuis sa maison de Wilmington, dans le Delaware, où il est confiné.

Le retrait du sénateur du Vermont Bernie Sanders, qui l'avait – pendant quelques mois – doublé sur sa gauche, lui a permis de signer l'un des retours les plus spectaculaires de l'histoire politique américaine. Après avoir échoué en 1988 et 2008, puis hésité en 2016, l'ancien vice-président de Barack Obama a enfin décroché, à 77 ans, le droit de participer à une élection présidentielle. Mais il ne peut parader avec ses anciens rivaux Bernie Sanders et Elizabeth Warren ni effectuer le tour de piste du vainqueur. Et il apparaît plus comme un candidat de consensus que comme le porteur d'un véritable projet de société ou l'incarnation d'un renouveau.

Joe Biden a installé un studio de télévision dans son *basement*. Il tente de rebondir à chaque dérapage présidentiel et essaye d'afficher un visage combatif. Interrogé, lors d'une réunion de levée de fonds, sur des rumeurs selon lesquelles il ne souhaiterait pas prendre part à un débat avec le président sortant, le candidat démocrate dit sa détermination à en découdre.

> Vous plaisantez ? Je trépigne à l'idée de débattre avec Donald Trump. Je suis prêt pour le débat : Zoom, Skype, Slack [Google] Hangouts ou en personne. Quand il veut, où il veut !

Mais, dans les premières semaines de la pandémie, ses interviews et podcasts pèsent peu face au tourbillon Trump. Le président l'a affublé d'un surnom moqueur, Sleepy Joe, et s'emploie, en mettant en avant ses gaffes et trous de mémoire, à le réduire à un vieil homme inoffensif qui ne ferait que répéter les éléments de langage préparés par une armée de jeunes conseillers. « Il ne bouge pas beaucoup [...]. Ils le gardent à l'abri à cause du coronavirus », ironise-t-il.

Mais l'inquiétude dans le camp démocrate laisse peu à peu la place à une forme de soulagement. Loin de tirer avantage de cette situation, Donald Trump multiplie les faux pas. Sans vraiment faire campagne, Joe Biden marque des points. Ce « lion de l'histoire américaine », selon les termes de Barack Obama, met, par simple effet de contraste, ses atouts en avant : son empathie, sa chaleur humaine. Peu à peu, il se positionne idéalement pour endosser les habits de rassembleur et de « consolateur en chef » que Trump refuse obstinément. Les drames personnels qu'il a traversés, la mort de sa première femme et de leur petite fille dans un accident de voiture, puis celle de son fils emporté par un cancer, l'ont façonné. Ses douleurs et ses doutes, qu'il n'hésite pas à partager en public sur le ton de la confidence, font partie intégrante d'un parcours politique qui acquiert une dimension supplémentaire dans une Amérique endeuillée par la maladie.

Donald Trump, lui, s'entête.

Après le vote du gigantesque plan de relance par le Congrès, il n'invite que des républicains à la brève cérémonie de signature de la loi dans son bureau de la Maison Blanche. Il éreinte son prédécesseur démocrate, Barack Obama, pour la gestion du virus H1N1 qui s'était répandu aux États-Unis moins de deux mois après son arrivée au pouvoir, en mars 2009, alors que la crise des *subprimes* ravageait par ailleurs l'économie américaine. Le président se plaint également de la passivité supposée des centres de contrôle et de prévention des maladies en première ligne contre le virus, stigmatisés pour n'avoir selon lui « rien fait », alors qu'il souhaitait réduire leur budget un mois plus tôt.

Lorsqu'il est interrogé sur la suppression en 2018 du poste de responsable des pandémies qui existait au sein de son Conseil à la sécurité nationale, le président se plaint d'une question « méchante ». « Je ne sais rien de ça, ce n'est pas moi qui l'ai fait », répond-il. Et Donald Trump rétorque qu'il n'est « pas du tout responsable » lorsqu'on lui demande s'il se sent comptable des ratés initiaux du programme de dépistage.

Le refus de se placer en rassembleur, au-dessus de la mêlée, est le plus frappant dans la relation avec les 50 gouverneurs du pays. Très tôt, il attaque avec violence Jay Inslee, le gouverneur démocrate de l'État de Washington, l'un des premiers touchés par l'épidémie, que Mike Pence avait complimenté pour sa réaction face au virus.

> J'ai dit à Mike de ne pas faire de compliments au gouverneur parce que ce gouverneur est un serpent. Je lui ai dit : « Si tu es gentil avec lui, il profitera de la situation. » [...] Nous avons beaucoup de problèmes avec le gouverneur de Washington. Mike est peut-être content de lui mais pas moi, O.K. ? Comme je l'ai dit hier soir, si nous trouvions un médicament aujourd'hui et que demain tout disparaissait et que vous alliez voir ce gouverneur – qui, soit dit en passant, n'est pas un bon gouverneur – et que vous lui disiez : « Comment a été Trump ? », il répondrait : « Il a fait du très mauvais boulot. »

« Certains gouverneurs aiment se plaindre », déplore-t-il. Il distribue les bons et les mauvais points, passe des compliments à l'insulte dans la même journée. Le critère central ? Les signes de reconnaissance et de gratitude envers son action. Des propos flatteurs ? Tel gouverneur est immédiatement porté aux nues. Des réserves sur la réponse du gouvernement fédéral ? Il est descendu en flammes. « Je ne sais plus ce que je dois faire. Envoyer un bouquet de fleurs ? » finit par lâcher, excédé, Andrew Cuomo, gouverneur de New York, soulignant qu'il a, à plusieurs reprises, sur des questions précises, salué l'aide précieuse du gouvernement fédéral et l'attitude de Donald Trump.

Le 17 avril, le président américain s'emporte, dans une série de tweets, contre ce dernier, dont les points de presse quotidiens – à la fois pédagogiques et compassionnels – remportent un réel succès.

> Le gouverneur Cuomo devrait passer plus de temps à « faire » et moins de temps à « se plaindre ». Nous avons donné à New York beaucoup plus d'argent, d'aide et d'équipements qu'à n'importe quel autre État, et de loin. Ces hommes et ces femmes qui ont fait le boulot ne vous entendent jamais dire merci. Vos chiffres ne sont pas bons. Moins de paroles, plus d'actes !

Deux jours plus tard, virage à 180 degrés. Depuis le podium de la salle de presse de la Maison Blanche, il diffuse un extrait de propos récents dans lesquels le gouverneur remercie l'ensemble des acteurs qui se sont mobilisés, et en particulier le gouvernement fédéral qui a été un « très bon partenaire » pour les États. « Je veux remercier Andrew, le gouverneur Cuomo, pour sa déclaration », lâche Donald Trump tout sourire. « C'était vraiment une bonne déclaration [...]. Si vous allez un peu plus loin, c'est encore mieux. »

Lorsque des gouverneurs constituent des alliances régionales pour aborder ensemble l'étape délicate de la sortie du confinement, Donald Trump peste sur Twitter contre des « mutins », assure disposer d'une autorité « totale » en la matière, avant de reconnaître que cette décision est de leur unique ressort.

Le pic du renoncement à toute posture rassembleuse est atteint le 17 avril lorsque le président des États-Unis incite les habitants de plusieurs États, dirigés par des gouverneurs démocrates, à braver les règles de confinement, et à une forme de rébellion contre ceux qui ont imposé des restrictions. Dans une série de tweets en lettres capitales, il lance « Libérez le Minnesota ! », « Libérez le Michigan ! » et « Libérez la Virginie ! ».

Ces encouragements présidentiels s'adressent aux manifestants qui se rassemblent en divers points du pays, souvent coiffés d'une casquette « Make America Great Again », pour dire leur frustration face aux mesures visant à endiguer la pandémie.

À Lansing, capitale du Michigan, quelques milliers de personnes avaient manifesté deux jours plus tôt pour dénoncer la gouverneure démocrate Gretchen Whitmer. Cette dernière fait alors partie de la liste des colistières possibles de Joe Biden.

Oubliés les engagements de la veille, lors d'une conférence de presse de présentation de son plan pour faire redémarrer l'Amérique en trois étapes. Le ton était mesuré, rigoureux. Donald Trump s'était posé en chef d'orchestre préconisant une réouverture du pays « prudente », « pas à pas », « basée sur la science » et « les dernières données disponibles ». Oubliés les appels au rassemblement pour réussir ce déconfinement inédit, à se tenir à l'écart des querelles partisanes qui risquent de brouiller le message. « Nous travaillons vraiment tous ensemble, démocrates, républicains, conservateurs, progressistes. Il ne s'agit pas de politique, il s'agit de notre pays. » Oubliés enfin les propos insistant sur la volonté de l'État fédéral de laisser à chaque gouverneur le plus de latitude possible.

> Les gouverneurs seront encouragés à mettre en place une approche sur mesure qui réponde aux circonstances particulières de leurs États. S'ils ont besoin de rester fermés, nous les laisserons faire. S'ils pensent que l'heure est venue de rouvrir, nous leur donnerons à la fois la liberté et l'aide nécessaire pour accomplir cette tâche très rapidement en fonction de leurs souhaits. Ce choix appartiendra aux gouverneurs et cela ne nous pose aucun problème.

Au même moment, Stephen Moore, économiste conservateur proche du président qui fait partie du groupe de travail sur la réouverture du pays mis en place par la Maison Blanche, n'hésite pas à appeler à la « désobéissance civile » et à comparer ce mouvement à celui pour la lutte des droits civiques dans les années 1960. « Je considère que ces gens sont les Rosa Parks des temps modernes, ils protestent contre l'injustice et une perte de liberté. »

Appelé à s'exprimer sur cette comparaison, Donald Trump ne la rejette pas.

> Il y a beaucoup d'injustices [...]. Certains gouverneurs sont allés trop loin [...]. C'est une déclaration forte mais je comprends les raisons pour lesquelles il a dit cela.

Interrogé sur ces appels à l'insurrection contre des mesures sanitaires et le soutien du président, Anthony Fauci, épidémiologiste en chef, est très mal à l'aise. « Est-ce que cela vous inquiète quand les gens se rassemblent [pour protester] ? Et est-ce que cela vous inquiète quand ces comportements sont encouragés ? » Contraint de prendre place au podium, sous l'œil de Trump, debout à ses côtés, il cherche une porte de sortie.

> Écoutez, je regarde cela sous l'angle de la santé publique. Je peux bien sûr comprendre la frustration des gens, mais mon rôle principal dans cette cellule de crise est de faire des recommandations pour protéger la santé des Américains. Et je ne peux qu'espérer que les gens comprennent qu'il y a une raison pour laquelle nous faisons cela.

Après ces contorsions diplomatiques, le scientifique, devenu en quelques semaines la figure la plus rassembleuse des États-Unis, s'éloigne aussi rapidement que possible du pupitre.

Si le gendre du président, Jared Kushner, juge fin avril que la réponse de la Maison Blanche face à la pandémie a été une grande « *success story* », la plupart des Américains ne partagent pas son avis. Les sondages montrent que Donald Trump n'a pas réussi à changer de rôle. Il n'a pas connu, comme tous les présidents depuis Franklin Roosevelt, de phénomène de « rassemblement autour du drapeau » après un choc national de taille. Loin du bond spectaculaire de George W. Bush après les attentats du 11-Septembre, il n'a connu qu'un léger sursaut qui s'est rapidement effacé.

La réaction face au Covid-19 a été, pour Donald Trump, une occasion manquée.

La pandémie de Covid-19 lui a offert une opportunité – tragique mais unique – de troquer ses habits de diviseur en chef pour ceux de rassembleur dans une période d'immenses incertitudes. Il ne l'a pas saisie. Le président qui informe la nation avec gravité dans le décor institutionnel de la Maison Blanche et loue « la belle et grande famille américaine » cohabite avec le tribun colérique. Et peine à faire preuve d'empathie vis-à-vis des victimes de cette catastrophe sanitaire.

D'un point de vue strictement électoral, sa désinvolture face à la pandémie pourrait lui coûter cher. Car la partie la plus vulnérable de la population – les personnes âgées – est aussi le socle de son électorat. Les sondages de sortie des urnes de 2016 sont clairs : il l'a emporté avec huit points d'avance sur Hillary Clinton sur la tranche d'âge 45-64 ans, et avec sept points d'avance chez les plus de 65 ans. Un sondage *New York Times* et Siena College rendu public à quatre mois du scrutin le place deux points derrière Joe Biden chez les plus de 65 ans. Dans les États clés du Michigan, de Pennsylvanie et du Wisconsin, il accuse un retard à deux chiffres.

Le Lincoln Project, groupe formé par des républicains anti-Trump, se saisit du dossier. Dans un clip diffusé début juillet, il dénonce la gestion de la crise de Covid-19 par Trump et souligne à quel point ce sont les Américains qui appartiennent à la « *Greatest Generation* » qui payent le prix fort. Une voix *off* accompagne des images d'archives en noir et blanc.

> En 1941, les dirigeants américains ont demandé à une génération d'aller à la guerre. Elle a tout simplement sauvé

le monde. Ce ne fut pas simple. Ce ne fut pas rapide. Et cela ne s'est pas fait sans immenses sacrifices.

Elles sont suivies d'images de Donald Trump annonçant, depuis la salle de presse de la Maison Blanche, que l'Amérique va s'ouvrir et prononçant cette phrase répétée à l'envi : « Nous ne pouvons laisser le remède être pire que le mal. » Retour de la voix *off* sur les images d'une personne âgée en service de réanimation : « N'avons-nous pas assez demandé à la plus grande génération ? »

L'opinion américaine rend vite son jugement. Sa cote de popularité s'enfonce durablement à partir du début du mois d'avril. Elle retrouve son étiage de la fin 2018, au moment d'un *shutdown* calamiteux.

Mi-juin, la courbe du nombre de cas, qui baissait depuis deux mois, s'inverse et repart à la hausse. L'épidémie se développe tout particulièrement dans les États dirigés par des républicains qui ont appliqué le moins rigoureusement et le plus brièvement des mesures de confinement, dont l'Arizona, le Texas et la Floride. « *Great again* », ironise Hillary Clinton. Le 1er juillet, l'Union européenne publie sa liste de pays dont les ressortissants sont acceptés sur son territoire. Les États-Unis en sont exclus.

WASHINGTON-PÉKIN, LA NOUVELLE GUERRE FROIDE

« Puissance révisionniste » : c'est dans cette catégorie que la Maison Blanche classe la Chine, au côté de la Russie. Dans sa « Vision stratégique » publiée en décembre 2017, la présidence américaine érige en priorité la nécessité de repenser les politiques des deux dernières décennies, « fondées sur l'hypothèse que l'ouverture vers des rivaux et leur intégration dans les institutions internationales et le commerce mondial » les transformeraient en partenaires de confiance. « La plupart du temps, cette prémisse s'est révélée fausse », ajoute le texte, visant la stratégie d'engagement à l'égard de la Chine.

Lorsqu'elle frappe de plein fouet les États-Unis, la pandémie de Covid-19 relance les violentes joutes verbales qui avaient temporairement cessé après un accord partiel sur les questions commerciales. Elle ouvre surtout de manière spectaculaire un nouveau chapitre dans l'affrontement protéiforme entre Washington et Pékin, devenu l'une des clés du début du XXIe siècle.

Pendant plusieurs semaines, les commentaires de Trump sur la gestion de la pandémie par Pékin ne sont que louanges.

Le 24 janvier 2020, l'humeur est aux félicitations et à l'entente cordiale.

> La Chine travaille très dur pour contenir le coronavirus. Les États-Unis apprécient vraiment leurs efforts et leur transparence. Tout va bien se passer. Au nom du peuple américain, je veux en particulier remercier le président Xi !

Deux semaines plus tard, l'optimisme est toujours de mise.

> Je viens d'avoir une longue et très bonne conversation avec le président Xi. Il est fort, intelligent et très concentré sur la contre-offensive contre le coronavirus. Il a le sentiment que les choses se passent très bien, ils construisent

même des hôpitaux en quelques jours... Beaucoup de discipline en Chine où le président Xi dirige avec détermination ce qui sera une opération couronnée de succès. Nous travaillons étroitement avec la Chine pour aider !

Fin février, toujours pas le moindre nuage à l'horizon.

> La Chine fait semble-t-il d'énormes progrès. [...] Je pense que nos relations avec la Chine sont excellentes. Nous venons juste de conclure un grand accord commercial, et nous commençons à travailler sur un autre, un très grand accord. Nous travaillons ensemble de manière étroite. Sur le virus, ils nous parlent, nous leur parlons.

En mars, le ton change. Trump juge que le monde paye « le prix fort » pour la lenteur initiale de la Chine à transmettre des informations cruciales sur cette épidémie qui a démarré sur un marché de Wuhan en décembre 2019. Il met en doute avec force le bilan officiel avancé par Pékin, assurant qu'il est en réalité bien plus lourd que celui des États-Unis.

> Nous ne sommes pas contents de l'attitude de la Chine. Nous ne sommes pas contents de cette situation parce que nous pensons que tout ceci aurait pu être arrêté à la source. Cela aurait pu être arrêté rapidement et [le virus] ne se serait pas répandu à travers le monde.

Les deux pays ne se battent plus à coups de taxes douanières, mais les échanges sont vifs. Pendant plusieurs semaines, Trump parle de « virus chinois », pour agacer Pékin. Objet de l'irritation du locataire de la Maison Blanche : un porte-parole de la diplomatie chinoise a évoqué, sans le moindre élément concret à l'appui, une théorie du complot selon laquelle l'armée américaine aurait introduit l'agent pathogène dans son pays.

La dénonciation de l'attitude du régime chinois trouve un large écho aux États-Unis et dans le monde. D'autres dirigeants, dont le président français Emmanuel Macron, lui emboîtent le pas. L'Australie réclame l'ouverture d'une enquête indépendante sur la façon dont la Chine a géré l'épidémie. Sa ministre des Affaires étrangères, Marise Payne, insiste sur le besoin impérieux de connaître « la transparence avec laquelle les informations ont été partagées ». L'image de la Chine comme acteur responsable de la communauté internationale, que Pékin s'efforce de promouvoir depuis le début du XXIe siècle, est écornée.

Donald Trump évoque la possibilité de demander à Pékin des milliards de dollars de réparation pour les dommages causés aux États-Unis par le nouveau coronavirus. Il stigmatise « l'incompétence » des dirigeants chinois « ou peut-être autre chose », avançant la possibilité qu'ils soient « sciemment responsables » de la pandémie.

Mike Pompeo, chef de la diplomatie américaine, est en pointe dans les attaques. Le Parti communiste chinois est la « principale menace de notre époque », lâche-t-il. Pour lui, la crise de Covid-19 marque la fin des illusions de Washington sur le tissage de liens étroits avec la Chine : « Nous avons largement sous-estimé à quel point Pékin est, idéologiquement et politiquement, hostile aux pays libres. »

L'annonce spectaculaire par Trump de la suspension de la contribution américaine à l'Organisation mondiale de la santé (OMS) est brutale dans la forme. Mais les raisons avancées résonnent largement aux États-Unis et sur la scène internationale : l'agence onusienne établie à Genève est accusée d'avoir manqué de réactivité mais aussi de faire preuve d'un positionnement trop systématiquement favorable à l'angle de vue chinois.

Dans un climat d'angoisse et d'incertitude, les prédictions sur l'impact du Covid-19 sur la nouvelle carte de la géopolitique mondiale se succèdent à un rythme effréné. En janvier et février, l'humeur est au triomphalisme à Washington, où nombre d'analystes croient déceler les signes d'un tournant fatal pour le Parti communiste chinois, affaibli par une pandémie qui a mis en pleine lumière les limites d'un système bâti sur le secret et la censure. Dans les mois qui suivent, avec le déplacement de l'épicentre de l'épidémie et les difficultés des États-Unis à réagir, le discours change sensiblement, et Pékin apparaît, un temps, comme le principal bénéficiaire de cette crise sanitaire hors norme.

Pour l'ancien Premier ministre australien Kevin Rudd, ces lectures excessives et imparfaites cachent un état de fait bien plus inquiétant pour les deux premières puissances mondiales, qui ont failli, pour des raisons très différentes, face à la pandémie.

> En dépit des efforts des combattants idéologiques à Pékin et à Washington, la rude réalité est que la Chine comme les États-Unis sortiront probablement très diminués de la crise. Ni une Pax Sinica ni une nouvelle Pax Americana n'émergeront des ruines.

Reste que plus le bilan s'alourdit, plus les questions sur l'attitude de Pékin se font pressantes. Aux États-Unis, un front uni se dessine, dépassant le clivage républicains/

démocrates, pour réclamer plus de fermeté face à Pékin, même si la manière d'y parvenir fait l'objet d'âpres débats.

Au printemps 2020, le géopolitologue Walter Russell Mead juge même, dans une chronique au *Wall Street Journal*, que la meilleure chance de réélection de Donald Trump peut se résumer ainsi : « Faire campagne contre la Chine. »

> Même s'ils adoptent un ton plus ferme, les démocrates auront du mal à se différencier de M. Trump. Coincés entre la volonté d'un côté de critiquer le président pour ce que nombre d'entre eux considèrent comme une approche dangereusement simpliste et de l'autre d'apparaître fermes sur les questions de sécurité nationale, ils risquent de sembler mous, ou naïfs.

Le président républicain a, sur ce dossier, des arguments à faire valoir, en s'appuyant sur ses appels répétés et de longue date à tenir tête à Pékin. Sa rupture est assumée avec l'approche de Barack Obama qu'il jugeait, comme beaucoup d'autres, y compris certains dans le camp démocrate, trop accommodante avec le géant asiatique. Mais le talon d'Achille du président américain est son manque de constance, de méthode. Le camp démocrate l'accuse de parler beaucoup mais d'agir peu, et de mener des attaques souvent désordonnées qui offrent à Pékin autant d'occasions de mieux organiser la riposte.

Il martèle en campagne qu'il veut tenir tête à la Chine ? L'une des premières décisions de sa présidence est de déchirer le traité de libre-échange transpacifique (TPP), négocié par Barack Obama précisément pour tenter de contrer l'hégémonie chinoise en Asie-Pacifique.

Il accuse Pékin de manque de transparence sur le Covid-19 ?

Au lieu de réclamer avec constance des comptes sur une chronologie des événements qui met incontestablement Pékin mal à l'aise, il affirme fin avril disposer d'éléments tangibles permettant d'accréditer la théorie selon laquelle le virus proviendrait d'un laboratoire de Wuhan. Quelques semaines plus tard, il se montre beaucoup moins catégorique, semble même faire machine arrière : « Nous avons beaucoup d'informations. […] Mais vous savez, le pire de tout, que le virus soit venu du laboratoire ou des chauves-souris, c'est qu'il est venu de Chine et qu'ils auraient dû l'arrêter. » Le message est brouillé.

Il dénonce le biais pro-chinois de l'OMS ? Sa décision de suspendre le financement américain et sa menace de retrait pur et simple de l'organisation multilatérale sont d'abord un signe de faiblesse. Comment les États-Unis, de très loin le premier contributeur de cette agence basée à Genève, ont-ils été aussi passifs ? Le geste, qui laisse beaucoup plus d'espace à la Chine, ressemble plus à une retraite qu'à un combat bien mené. La Chine, par la voix du porte-parole de sa diplomatie, Zhao Lijian, ne laisse pas passer l'occasion d'insister sur ce repli américain. « Cette décision va affaiblir les capacités de l'OMS et miner la coopération internationale contre l'épidémie », lâche-t-il, exhortant les États-Unis à « assumer sérieusement leurs responsabilités et obligations ».

Il y a, bien sûr, pour Donald Trump en campagne, un effet d'aubaine dans sa virulence renouvelée contre la Chine. Il y a, bien sûr, dans ses menaces d'aller jusqu'à rompre toute relation avec la Chine, une part de spectacle dont il est coutumier. Mais cette nouvelle guerre froide longtemps annoncée de manière un peu théorique a pris une tournure soudain plus concrète. La fracture ne cesse de se creuser. Selon le Pew Research Center, la proportion d'Américains ayant une opinion négative de la Chine a battu, en mars 2020, un nouveau record, atteignant 66 %. Fait notable, cette défiance est largement partagée par l'ensemble de la population, y compris chez les jeunes.

Pour l'ancien diplomate américain Richard Haass, les États-Unis et la Chine traversent la période la plus dangereuse depuis le début de leurs relations modernes dans les années 1970. Mais, souligne-t-il en mai 2020, il faut à tout prix résister à la tentation d'un affrontement.

> Avec l'effondrement de l'Union soviétique en 1991, la politique étrangère américaine a perdu son étoile polaire. Trois décennies plus tard, la stratégie américaine manque toujours d'un cap clair, mais elle ne devrait pas essayer d'en trouver un en ressuscitant la politique de l'endiguement de la guerre froide. La Chine n'est pas l'Union soviétique et un monde construit sur la mondialisation exige une nouvelle forme de réflexion stratégique.

Dans la quête d'une stratégie face à la Chine, le mépris de Trump pour les alliés et les alliances se retourne contre lui. Comme la bataille autour de la 5G et du géant chinois du téléphone portable Huawei l'a démontré, aller à l'affrontement seul face à Pékin est un exercice périlleux.

Et lorsque, au printemps 2020, après avoir vanté pendant des années ses bonnes relations avec Xi Jinping, le président qui se présente comme le roi des négociations en tête à tête annonce, boudeur, qu'il a décidé de ne plus lui parler, la phrase sonne d'abord comme un aveu d'impuissance.

8

Black Lives Matter ?

À en croire Donald Trump, il est la personne « la moins raciste » que l'on puisse trouver. Cette insistance et la fréquence à laquelle cette affirmation revient dans ses propos, au lieu de dissiper les doutes, produisent l'effet contraire.

« Vous vivez dans la pauvreté, vos écoles ne sont pas bonnes, vous n'avez pas d'emploi, 58 % de vos jeunes sont au chômage : qu'est-ce que vous avez à perdre ? » Pendant la campagne présidentielle, il n'a cessé de poser la question, de manière volontairement provocatrice, à un pilier de l'électorat démocrate, la communauté afro-américaine.

Pendant les trois premières années de sa présidence, il vante le taux de chômage des Noirs, aussi historiquement bas que celui des Blancs et des Latinos. Mais lorsque la pandémie de Covid-19 frappe les États-Unis, la réalité des inégalités sociales réapparaît dans toute sa dureté. Les centres de contrôle et de prévention des maladies constatent dès le mois d'avril que les Afro-Américains représentent 33 % des hospitalisations, contre 45 % pour les Blancs. Ils ne comptent pourtant que pour 13 % de la population, au lieu de 64 % pour les Blancs.

Le directeur de l'Institut national des allergies et des maladies infectieuses, Anthony Fauci, explique très vite cet écart. « Nous savons, littéralement depuis toujours, que des maladies comme le diabète, l'hypertension, l'obésité et l'asthme affectent de manière disproportionnée les populations minoritaires, en particulier les Afro-Américains », déplore-t-il. Pour une bonne partie de la communauté afro-américaine, ce passif sanitaire se double en outre d'une exposition plus élevée au virus parmi le personnel soignant, celui qui assure le fonctionnement des transports publics, ou dans les commerces considérés comme essentiels pendant la crise sanitaire.

C'est dans ce contexte qu'éclate, le 25 mai, le drame de Minneapolis.

LE DESTIN DE FLOYD, LE SILENCE DE TRUMP

Huit minutes et quarante-six secondes. C'est la durée pendant laquelle George Floyd, Afro-Américain de 46 ans, reste menotté, visage plaqué au sol, le genou d'un policier blanc sur le cou. La raison de son interpellation ? Des soupçons d'utilisation d'un faux billet de 20 dollars. Il proteste, supplie : « Je ne peux pas respirer. » La scène, insoutenable, est filmée par des témoins qui implorent eux aussi les policiers de mettre fin au calvaire. En vain. Lorsque les secours arrivent, le policier est toujours juché sur le corps devenu inerte. Le décès est déclaré dès son arrivée à l'hôpital.

Chaque fois qu'un Afro-Américain est victime de violences policières, l'Amérique s'indigne. À cette indignation succède cependant souvent une forme de résignation. L'histoire semble se répéter, sans fin. Quelques semaines plus tôt, les images tout aussi révoltantes du meurtre d'un joggeur noir, Ahmaud Arbery, pris en chasse par trois Blancs armés, dont un ancien policier, dans une ville de Géorgie, ont déjà indigné. Tout comme la mort d'une aide-soignante, Breonna Taylor, tuée dans son appartement lors d'un raid de la police de Louisville, dans le Kentucky. La liste des violences policières – filmées – visant des Afro-Américains est longue.

La mort, le 25 mai 2020, de George Floyd, pourtant, marque un tournant. Les images provoquent une onde de choc dans le pays. Avec un cri de ralliement simple et terrible : « *I can't breathe.* » Et un unique mot d'ordre : « Black Lives Matter », « la vie des Noirs compte », un slogan vieux de huit ans né après le meurtre d'un adolescent noir en Floride.

Les manifestations prennent rapidement une ampleur inédite. Des dizaines de milliers d'Américains descendent dans la rue, d'Est en Ouest, pour dénoncer les injustices raciales.

Quelque chose de nouveau se passe en Amérique et des voix qui portent au sein de la communauté noire prennent note. Barack Obama se réjouit de voir la mobilisation d'une coalition beaucoup plus large et d'« un échantillon beaucoup plus représentatif de l'Amérique » qu'à la fin des années 1960. John Lewis, icône du mouvement des droits civiques et ancien compagnon de route de Martin Luther King, dit son « espoir » d'un jour nouveau, quelques semaines avant son décès. L'écrivain Ta-Nehisi Coates, souvent très sombre, se montre même optimiste.

> J'ai du mal à croire à ce que je vais dire, mais je vois de l'espoir. Je vois du progrès, à ce moment précis. J'ai eu un échange intéressant samedi avec mon père, qui est né en 1946, a grandi dans la plus grande pauvreté à Philadelphie, est parti au Vietnam, est revenu, a rejoint les Black Panthers et était à Baltimore pour les émeutes de 1968. Je lui ai demandé s'il pouvait faire un parallèle entre ce qu'il avait vu en 1968 et ce qu'il voyait aujourd'hui, et il m'a

> dit que c'était incomparable [...]. L'idée que la lutte des Noirs contre la façon dont la loi est appliquée dans leurs quartiers puisse mobiliser des Blancs à Des Moines, Iowa, à Salt Lake City, à Berlin, à Londres, c'était inimaginable pour lui en 1968 où il s'agissait essentiellement de Noirs dans leurs propres communautés qui criaient leur colère et leur douleur.

La séquence va à l'encontre d'une idée reçue selon laquelle l'opinion publique américaine est figée sur les grands sujets de société. Selon un sondage de l'université de Monmouth, rendu public début juin 2020, 76 % des Américains estiment que le racisme et la discrimination raciale sont « un gros problème » aux États-Unis, soit une hausse de 26 points par rapport à 2015. Le changement de perception du mouvement Black Lives Matter est spectaculaire. Selon l'institut Civiqs, dans les deux semaines qui ont suivi la mort tragique de George Floyd, le soutien dont il bénéficie auprès des Américains a augmenté presque autant qu'au cours des deux années précédentes.

Au-delà du débat de fond sur une nécessaire réforme de la police, les actes symboliques se multiplient. La maire démocrate de Washington, Muriel Bowser, rebaptise une section de rue menant à la Maison Blanche Black Lives Matter Plaza, et fait peindre le slogan en gigantesques lettres jaunes sur l'asphalte. Merriam-Webster, dictionnaire de référence américain, annonce qu'il va modifier sa définition du mot « racisme », sur la suggestion d'une jeune femme noire, Kennedy Mitchum, pour mieux illustrer combien il peut avoir une dimension « systémique ».

Les lignes bougent aussi là où l'on s'y attendait moins. Après avoir dans un premier temps critiqué les joueurs noirs qui reprenaient le geste de Colin Kaepernick en signe de protestation contre les violences policières et les inégalités raciales et mettaient un genou à terre pendant l'hymne national, le *quarterback* Drew Brees se livre à un spectaculaire mea culpa. « Je reconnais que je devrais parler moins et écouter plus, et lorsque la communauté noire parle de ses douleurs, nous devons tous écouter. » La Nascar, l'instance organisatrice d'un championnat automobile très populaire aux États-Unis, annonce l'interdiction immédiate du drapeau confédéré lors de ses courses. Ses fans sont très présents dans nombre d'États du Sud qui sont des bastions du trumpisme.

Entre le 25 mai et le 9 juin, la mort de George Floyd à Minneapolis et son enterrement à Houston, le monde assiste à ce que l'écrivain Jelani Cobb appelle, dans le *New Yorker*, « un printemps américain ».

> Le printemps américain n'a pas renversé un pouvoir, mais il a conduit à un réexamen de la relation entre ce pouvoir et les citoyens dont il tire sa légitimité [...]. Il a mis à nu la démocratie partielle et contradictoire que les États-Unis brandissent en exemple au monde.

Les lignes bougent donc. Mais Donald Trump, lui, reste immobile.

Dès la mort de George Floyd connue, il assure avoir demandé à la police fédérale (FBI) et au ministère de la Justice de faire la lumière sur cette disparition « triste et tragique ». « Justice sera rendue ! » promet-il. Dans les jours et les semaines qui suivent, pourtant, il ne va jamais plus loin. Ses prises de parole sont centrées sur deux messages : dénonciation des « pilleurs et anarchistes », regrets sur la présence d'un nombre « minuscule » de

« *bad apples* », de brebis galeuses, au sein des forces de police.

Pas un mot sur le débat, profond, qui traverse la société américaine. Le président refuse d'entendre la colère, la frustration, se coupe de cette conversation dont le pays a cruellement besoin. Une conversation difficile, inconfortable, mais à laquelle de plus en plus de ses concitoyens se disent prêts. Lorsque son lointain prédécesseur George W. Bush appelle l'Amérique à examiner sans concession ses « échecs tragiques » et dénonce le « racisme systémique » qui mine la société américaine, Donald Trump s'en tient à la condamnation d'une faute policière individuelle. Il s'arc-boute. Par calcul politique, peut-être. Par réflexe aussi, semble-t-il. « Il parle comme si le pays était dans les années 50, pas en 2020 », tranche Levar Stoney, maire démocrate de la ville de Richmond, en Virginie.

Un exemple hautement symbolique illustre cet entêtement présidentiel : le débat, qui refait surface, sur l'opportunité de rebaptiser les bases militaires portant le nom de généraux sudistes, symbole pour nombre d'Américains de la célébration d'un passé raciste. Le Pentagone et certains élus républicains se disent ouverts à l'idée. Donald Trump se cabre. Dans une série de tweets, le président martèle que ces bases « légendaires » font partie du patrimoine américain et que son gouvernement n'étudiera « même pas » la possibilité de les renommer. « Respectez notre armée ! » conclut-il. Il cite en particulier Fort Bragg en Caroline du Nord. Cette base, la plus grande du pays, porte le nom d'un ancien général de l'armée sécessionniste, Braxton Bragg, qui est surtout connu pour avoir perdu la grande bataille de Chattanooga en 1863.

Défendant les tweets présidentiels, Kayleigh McEnany,

porte-parole de la Maison Blanche, estime que changer le nom de ces bases serait insultant pour tous les soldats américains qui y ont été stationnés. Et reprend un argument déjà utilisé deux ans plus tôt par Trump lorsqu'il s'était opposé au retrait des statues de généraux sudistes : si l'on s'engage sur cette voie, faudra-t-il aussi s'en prendre à George Washington et Thomas Jefferson, au prétexte qu'ils possédaient des esclaves ? L'argument a déjà été évoqué par le passé. Mais placer sur le même plan des hommes qui ont joué un rôle central dans la création du pays et ceux qui ont mené la « sécession » contre celui-ci au nom de la défense de l'esclavage est hasardeux.

Des voix, chaque jour plus nombreuses, s'élèvent pour demander au président de prendre la mesure de cette secousse tellurique, d'envoyer des signaux à un pays meurtri.

Personnalité noire de premier plan des années Bush, Condoleezza Rice, qui a dirigé la diplomatie américaine à partir de 2005, dit son exaspération. « Les gens en ont ras le bol d'en avoir ras le bol », lâche-t-elle, citant la militante des droits civiques Fannie Lou Hamer. Lorsqu'on lui demande quels conseils elle donnerait à Donald Trump, sa réponse sonne, en creux, comme une liste de griefs :

> Je demanderais avant tout au président de parler un langage d'unité, d'empathie [...]. Il faut parler à tous les Américains, pas seulement à ceux qui sont susceptibles d'être d'accord avec vous. Et il faut parler des profondes blessures de notre pays et de la manière dont nous allons les surmonter.

Cinq jours après la mort de George Floyd, nous nous envolons avec le président vers Cap Canaveral pour assister à l'envoi de deux astronautes américains dans l'espace à bord d'une fusée SpaceX. La Nasa évoque l'aube d'une nouvelle ère spatiale, Donald Trump veut faire de cette journée une célébration du « retour de l'Amérique ».

Durant le trajet dans Air Force One vers la Floride, les deux écrans situés dans l'espace réservé à la presse à l'arrière de l'appareil préfigurent une étrange journée. Sur Fox News, la chaîne de choix dans l'avion présidentiel sous l'ère Trump, les deux réalités se télescopent. Scènes de désolation à Minneapolis. Scènes d'intenses préparatifs et de foisonnement scientifique sur le site mythique du centre spatial Kennedy. Donald Trump lui-même ne cesse de passer d'un sujet à l'autre tout au long de la journée. Juste avant d'atterrir, il s'en prend aux « casseurs » de Minneapolis, assurant que 80 % n'étaient pas originaires du Minnesota. Quelques minutes plus tard, il dit dans un message enthousiaste son espoir que le lancement de SpaceX soit un succès retentissant.

Le centre Kennedy est un lieu chargé d'histoire : c'est d'ici que décollèrent, le 16 juillet 1969, Neil Armstrong et ses coéquipiers de la mission Apollo 11 pour un vol qui leur permit de fouler le sol lunaire. Arrivé une quinzaine de minutes avant le décollage sur la petite plateforme aménagée pour qu'il puisse assister à ce moment historique, Donald Trump savoure. Portant son emblématique cravate rouge, il sourit, prend la pose, le pouce levé, avec une bande-son souvent utilisée dans ses meetings mais qui détonne dans le contexte : *Macho Man*, des Village People.

Dès que la fusée n'est plus visible dans le ciel, Trump se retourne vers les journalistes : « Soudain, vous entendez ce bruit, c'est incroyable, cette puissance », raconte-t-il. « Vous avez du mal à croire que cette machine, aussi grosse soit-elle – elle a l'air petite vue d'ici –, puisse avoir une telle puissance pour faire un bruit ou une vibration pareille. » Il loue l'ingéniosité américaine : « L'Amérique sera toujours la première. » Il parle d'avenir, d'une expédition vers Mars. Il insiste sur le fait que ce vol chargé de promesses sera l'un des marqueurs de sa présidence. Et se garde de saluer le travail de ses deux prédécesseurs, George W. Bush et Barack Obama, qui ont lancé cette idée de longue date : sous-traiter au secteur privé l'accès à l'espace. Seuls deux présidents américains avaient assisté à un lancement avant Donald Trump : Richard Nixon en 1969 et Bill Clinton en 1998.

Puis, au début de son discours prononcé dans le centre spatial, il revient sur la mort de George Floyd. Les premières lignes visent juste. « La mort de George Floyd dans les rues de Minneapolis fut une terrible tragédie. Cela n'aurait jamais dû arriver. L'horreur, la colère et le chagrin ont saisi les Américains à travers le pays. » Une fois ces premières lignes lues, il s'attarde, beaucoup plus longuement, sur une dénonciation des pilleurs, des anarchistes, des criminels de la « gauche radicale ». Il explique avoir parlé à la famille de George Floyd pour lui dire la peine de tout un pays. Philonise Floyd, le frère de George Floyd, fera de cet échange téléphonique un récit peu flatteur pour le président américain :

> Il ne m'a même pas laissé une chance de m'exprimer. C'était difficile. J'essayais de lui parler, mais il n'a cessé de me décourager, comme s'il disait : « Je ne veux pas entendre ce dont vous parlez. »

Trois semaines après le drame, la journaliste noire de Fox News Harris Faulkner offre au président, sur une chaîne amie, l'occasion de faire preuve, enfin, d'empathie, de tenter, enfin, un message rassembleur. Nous savons tous faire la différence entre des pilleurs et des manifestants, souligne-t-elle. Votre message aux pilleurs a été clairement entendu, quel est votre message aux manifestants ?

> Il y avait des manifestants pour différentes raisons. Certains manifestaient sans vraiment savoir pourquoi. J'ai regardé, j'ai regardé de près. Pourquoi êtes-vous ici ? Ils n'étaient pas vraiment capables de le dire, mais ils étaient peut-être là pour une raison. Mais nombre d'entre eux étaient là parce qu'ils suivaient la foule.

En juin 2015, à Charleston, Barack Obama avait prononcé l'éloge funèbre du pasteur Clementa Pinckney après la fusillade dans laquelle neuf Noirs avaient péri sous les balles d'un jeune partisan de la suprématie blanche. À l'issue d'un discours aux accents de « *preacher* », dans lequel il avait mis en garde son pays contre la tentation de se laisser de nouveau « glisser dans un silence confortable », il avait, à la surprise générale, entonné *Amazing Grace*, repris avec ferveur par des milliers de personnes.

Présents lors de cette cérémonie à l'université de Charleston, située à quelques dizaines de mètres de l'église Emanuel où avait eu lieu le drame neuf jours plus tôt, nous avions assisté à ce moment singulier où, dans des circonstances dramatiques, le président sent une salle, un moment, un pays. Trouve les mots pour apaiser, consoler, rassembler. « Les paroles étaient mentionnées dans le discours », nous racontera plus tard Cody Keenan, son principal *speechwriter*. « Le matin même, dans l'hélicoptère qui nous menait à la base militaire d'Andrews [d'où décolle

Air Force One], il me dit : “Je vais peut-être le chanter, si je le sens bien...” »

À aucun moment, lors du traumatisme qu’a représenté pour l’Amérique la mort de George Floyd, nous n’avons vu Donald Trump aller au-delà de propos de circonstance. Il a refusé, par calcul politique ou par indifférence, de faire le geste attendu pour parler au pays tout entier.

LE FIASCO DE LAFAYETTE SQUARE

Une image résume le décalage de Donald Trump par rapport aux manifestations contre les violences policières : celle d’un président muet, brandissant le 1er juin une bible devant l’église épiscopalienne Saint-John, « l’église des présidents », située à quelques dizaines de mètres seulement de la Maison Blanche.

L’histoire de cette mise en scène débute trois jours plus tôt. Le 29 mai, quelques manifestants parviennent à franchir une première ligne de barrières métalliques déployées devant les grilles de la résidence présidentielle. Le Secret Service, par mesure de précaution, décide de mettre le président à l’abri dans le bunker installé dans les sous-sols. La mesure est rarissime. Le dernier cas connu concerne l’ancien vice-président républicain Dick Cheney juste après les attentats du 11-Septembre. L’information fuite dans le *New York Times*. Ajoutée aux images de pillages qui s’accumulent en marge des manifestations, le samedi et le dimanche, elle dépeint une administration aux abois, dépassée par les événements.

Le tableau exaspère Trump. Dans la matinée de lundi, il admoneste les gouverneurs, jugés trop « faibles » face aux débordements au cours d'une conférence téléphonique virulente dont le contenu est aussitôt rendu public par l'un de ses interlocuteurs.

> Vous devez les dominer. Si vous ne les dominez pas, vous perdez votre temps. Ils vont vous écraser. Vous allez ressembler à une bande de connards. Mais vous devez arrêter des gens, vous devez les juger, vous devez les mettre en prison pendant dix ans, alors vous ne reverrez plus jamais ce genre de choses. Et vous devez le leur faire savoir.

Donald Trump s'autoproclame « président de la loi et de l'ordre », formule nixonienne qui renvoie aux émeutes entraînées par l'assassinat de Martin Luther King, en 1968. Il menace de recourir à une loi de 1807 pour déployer des forces armées sans l'aval des gouverneurs. Son dernier usage renvoie aux émeutes qui avaient embrasé Los Angeles en 1992. Elles avaient été déclenchées par l'acquittement de policiers qui avaient passé à tabac un Afro-Américain, Rodney King. Le gouverneur de Californie, cependant, avait donné son accord.

Pour gommer l'évocation de sa retraite précipitée dans le bunker, Donald Trump imagine la séance de photos devant l'église visée la veille, au milieu de troubles nocturnes, par un départ de feu qui n'a fait que des dégâts mineurs. Une foule pacifique rassemblée au même endroit est dispersée sans ménagement par des forces de police usant de gaz lacrymogènes et de grenades assourdissantes. Il s'agit de faire place nette. Entouré de membres de son cabinet et du chef d'état-major, Mark Milley, en treillis,

Donald Trump s'avance alors sous haute protection jusqu'à l'édifice religieux.

Le président des États-Unis prend la pose, face aux caméras qui l'ont accompagné. Il brandit ostensiblement, sans la moindre explication, une bible que sa fille Ivanka, présente comme son mari Jared Kushner, a glissée dans son sac à main griffé avant de quitter la West Wing. Trump invite ensuite le secrétaire général de la Maison Blanche, Mark Meadows, son conseiller à la Sécurité nationale, Robert O'Brien, l'*attorney general*, William Barr, le secrétaire à la Défense, Mark Esper, à prendre place à ses côtés, ainsi que sa porte-parole, Kayleigh McEnany.

Cette dernière défendra la sortie avec vigueur. « Le président voulait faire passer un message fort », avancera-t-elle, assurant qu'il marchait dans les pas de grandes figures telles que l'ancien Premier ministre britannique Winston Churchill se rendant dans les rues de Londres pour mesurer les dégâts causés par les bombardements durant la Seconde Guerre mondiale.

Le « show », pourtant, manque sa cible. Des responsables religieux s'indignent de cette instrumentalisation, réitérée le lendemain lorsque le président se rend inopinément dans un sanctuaire dédié au pape Jean-Paul II, à Washington. Mais le trouble est encore plus grand au sein de l'institution militaire. La déclaration de Mark Esper selon laquelle les forces de l'ordre doivent « dominer le champ de bataille », un vol à très basse altitude d'un hélicoptère au-dessus de manifestants et une patrouille nocturne de Mark Milley, dans les rues de la capitale fédérale, alimentent le malaise.

D'anciens chefs d'état-major s'insurgent. Mark Esper

lui-même prend rapidement ses distances, comme plus tard Mark Milley, qui reconnaît « une erreur ». Le coup le plus dur est cependant porté par le premier secrétaire à la Défense de Trump, James Mattis, dans une tribune publiée par le magazine *The Atlantic*. L'ancien général des marines qui a démissionné de ses fonctions en décembre 2018 en signe de désapprobation après l'annonce d'un retrait précipité de Syrie est resté silencieux depuis son départ. Son indignation n'en a que plus de poids.

> Lorsque j'ai rejoint l'armée, il y a une cinquantaine d'années, j'ai juré de soutenir et de défendre la Constitution. Je n'ai jamais imaginé qu'on ordonne à des soldats prêtant le même serment, en aucune circonstance, de violer les droits constitutionnels de leurs concitoyens [à manifester], encore moins qu'on permette au commandant en chef élu d'organiser une étrange séance de photos avec des responsables militaires à ses côtés.

Donald Trump, renchérit James Mattis, est « le premier président que j'aie connu qui ne cherche pas à nous rassembler, qui ne prétend même pas le faire, mais qui essaie de nous diviser ».

Après de premiers signaux avant-coureurs, cette mise en scène met brutalement à nu un colossal malentendu entre le président et les militaires. De cette institution, Trump retient surtout l'image de la force, au point de vouloir un défilé militaire à Washington, sur le modèle de celui du 14-Juillet français, en rupture totale avec la tradition américaine. Il gratifie James Mattis d'un surnom inventé, « Mad Dog », jugé plus représentatif de l'image que se fait des généraux ce grand admirateur de George Patton et de Douglas MacArthur, pourtant controversés.

À son arrivée à la Maison Blanche, Trump multiplie les gestes envers l'armée pour mieux se démarquer de son prédécesseur, jugé distant. Un énorme budget pour le Pentagone, des mentions innombrables des « *vets* », les anciens combattants, et la présence de trois généraux dans l'administration, dont le secrétaire à la Défense, une première depuis George Marshall. Les militaires ne peuvent pas avoir de meilleur avocat que celui qui avait évité la conscription pendant la guerre du Vietnam.

Puis la relation se distend. L'armée n'apprécie guère les disruptions présidentielles et Donald Trump ne se prive pas de moquer les généraux pour paraître à son avantage lors de ses meetings politiques. Le militaire imité par Donald Trump est invariablement doté d'une grosse voix, d'un front un peu bas, et parsème ses propos de « *sir !* » aussi respectueux que benêts.

Tous les prédécesseurs de Donald Trump ont certes joué de l'image très respectée de l'armée pour leur propre cause, mais le républicain brouille une nouvelle fois toutes les lignes, notamment lorsque ses rencontres avec les soldats prennent des accents de meeting politique. L'année 2019 marque un tournant dans le regard porté par les militaires sur leur commandant en chef : le baromètre de la revue spécialisée *Military Times* montre que pour la première fois les avis négatifs (49 %) l'emportent sur les positifs (41 %).

L'homme qui place la loyauté à sa personne au-dessus de toute autre valeur voyait dans l'obéissance la vertu principale des militaires. Difficile pour lui de concevoir que cette loyauté puisse passer après le service de l'État, le respect des alliances et de la signature que Washington appose au bas des traités qu'il ratifie.

LE JEU AMBIGU DE TRUMP

La question du racisme systémique est centrale dans un pays taraudé depuis ses origines par les tensions entre communautés.

Les chiffres sont formels : qu'il s'agisse de revenus, d'éducation et de santé, mieux vaut ne pas appartenir aux minorités afro-américaine ou latino. Est-ce la présence pendant deux mandats d'un Noir à la Maison Blanche ? Toujours est-il qu'un sentiment s'est durablement installé dans la base trumpiste : celui d'une discrimination inversée pourtant dépeinte comme un « mythe » par le sociologue Fred Pincus. Le phénomène est bien antérieur à l'arrivée de Donald Trump à la Maison Blanche. Il est apparu vingt ans plus tôt avec la multiplication de plaintes devant l'organisme fédéral chargé initialement de veiller au sort des minorités, l'Equal Employment Opportunity Commission. Mais il n'a cessé de gagner en vigueur.

En 2019, selon un sondage effectué par le Public Religion Research Institute, une solide minorité de l'opinion américaine (42 %) considère que les discriminations contre les Blancs constituent un problème au moins « aussi important que celles qui pèsent sur les autres minorités ». Cette proportion grimpe à 69 % parmi les électeurs républicains.

Cette fausse mise en équivalence est illustrée de manière extrême par Donald Trump à l'occasion de violences opposant des suprémacistes blancs à des militants antiracistes à

Charlottesville, en Virginie, le 12 août 2017. La première réaction frappe de stupeur les États-Unis. Donald Trump renvoie en effet dos à dos les deux camps. « Il y avait des gens très bien des deux côtés », assure-t-il.

Sommé, y compris par de très nombreux élus du Parti républicain, de dénoncer plus nettement la responsabilité de l'extrême droite à l'origine d'une confrontation qui a entraîné la mort d'une militante antiraciste, Trump s'exécute laborieusement. Après un premier communiqué non signé diffusé le lendemain par son entourage pour incriminer plus spécifiquement les suprémacistes, le président lit deux jours plus tard, avec froideur, un texte soulignant la nocivité de ces groupuscules. « Le racisme, c'est le mal », lance-t-il, conformément à une hiérarchie des valeurs classique pour un président des États-Unis.

Le lendemain, il fait pourtant machine arrière, dénonce la pression de la bien-pensance et revient à sa première impression. « J'ai regardé de très près, de beaucoup plus près que la plupart des gens. Vous aviez un groupe d'un côté qui était agressif. Et vous aviez un groupe de l'autre côté qui était aussi très violent. Personne ne veut le dire », assène-t-il, convaincu que l'« *alt-left* », un terme forgé en miroir de l'« *alt-right* », la nouvelle appellation générique que revendique une partie de l'extrême droite, a également « une part de responsabilité ». Les formules sont dévastatrices. Elles suscitent le trouble y compris au sein de la Maison Blanche, mais Donald Trump refuse de procéder à une nouvelle mise au point.

Cette mansuétude ravive le souvenir de sa croisade visant les cinq adolescents accusés d'un viol survenu à New York en 1989, quatre Noirs et un Latino. Il avait exigé la peine de mort, multipliant les publicités dans la presse, sans jamais s'excuser après qu'ils avaient été innocentés par leur ADN. Ou encore sa campagne nativiste visant Barack Obama, décrit régulièrement comme un président qui ne travaille pas beaucoup, après avoir été « un très mauvais étudiant », alors qu'il fut rédacteur en chef de la prestigieuse revue de l'école de droit de Harvard. Lorsque Donald Trump reçoit lors de la campagne des primaires, en 2015, le soutien d'un ancien chef du Ku Klux Klan, David Duke, il se montre incapable de prendre clairement ses distances.

Cette ombre insidieuse s'étend à son entourage. En novembre 2019, le Southern Poverty Law Center, une association consacrée à l'étude de l'extrémisme politique, principalement à droite, met au jour une ancienne correspondance entre une journaliste du site ultranationaliste Breitbart News et Stephen Miller, ancien bras droit du sénateur Jeff Sessions. Dans ces courriers électroniques, échangés pendant la campagne des primaires, en 2015 et en 2016, Stephen Miller défend le suprémacisme blanc des groupuscules American Renaissance et Vdare. Il vante également le roman français devenu bréviaire des théoriciens racistes du « grand remplacement », *Le Camp des Saints*, de Jean Raspail. En janvier 2017, l'ancien assistant parlementaire devient le conseiller politique de Donald Trump et le concepteur d'une politique anti-immigration ultrarestrictive qui s'étend aux demandeurs d'asile et aux réfugiés. La publication de la correspondance n'a aucun impact sur la carrière de Stephen Miller, l'un des très rares conseillers à échapper à l'implacable turnover qui régit cette présidence.

Entré en campagne en dénonçant les Mexicains comme des « violeurs », Donald Trump est un multirécidiviste du cliché racial. En janvier 2018, il déplore en privé l'arrivée de migrants en provenance de « pays de merde », d'Afrique et des Caraïbes. « On devrait avoir plus de gens venant de Norvège », ajoute-t-il. Dans les mois qui suivent, la presse américaine rapporte également, sans être démentie par la Maison Blanche, que le président a estimé à l'occasion d'un briefing qu'une analyste du renseignement d'origine sud-coréenne devrait être affectée à la Péninsule au lieu de traiter des questions de prises d'otages, sa spécialité.

À l'été 2019, il tente de clore une controverse liée à ses attaques contre quatre nouvelles élues démocrates de la Chambre des représentants : Alexandria Ocasio-Cortez, Ilhan Omar, Ayanna Pressley et Rashida Tlaib, encouragées par le président à « retourner dans leurs pays en ruine et infestés par le crime ».

Trois d'entre elles sont pourtant nées aux États-Unis, contrairement à la dernière, Ilhan Omar, qui a vu le jour en Somalie et qui a passé une partie de son enfance dans un camp de réfugiés au Kenya. Point commun entre les membres de ce quatuor rapidement surnommé le « Squad » : aucune n'est blanche.

L'émoi suscité laisse indifférent le président. Montré du doigt, il renverse l'accusation, qualifiant les quatre femmes de « racistes ».

Dans un contraste saisissant, son adversaire démocrate, Joe Biden, prend, dès le début de l'affaire Floyd, la mesure de l'onde de choc qui traverse le pays. Dès le 29 mai, l'ancien vice-président mentionne « le péché originel de ce pays », l'esclavage, qui selon lui « entache toujours notre nation aujourd'hui ».

Parfois, nous parvenons à l'ignorer. Nous allons de l'avant avec mille autres tâches dans notre vie quotidienne.

> Mais il est toujours là. Et des semaines comme celle-ci, nous voyons que nous sommes un pays qui a une plaie ouverte. Et aucun de nous ne peut s'en détourner.

Quelques jours plus tard, il met un genou à terre, le geste devenu signe de ralliement contre les violences policières, lors d'une rencontre avec des responsables religieux du Delaware. Puis il se rend à Houston pour rencontrer à huis clos la famille du défunt là où Trump s'est contenté d'un rapide échange téléphonique.

Pour autant, la primaire démocrate a montré combien la question raciale est complexe aux États-Unis. Et combien la longue expérience politique de Biden par rapport à Donald Trump peut être une arme à double tranchant. Élu au Sénat en 1972, il y a passé trente-six ans avant de devenir en 2009 vice-président de Barack Obama, premier président noir de l'histoire.

À l'été 2019, lors du deuxième débat des primaires à Miami, la sénatrice de Californie Kamala Harris, dotée d'un vrai talent d'oratrice, décide d'attaquer bille en tête : « En tant que seule personne noire sur la scène, je voudrais parler de la question raciale. »

Dix jours plus tôt, l'ancien vice-président a suscité une vive polémique en évoquant ses débuts en politique. Depuis New York, il a déploré une vie politique américaine « abîmée » où les adversaires s'écharpent sans plus jamais s'écouter. Pour illustrer son propos, il a évoqué ses relations avec deux anciens sénateurs, James Eastland (Mississippi) et Herman Talmadge (Géorgie), démocrates et ségrégationnistes notoires. Talmadge était « l'un des mecs les plus méchants que j'aie jamais connus », a-t-il déclaré. « Eh bien devinez quoi ? Au moins, il y avait une forme de courtoisie », a-t-il ajouté. « Nous n'étions pas d'accord sur grand-chose », mais « on travaillait ». Les propos ont suscité une tempête dans son camp. Pour le sénateur noir du New Jersey Cory Booker, « les relations du vice-président Biden avec des ségrégationnistes fiers de l'être ne sont pas un modèle pour faire de l'Amérique un endroit plus sûr et plus inclusif pour les Noirs, et pour tous ».

Des prises de position plus anciennes de Joe Biden reviennent aussi au cœur des débats. Alors jeune élu du Delaware, il s'était opposé, dans les années 1970, à la politique du « *busing* » qui obligeait les villes à transporter les enfants des quartiers noirs et pauvres jusque dans des écoles à majorité blanche bénéficiant de meilleures conditions d'enseignement.

Pour Kamala Harris, l'heure est à la mise au point.

> Je ne crois pas que vous êtes un raciste et je suis d'accord avec vous sur l'importance de rechercher des terrains d'entente. Mais, et c'est très personnel, cela a été douloureux de vous entendre parler de deux sénateurs américains qui ont bâti leur réputation et leur carrière sur la ségrégation. Et ce n'est pas tout, vous avez aussi travaillé avec eux pour vous opposer au *busing*. Vous savez, il y avait une petite fille en Californie qui faisait partie de la deuxième classe à intégrer ainsi l'école publique et elle s'y rendait en bus tous les jours. Et cette petite fille, c'était moi. Alors je vais vous dire une chose : sur ce sujet, nous ne pouvons en rester à un débat intellectuel entre démocrates. Nous devons prendre l'affaire au sérieux. Et nous devons agir rapidement.

Le coup fait mouche. Biden s'enferre dans des explications alambiquées, sans convaincre. Interrogé à l'issue du débat sur ce vif échange, il défendra ses positions, puis fera part de sa conviction qu'il faut « se tourner vers l'avenir ». Pendant quelques instants, pourtant, il a été rattrapé par son passé.

UN RÉVEIL AMÉRICAIN

Dans les jours qui suivent la mise en scène de Lafayette Square, la Maison Blanche se barricade derrière de hautes barrières mobiles. Le dispositif ne se limite pas à la partie nord du complexe présidentiel, où cette clôture se transforme en support pour des dazibaos dénonçant le racisme. La muraille provisoire court jusqu'au National Mall sur un large périmètre, accentuant l'image d'une administration encagée et isolée.

Donald Trump n'avait pas ménagé ses critiques contre la France pendant le mouvement des gilets jaunes, assurant sans la moindre preuve que les manifestants scandaient son nom. La réaction à une hausse de la fiscalité sur les hydrocarbures l'avait conforté dans sa dénonciation de l'accord de Paris sur le climat. Mais le voici à son tour sous le regard de ses pairs. Lorsqu'un journaliste demande au Premier ministre canadien Justin Trudeau ce qu'il pense de la dispersion brutale des manifestants devant l'église Saint-John, ce dernier répond par un long silence de vingt et une secondes avant d'assurer que son pays contemple la situation avec « horreur » et « consternation ». Difficile pour lui de se montrer plus explicite vis-à-vis de son puissant voisin.

Le rival chinois et l'adversaire iranien se délectent de ces manifestations après les critiques de Washington contre les répressions brutales orchestrées à l'intérieur de leurs frontières. À Pékin, le ministère des Affaires étrangères fait remarquer que « les vies des Noirs sont aussi des vies et [que] leurs droits doivent aussi être respectés », avant de dénoncer une « maladie chronique » de la société américaine : « les discriminations raciales dont souffrent les minorités ethniques », sans mesurer l'amère ironie de ses propos compte tenu du sort réservé par le régime de Xi Jinping aux musulmans ouïgours.

Les scènes de chaos des premiers jours cèdent vite la place à des images de cortèges pacifiques qui mêlent les communautés ethniques et les générations, même si les personnes âgées sont tenues à distance par le coronavirus.

Washington, qui concentre rapidement l'attention du fait de son statut de capitale fédérale, n'est pas un cas à part. La journaliste Judy Muller raconte dans les colonnes du Washington Post la mobilisation partie du club de lecture local qui débouche sur un rassemblement d'une quarantaine de personnes dans son village rural de Norwood, dans le Colorado, 550 habitants. Dans cette localité plutôt républicaine, raconte-t-elle, les trois lettres « BLM » évoquent spontanément le Bureau of Land Management, une agence fédérale qui gère les terrains publics, et non le slogan scandé dans les rues américaines, mais la fracture entre villes et campagne, fondatrice du trumpisme d'un point de vue électoral, est pour une fois dépassée.

Notre premier reportage après notre arrivée aux États-Unis, en août 2014, avait eu pour cadre la ville de Ferguson, dans la banlieue de Saint-Louis, après la mort d'un jeune Afro-Américain, Michael Brown, tué par un policier blanc. Manifestations de colère, débordements, appels à la

Garde nationale, nous découvrions les étapes d'un enchaînement tragique banalisé par la répétition des exemples de brutalités policières.

Mais l'émotion était restée circonscrite pour l'essentiel à cette petite ville du Missouri. Cette dernière, composée aux deux tiers d'Afro-Américains, mais gouvernée alors par un conseil dirigé par des Blancs, tout comme la police municipale, était restée divisée. Un Ferguson noir et pauvre avait crié sa colère pendant que les quartiers majoritairement blancs, plus cossus, l'observaient à distance. Aux pancartes « *We want justice* » agitées dans le premier répondaient les tee-shirts « *I love Ferg* » vendus dans les seconds pour venir en aide aux commerces touchés par les troubles.

Après le décès dramatique de George Floyd, l'Amérique tout entière se mobilise. À Vidor, au Texas, à Conway, dans le New Hampshire, à Palmer, en Alaska, ou à Gibson City, dans l'Illinois, comme dans des dizaines d'autres petites villes, en plus des cortèges plus traditionnels qui parcourent les métropoles.

« Ce qui se passe est inhabituel », nous confirme alors l'historienne des mobilisations Lara Putnam, de l'université de Pittsburgh. Avec ses collègues Erica Chenoweth, de Harvard, et Jeremy Pressman, de l'université du Connecticut, elle suit les mobilisations de masse depuis janvier 2017 et les marches des femmes qui avaient accompagné la prestation de serment de Donald Trump. « Lors des grandes mobilisations comme cette marche ou celle qui avait suivi le massacre de Parkland », dans un lycée de Floride, « on a recensé entre 600 et 800 événements ; là, on en est déjà entre 3 000 et 4 000 », assure-t-elle quinze jours après la mort de George Floyd.

Lara Putnam explique cette très forte augmentation par une addition de facteurs.

> Dans les villes moyennes avec une population afro-américaine qui a pu avoir des problèmes avec la police, il existe déjà des réseaux de mobilisation. S'y ajoutent les phénomènes comme le club de lecture [de Norwood], avec un public souvent féminin, diplômé, très réactif depuis 2017, ainsi que la mobilisation des lycéens, spontanée, sans message qui vient d'en haut.

Elle dépeint ainsi les ressorts d'un réengagement civique d'un mode nouveau, dépourvu de figure de proue ou de structures nationales, appuyé sur des réseaux sociaux dont il tire sa principale force, la réactivité.

Le 9 juin, les obsèques de George Floyd à Houston se déroulent sous un soleil de plomb, à quelques miles du quartier dans lequel il a grandi, le même que celui de la star planétaire de RnB Beyoncé. Dans l'église qui accueille la cérémonie, l'un de ses frères, Rodney, reprend la promesse que le nouveau symbole des violences policières s'était faite, alors qu'il rêvait d'une grande carrière sportive. « Il était du troisième district, mais tout le monde sur terre va se souvenir de lui, il va changer le monde », assure-t-il avec espoir.

Le phénomène déborde les frontières américaines dans les jours qui suivent la diffusion de la vidéo de ses derniers instants. Le 7 juin, par exemple, des milliers d'Espagnols se rassemblent devant l'ambassade des États-Unis dans la capitale espagnole, répétant les derniers mots de George Floyd, « *I can't breathe* », et scandant « pas de paix sans justice », l'un des slogans martelés aux États-Unis.

Le même jour, à Rome, une manifestation imprévue

réunit sur la vaste Piazza del Popolo des milliers de jeunes qui s'agenouillent en silence. Ils restent immobiles pendant un temps équivalent à l'agonie de George Floyd. Les joueurs de quatre clubs de la Bundesliga, le championnat de football allemand, font de même, alors que des rassemblements ont pour théâtre des dizaines de villes européennes.

Le réengagement provoqué par le drame de Minneapolis met en scène dans les rues américaines les électorats qui se refusent à Donald Trump : les femmes, les diplômés, les jeunes et les membres de minorités ethniques. Autrement dit, la coalition de Barack Obama victorieuse en 2008 et en 2012.

Après cette dernière défaite, les petits groupes de républicains qui avaient analysé les racines de l'échec de Mitt Romney avaient sonné l'alarme. Le Grand Old Party, disaient-ils, « se marginalise de plus en plus, et à moins que des changements soient engagés, il sera de plus en plus difficile de remporter une autre élection présidentielle dans le futur proche ».

Au lendemain de la victoire de Donald Trump, en 2016, l'un de ses proches conseillers, Steve Bannon, figure controversée et iconoclaste de la droite nationaliste américaine, avait esquissé les contours d'une autre majorité présentée comme durable.

> Les mondialistes ont saccagé la classe ouvrière américaine et créé une classe moyenne en Asie. Le problème concerne maintenant les Américains qui cherchent à ne pas se faire avoir. Si nous passons des paroles aux actes, nous obtiendrons 60 % des votes blancs et 40 % des votes noirs et hispaniques, et nous gouvernerons pendant cinquante ans.

Mais la promesse d'un « mouvement historique comme le monde n'en a jamais vu » martelée par Trump s'est perdue au fil du mandat.

ÉPILOGUE

Après un mois de juin 2020 désastreux, au cours duquel la crainte d'une défaite – voire d'une véritable gifle électorale – gagne du terrain dans sa famille politique, Donald Trump s'envole le 3 juillet, à la veille de la fête nationale, pour des feux d'artifice au mont Rushmore, dans le Dakota du Sud.

En s'affichant devant quatre de ses lointains et glorieux prédécesseurs – George Washington, Thomas Jefferson, Theodore Roosevelt et Abraham Lincoln – taillés dans le granit près d'un siècle plus tôt, il s'offre une occasion de reprendre de la hauteur, de trouver des accents unificateurs.

Rapidement, pourtant, il apparaît clairement qu'il n'entend pas en profiter. À la sortie de la limousine présidentielle, surnommée *The Beast*, sur la base militaire d'Andrews, il laisse Melania monter seule les marches qui permettent d'accéder à Air Force One et vient nous rejoindre près de l'aile de l'avion, où le *pool* se positionne traditionnellement pour le photographier avant d'embarquer par une autre porte à l'arrière de l'appareil. Il est clairement décidé à ne pas répondre aux questions mais veut passer un message, un seul : tout va bien.

> Je pense que nous allons passer une soirée fantastique. L'économie est en excellente santé. Nos derniers chiffres de l'emploi étaient les meilleurs de l'histoire, encore meilleurs que le mois précédent, presque le double. Il se passe beaucoup de bonnes choses et notre pays va très bien.

Pas un mot sur la hausse vertigineuse des cas de Covid-19 qui inquiète les autorités sanitaires et a poussé nombre de gouverneurs républicains à faire machine arrière sur le déconfinement. Le contraste avec l'humeur – inquiète – du pays est saisissant.

Quatre heures plus tard, nous assistons, face à une large estrade installée devant les majestueuses effigies présidentielles sculptées dans la chaîne des Black Hills, à la partition trumpienne par excellence. Lors d'un discours d'une violence inouïe, le quarante-cinquième président de l'histoire s'arc-boute sur des batailles mémorielles comme pour faire oublier le fiasco de la réponse fédérale à la pandémie. Il réduit l'équation politique et les débats qui traversent la société américaine à l'aube de cette nouvelle décennie à un choix entre une Amérique « forte et fière » d'un côté et « une idéologie radicale » de l'autre.

> Notre pays assiste à une campagne impitoyable pour effacer notre histoire, diffamer nos héros, supprimer nos valeurs et endoctriner nos enfants. Des foules en colère essayent de faire tomber les statues de nos fondateurs, dégrader nos mémoriaux les plus sacrés, et déclencher une vague de crimes violents dans nos villes. [...] Dans nos écoles, nos rédactions, et même nos grandes entreprises, il existe un nouveau fascisme d'extrême gauche qui exige

> une allégeance totale. Si vous ne parlez pas sa langue, ne pratiquez pas ses rites, ne récitez pas ses mantras et ne suivez pas ses commandements, alors vous serez censurés, bannis, persécutés et punis. [...] Ne vous y trompez pas : cette révolution culturelle de gauche a pour objectif de renverser la Révolution américaine. Ce faisant, ils détruiraient la civilisation qui a sorti des milliards de personnes de la pauvreté, de la maladie, de la violence et de la faim, et qui a élevé l'humanité vers de nouveaux sommets de succès, de découvertes et de progrès.

Pour le dernier *4th of July* de son mandat, à quatre mois jour pour jour de l'élection, Donald Trump apparaît plus que jamais coupé d'une immense partie du pays qu'il préside. De ses angoisses, de ses peurs, de ses espoirs.

De retour à la Maison Blanche peu après 4 heures du matin, nous reste de ce déplacement à plus de 2 000 kilomètres de Washington, une impression tenace : l'extrême solitude du président de la première puissance mondiale.

La pratique du pouvoir n'a pas changé Donald Trump. C'est l'inverse qui s'est produit. Au cours de quatre années d'un mandat unique en son genre, l'ancien homme d'affaires a installé un autre exercice de la politique, qui fait des émules à travers le monde.

Il est parvenu à ses fins sans coup de force spectaculaire. Il n'a pas brisé les piliers de la démocratie américaine. Son opposition a pu user des leviers mis à sa disposition, sans en négliger aucun. La justice a été régulièrement saisie et a tranché. La presse a enquêté, dévoilé et interpellé, même si elle l'a payé en insultes présidentielles qui ont ébranlé ce contre-pouvoir.

Il s'est contenté de ne pas respecter les règles observées avant lui. Chaque fois qu'il a semé le trouble, y compris en instillant le doute sur la sincérité du scrutin présidentiel de 2020 en évoquant à nouveau sans preuves, comme en 2016, une fraude potentiellement massive, il a persisté. Les Américains ont découvert qu'il était possible, sans encourir de sanction majeure en cours de mandat, de s'affranchir de normes, souvent non écrites, auxquelles ses prédécesseurs avaient généralement consenti parce qu'ils les considéraient comme la base d'un contrat social.

Il a pu compter sur le renoncement, l'apathie et enfin la complicité du Parti républicain, y compris de la part de ceux qui, comme Lindsey Graham, avaient précocement estimé qu'il représentait un « désastre absolu » pour le Grand Old Party, et qu'il pourrait « détruire le conservatisme ». « Il nous faudra une génération pour nous en remettre », avait assuré le sénateur. Ceux qui avaient sonné l'alarme se sont contentés de chevaucher le tigre sans chercher à peser sur sa course.

Des décennies de choix de la surenchère ont préparé le terrain. La capacité d'attraction d'un Ronald Reagan a été remplacée par une quête de la pureté idéologique et par la chasse aux modérés. Elle a commencé avec l'offensive du « Contrat pour l'Amérique », en 1994, dirigé contre un démocrate centriste, Bill Clinton, et s'est poursuivie avec le mouvement quasi insurrectionnel du Tea Party, quinze ans plus tard.

Le Grand Old Party a laissé infuser une pratique politique destructrice assimilée à la guerre civile permanente. Puis il s'est retrouvé subjugué par un tribun qui a pris son contrôle pour y imposer ses propres priorités.

Donald Trump a réussi dans son entreprise sans chercher à susciter l'adhésion au-delà de son camp. Le diviseur en chef des États-Unis a tout fait au contraire pour entretenir une loyauté frisant souvent l'adulation en veillant à répondre aux demandes spécifiques de sa coalition : réforme fiscale favorable aux plus fortunés, dérégulation environnementale ou sociale, exaltation des valeurs de la droite religieuse, entretien des ressorts ultranationalistes.

En 2016, la comédie musicale *Hamilton* triomphait à Broadway. Dans cette mise en scène en hip-hop et en rap de l'austère biographie d'un Père fondateur, premier secrétaire au Trésor des États-Unis, tous les rôles, y compris celui de George Washington, étaient incarnés par des représentants de minorités, et les migrants (Alexander Hamilton était né dans les Caraïbes) étaient présentés comme « ceux qui font le boulot ». À ce rappel des racines de l'Amérique, nation d'immigrants, Donald Trump a opposé l'obsession des frontières et la stigmatisation de l'étranger.

En contrepartie, le peuple trumpiste n'a été ébranlé par aucun des travers du président. Le manque de sang-froid, le court-termisme, l'impatience, le goût pour la flatterie, l'absence de compassion, l'incapacité à fédérer, la défiance vis-à-vis de la science, le mépris des fonctionnaires fédéraux, la recherche de boucs émissaires, la xénophobie à peine dissimulée derrière le slogan « America First », l'incapacité à s'entourer, le prisme déformant de la téléréalité appliqué à la politique ou les rancœurs aveuglantes : rien n'a eu de prise sur ses fidèles.

Mal élu en 2016, défait lors des élections de mi-mandat pour la Chambre des représentants deux ans plus tard, ce président impérial a été le premier à occuper cette fonction sans jamais avoir obtenu auprès de l'opinion américaine, à un moment ou un autre, dans les urnes ou dans les sondages, une majorité absolue de soutiens.

Accroché à une poignée de formules qui ont fait mouche en campagne, prisonnier d'une vision manichéenne du pouvoir fondée sur un affrontement bloc contre bloc sans nuance, il a réussi à conserver la fidélité de l'essentiel de son socle électoral, ce qui lui a permis d'espérer un nouvel exploit dans les urnes.

Mais le trumpisme qui permet d'occuper le terrain de façon spectaculaire montre ses limites en temps de crise : il n'offre pas de méthode de gouvernement.

Dans la dernière ligne droite de son mandat, Donald Trump a peiné à sentir les secousses qui traversent l'Amérique bien au-delà des clivages traditionnels. Il a minoré ou caricaturé le mouvement de protestation contre les violences policières au moment où le pays, profondément ébranlé, a tenté de retrouver une boussole morale. Selon une analyse du *New York Times*, entre 15 et 26 millions de personnes ont participé à des manifestations consécutives à la mort de George Floyd au cours du mois de juin 2020, ce qui en fait le plus grand mouvement de l'histoire américaine.

Cette présidence dévorante et la mise sous tension permanente du pays ne sont pas sans périls. L'un de ces dangers est résumé par un dessin de Roz Chast publié en 2019 dans l'hebdomadaire *The New Yorker*. Il met en scène une autruche plongeant la tête dans le sable. Elle atteint une première strate intitulée « Je ne peux plus supporter aucune information concernant Trump ». Mais elle poursuit son effort et s'enfonce vers deux nouvelles strates, « Je ne peux plus supporter aucune information », puis enfin « Je ne peux plus rien supporter du tout ». Il résume un sentiment tenace, par essence difficile à quantifier : un épuisement de l'Amérique.

L'échec de ses briefings quotidiens à l'heure du coronavirus comme celui de sa mise en scène devant l'église Saint-John après la mort de George Floyd ont illustré ce danger pour le président. Et si le show perdait de son attrait ? Si les Américains, lassés du mélodrame quotidien, fatigués par les invectives et les tweets, ne prêtaient plus autant attention à lui ?

Pour Rich Lowry, rédacteur en chef du *National Review*, magazine conservateur qui s'était opposé à la nomination de Donald Trump comme candidat républicain pour le rallier par la suite, ce style de présidence risque la saturation.

> En comparaison, Donald Trump fait passer l'hyperactif et volubile Teddy Roosevelt, que H. G. Wells avait qualifié de « grand bruit », pour un président timide et en retrait. Il fait passer le colérique Andrew Jackson [...] pour un parangon de calme et de prudence.

Face à lui, son adversaire démocrate Joe Biden a d'abord proposé comme alternative une présidence moins tapageuse, moins bruyante. Dans une période de grandes secousses, il a fait à l'Amérique une promesse de calme.

Lorsqu'il s'est lancé au printemps 2019, à l'âge de 76 ans, promettant de défendre les « valeurs fondamentales » des États-Unis et leur rang dans le monde, il n'a pas, tant s'en faut, suscité un enthousiasme similaire à celui provoqué, 12 ans plus tôt, par l'annonce de la candidature d'un jeune sénateur de l'Illinois nommé Barack Obama.

Pourtant, il a de facto rassemblé son camp. En choisissant comme colistière la sénatrice de Californie Kamala Harris, une femme noire de plus de vingt ans sa cadette, ayant des origines indiennes et jamaïcaines, il a envoyé un signal fort – et calculé – à son parti et au pays.

Son pari ? S'imposer dans une posture de pacificateur. Au sein de la famille démocrate, dans laquelle les divisions entre le courant centriste et l'aile gauche incarnée par Bernie Sanders se sont payées au prix fort en 2016. À l'échelle du pays, aussi, où il espère, par son parcours et sa personnalité, bénéficier d'une oreille attentive au coeur de l'électorat de Trump : chez les ouvriers, les retraités et les femmes non diplômées. Au-delà des frontières américaines enfin, pour rassurer des alliés ébranlés.

Pour Donald Trump, un autre écueil réside dans l'incapacité à proposer un horizon à un peuple habitué à se mesurer à de nouvelles frontières.

S'il joue avec brio du ressort de la nostalgie, excelle dans l'invocation d'un passé mythifié, difficile à définir, il peine à projeter son pays vers les enjeux qui l'attendent. Empêché de meetings pendant la crise du Covid-19, il ressasse son impatience de revenir au « bon vieux temps », et reste sourd aux interrogations que la crise sanitaire alimente sur les modes de vie.

Comme prisonnier de son âge, il ne parle pas à la jeunesse américaine qui le rejette massivement. Il redoute l'horloge démographique qui va sonner la fin de la majorité blanche aux États-Unis. Il campe dans le déni sur l'environnement, mentionne peu les technologies nouvelles et leurs défis pour l'économie, à commencer par les révolutions à venir de l'intelligence artificielle. Il s'est défini en 2016 comme la « dernière chance » pour éviter une transformation jugée dévastatrice vers des États-Unis encore plus métissés, alors que cette évolution apparaît inéluctable.

La tentation est forte de réduire cette présidence unique en son genre à une aberration, à une simple parenthèse permise par la conjonction inattendue de facteurs improbables. Donald Trump, lorsqu'il abandonnera la Maison Blanche, laissera cependant derrière lui une double réalité : une pratique de la politique, et de possibles héritiers dans une nouvelle génération d'élus républicains tels que l'ambitieux sénateur de l'Arkansas Tom Cotton, admirateur zélé du président.

En accédant au pouvoir sans avoir jamais servi l'État de quelque manière, Donald Trump a ouvert en outre la voie à d'autres aventures similaires. Au point que personne n'écarte qu'elles puissent être incarnées par le polémiste Tucker Carlson, de Fox News, défenseur décomplexé d'un ethnonationalisme américain. Ce legs trumpien risque donc de peser durablement sur le Grand Old Party, sur son message comme sur ses représentants.

Il peut également s'étendre au Parti démocrate, en accentuant par réaction un enfermement dans une radicalité symétrique. Donald Trump n'a pas fait mystère de ce projet par ses ingérences permanentes dans les débats démocrates, tentant inlassablement de favoriser une aile gauche plus facile à réduire à une menace « socialiste ».

Donald Trump s'est imposé à son pays à sa manière, à ses conditions, mais il l'a payé d'un prix fort au-delà des frontières américaines. Le républicain a promis de rendre l'Amérique à nouveau « grande », mais elle apparaît désormais recroquevillée, diminuée et incertaine.

La crise sanitaire mondiale provoquée par le Covid-19 a mis en exergue de manière accablante les conséquences en chaîne entraînées par le slogan « America First ». La première puissance mondiale est apparue absente. Les interrogations ont fusé sur sa capacité ou sa volonté d'endosser le rôle de leader qui était le sien jusqu'alors.

Corseté dans une vision du monde où chaque dollar investi en dehors des États-Unis est un dollar perdu, Donald Trump n'a jamais esquissé au cours de la crise une réponse qui réaffirme la primauté et la centralité de son pays. Il n'a parlé qu'à ses concitoyens. Lorsqu'il a évoqué d'autres pays, c'était le plus souvent pour juger que les États-Unis faisaient « mieux » qu'eux, au point de s'attirer cette question d'une journaliste : « Pourquoi est-ce une compétition mondiale pour vous si, chaque jour, les Américains perdent toujours la vie et que nous voyons toujours plus de cas ? »

Le contraste est saisissant avec les propos de son prédécesseur, le démocrate Barack Obama, tenus aux Nations unies en septembre 2014, lors de l'épidémie d'Ebola.

> Il s'agit d'une menace croissante pour la sécurité régionale et mondiale [...]. Si cette épidémie n'est pas stoppée, cette maladie pourrait provoquer une catastrophe humanitaire dans toute la région. Et à une époque où les crises régionales peuvent rapidement devenir des menaces mondiales, l'arrêt d'Ebola est dans notre intérêt à tous.

La pandémie a illustré cruellement une réalité : en négligeant le levier du *soft power*, cette capacité d'attraction et de persuasion qui ne repose ni sur la contrainte militaire ni sur la contrainte économique, le président a travaillé contre les intérêts son pays.

Cette désinvolture ne se limite pas aux Nations unies, où Washington refuse d'endosser ses responsabilités internationales et où la Chine qu'il entend officiellement endiguer profite de l'absence américaine pour augmenter son influence. Chaque fois que les États-Unis de Donald Trump ont tranché de manière unilatérale, sur le climat, sur le commerce ou sur l'Iran, ils se sont isolés.

Arrivé au pouvoir en homme neuf malgré ses 70 ans, Donald Trump se trouvait pourtant dans une situation unique. Tenu par aucun héritage, libre de toute attache par rapport aux engagements internationaux de son pays, il aurait pu s'engager dans un état des lieux sans concessions. Les interrogations ne manquent pas, de la place de son pays au Moyen-Orient à sa relation avec l'Europe. Incapable d'embrasser la tâche, mal entouré, il s'est contenté de remplacer ce qu'il considérait comme un dogmatisme par un autre, plus caricatural.

Il a revendiqué un « réalisme » guidé par les « principes », mais ces derniers se sont réduits à quelques réflexes : la dénonciation de la mondialisation, posture dont la pandémie a souligné la vacuité, et la défiance systématique à l'égard des alliés, à commencer par l'Allemagne et la France. Il n'a pas été le premier à les décrire comme des « passagers clandestins ». Mais jamais avant lui un président des États-Unis n'avait autant jeté le trouble et semé la confusion en affaiblissant les valeurs communes des démocraties libérales.

L'inertie propre aux relations internationales a bridé les velléités de rupture. Elles finiraient pourtant par l'emporter si rien ne venait s'opposer à la boule de démolition mise en branle par l'ancien homme d'affaires. Et elles feraient alors le jeu des adversaires pourtant communs, russe ou chinois. Car Donald Trump a instillé le doute et l'incertitude sur la fiabilité des États-Unis, la volonté ou la capacité à respecter leur parole et leur signature apposée sur de nombreux traités. Ce trouble explique une attente anxieuse, à Bruxelles, Tokyo, Jérusalem, Riyad ou Ankara, sans précédent dans l'histoire récente, sur la direction que ce pays va emprunter.

Au tournant du siècle, l'ancienne secrétaire d'État Madeleine Albright avait défini son pays comme « la nation indispensable » parce que, disait-elle, « nous voyons plus loin que d'autres pays dans le futur, et nous voyons ici le danger pour nous tous ». La réaction face à la pandémie a montré combien cette certitude appartient au passé.

Les États-Unis ne souffrent pas seulement de ce renoncement au rôle de métronome, si imparfait et critiqué soit-il. La croyance en la supériorité du modèle américain est partout battue en brèche, y compris chez les Américains, et sans doute pour la première fois de leur histoire. Une étude du Pew Research Center a montré qu'en 2019 seuls 15 % des Américains âgés de 18 à 29 ans considéraient leur pays comme « au-dessus des autres ».

Les jeux ne sont pas faits. La puissance de l'attraction américaine, par-delà la panne de leadership, réside d'abord dans sa transparence par opposition à l'opacité de la Chine. Elle se manifeste aussi dans ses universités, sa recherche, et sa vitalité culturelle. Et si Washington ne regarde qu'à l'intérieur de ses frontières, le monde entier continue de suivre la crise sanitaire à partir des chiffres de la Johns Hopkins University, à Baltimore.

Mais la capacité à répondre sur la durée au défi du redressement de son économie, comme à celui des criantes inégalités raciales qui minent sa société, pèsera d'un poids écrasant sur le regard qui sera à l'avenir porté sur la première puissance mondiale. Surtout après l'invasion désastreuse de l'Irak, en 2003, puis la crise financière de 2008, deux chocs enclenchés à chaque fois par « la nation indispensable ».

Au cœur des traumatismes du Covid-19 et de la mort de George Floyd, Donald Trump a choisi, lors d'une longue allocution débridée dans les jardins de la Maison Blanche sous un soleil de plomb, une formule pour vanter une Amérique qui, grâce à lui, serait de nouveau respectée.

Au crépuscule d'un mandat de repli, de mise en pièces des alliances et de célébration jusqu'à la caricature de la devise « America First », elle sonnait pourtant étrangement : « Nous sommes une force positive. Nous sommes, d'une certaine manière, la clé du monde. »

APPENDICES

CHRONOLOGIE

An I – 2017

20 janvier : Donald Trump prête serment devant le National Mall, à Washington, et devient le quarante-cinquième président des États-Unis.

23 janvier : Donald Trump retire les États-Unis de l'accord de libre-échange liant des pays riverains du Pacifique.

27 janvier : Donald Trump signe un décret présidentiel interdisant l'accès au territoire américain aux ressortissants de certains pays musulmans. Cette première mouture est bloquée par des juges fédéraux, une version postérieure entre en application le 29 juin.

13 février : démission du conseiller à la sécurité nationale du président, Michael Flynn, pour avoir menti au vice-président Mike Pence à propos d'une conversation avec l'ambassadeur russe à Washington dans le contexte des expulsions de diplomates.

17 février : Donald Trump qualifie pour la première fois la presse d'« ennemie du peuple ».

Scott Pruitt, climatosceptique revendiqué, devient le directeur de l'Agence de protection de l'environnement.

2 mars : Jeff Sessions, l'*attorney general* (ministre de la Justice), se récuse dans l'enquête qui vient de s'ouvrir à propos des

ingérences russes pendant la présidentielle, une décision que Donald Trump ne cessera de lui reprocher jusqu'à son limogeage, en 2018.

24 mars : échec d'une tentative d'adoption à la Chambre d'une réforme de l'Obamacare, la protection sociale léguée par l'administration démocrate.

6 avril : alors que Donald Trump reçoit pour la première fois son homologue chinois Xi Jinping en Floride, il décide de frappes américaines contre la base aérienne syrienne d'Al-Chaayrate après l'usage présumé d'armes chimiques par le régime de Bachar al-Assad.

10 avril : nommé par Donald Trump, Neil Gorsuch, un conservateur adoubé par la Federalist Society, devient juge à la Cour suprême. Il s'installe au fauteuil resté vacant pendant la fin du mandat de Barack Obama par la volonté du chef de la majorité républicaine au Sénat Mitch McConnell, après la mort du juge Antonin Scalia, en février 2016.

28 avril : Donald Trump devient le premier président depuis Ronald Reagan, en 1983, à s'exprimer à la convention annuelle de la National Rifle Association, le principal lobby des armes à feu.

9 mai : limogeage de James Comey, le directeur du FBI, nommé en 2013 par Barack Obama.

11 mai : création d'une commission chargée d'enquêter sur les fraudes électorales que dénonce Donald Trump lors de l'élection présidentielle de 2016. Elle conclut ses travaux le 3 janvier 2018 sans le moindre résultat.

13 mai : Donald Trump est le premier président en exercice à prononcer un discours à la Liberty University, en Virginie, un bastion évangélique fondé par le prédicateur Jerry Falwell.

17 mai : Robert Mueller, ancien directeur du FBI, est nommé procureur spécial dans l'enquête sur les ingérences russes pendant la campagne présidentielle.

20 mai : Donald Trump commence sa première tournée internationale à Riyad, en Arabie saoudite, avant de se rendre en

Israël, au Vatican, à Bruxelles puis en Sicile pour le sommet annuel du G7.

1er juin : Donald Trump annonce son intention de retirer les États-Unis de l'accord de Paris contre le réchauffement climatique. La procédure est activée officiellement le 4 novembre 2019.

6 juillet : visite de Donald Trump en Pologne. Il participe le lendemain au sommet du G20 à Hambourg, au cours duquel il rencontre pour la première fois son homologue russe Vladimir Poutine.

26 juillet : Donald Trump annonce qu'il entend interdire aux transgenres de servir sous les drapeaux, revenant sur une disposition de l'administration démocrate précédente.

28 juillet : le Sénat échoue d'une voix (51 contre 49) à faire adopter un projet de loi visant à « supprimer et à remplacer » l'Obamacare.

29 juillet : John Kelly remplace Reince Priebus comme secrétaire général de la présidence. Le 21 juillet le porte-parole Sean Spicer a démissionné, remplacé par Sarah Sanders.

8 août : Donald Trump menace la Corée du Nord en promettant « le feu et la colère » si Pyongyang ne met pas fin à ses attaques verbales contre les États-Unis, ainsi qu'à ses tests nucléaires et balistiques.

15 août : après les affrontements qui ont opposé des suprémacistes blancs à des contre-manifestants à Charlottesville, en Virginie, soldés par la mort d'une antiraciste, Donald Trump assure qu'il y avait « des gens très bien des deux côtés ».

5 septembre : le département de la Justice remet en cause le statut des sans-papiers arrivés enfants aux États-Unis, hérité de l'administration démocrate ; il est maintenu provisoirement par des décisions de justice.

19 septembre : au cours de son premier discours à l'Assemblée générale de l'Organisation des Nations unies, Donald Trump menace de « détruire totalement » la Corée du Nord.

12 octobre : l'administration américaine annonce son retrait de l'Unesco, mise en cause pour des « biais anti-israéliens ».

30 octobre : l'un des directeurs de campagne de Donald Trump en 2016, Paul Manafort, est arrêté par le FBI pour des soupçons de fraude fiscale et bancaire.

8 novembre : dans le cadre d'une tournée en Asie, Donald Trump est reçu à Pékin après s'être rendu au Japon et en Corée du Sud. Il retrouve le lendemain Vladimir Poutine au cours d'un sommet régional au Vietnam.

6 décembre : Donald Trump reconnaît Jérusalem comme capitale d'Israël et annonce le transfert de l'ambassade des États-Unis, installée à Tel-Aviv comme l'écrasante majorité des autres représentations. L'Autorité palestinienne rompt les contacts avec Washington.

18 décembre : publication de la première stratégie de sécurité nationale de l'administration Trump. La Chine et la Russie sont qualifiées de « puissances révisionnistes », l'environnement n'est pas mentionné.

20 décembre : après la Chambre, le Sénat adopte une réforme fiscale favorable aux entreprises et aux hauts revenus.

An 2 – 2018

5 janvier : publication du livre *Fire and Fury* de Michael Wolff qui relate les coulisses de la présidence. Il devient aussitôt un succès de librairie.

6 janvier : Donald Trump se qualifie de « génie très stable » sur Twitter.

9 janvier : Donald Trump reçoit des élus démocrates et républicains pour évoquer une réforme de l'immigration. La réunion ne donne aucun résultat.

12 janvier : le *Wall Street Journal* révèle que l'avocat du président, Michael Cohen, a acheté avant la présidentielle le silence d'une ancienne actrice pornographique et d'un ancien mannequin du magazine *Playboy* qui revendiquent des relations

extraconjugales avec Donald Trump. Le quotidien assure que l'argent déboursé aurait dû figurer dans les dépenses de campagne du candidat.

22 janvier : imposition des premières taxes sur les importations de biens en provenance de la Chine (panneaux solaires et machines à laver). Ces taxes se multiplient tout au long de l'année jusqu'à une pause négociée lors du sommet du G20 en Argentine, en novembre.

28 février : à la suite de la tuerie dans le lycée de Parkland, en Floride, qui fait 17 victimes, Donald Trump reçoit des élus démocrates et républicains pour envisager une réforme du marché des armes à feu. La réunion ne produit aucun résultat.

3 mars : à l'occasion d'une réunion privée avec des donateurs républicains en Floride, Donald Trump se félicite que son homologue chinois soit devenu « président à vie » en supprimant la limitation des mandats.

8 mars : au terme de la visite d'une délégation sud-coréenne à Washington, Donald Trump accepte de rencontrer le dirigeant nord-coréen Kim Jong-un.

Les États-Unis imposent des taxes sur les importations d'acier et d'aluminium.

13 mars : le secrétaire d'État Rex Tillerson est limogé, il sera remplacé par le directeur de la CIA, Mike Pompeo.

20 mars : Donald Trump félicite Vladimir Poutine pour sa réélection au terme d'une élection présidentielle controversée.

22 mars : le deuxième conseiller à la sécurité nationale, H. R. McMaster, est limogé. Il sera remplacé en avril par John Bolton, un « faucon » néoconservateur, ancien ambassadeur aux Nations unies.

13 avril : secondes frappes américaines contre la Syrie à Barzé et Him Shinshar, coordonnées avec la France et le Royaume-Uni, après un usage présumé d'armes chimiques par le régime de Bachar al-Assad.

7 mai : la First Lady Melania Trump lance son initiative « Be Best » contre le harcèlement sur les réseaux sociaux.

8 mai : Donald Trump annonce qu'il va retirer les États-Unis de l'accord sur le nucléaire iranien négocié par son prédécesseur, Barack Obama, signé le 14 juillet 2015, et qu'il va rétablir les sanctions, précipitant l'économie iranienne dans la crise.

24 mai : Donald Trump annule momentanément sa participation à une rencontre historique avec le dirigeant nord-coréen, Kim Jong-un, avant de revenir sur sa décision le 1er juin.

8 juin : alors que les États-Unis et le Canada renégocient âprement un accord de libre-échange qui inclut également le Mexique, Donald Trump retire sa signature du communiqué final du sommet du G7 auquel il vient de participer.

12 juin : la première rencontre entre un président américain et un dirigeant nord-coréen se tient à Singapour. Elle se solde par un communiqué commun à la formulation vague.

20 juin : Donald Trump renonce par décret à une politique visant, à titre dissuasif, à séparer les enfants des parents sans-papiers appréhendés à la frontière avec le Mexique.

9 juillet : Donald Trump nomme le juge conservateur Brett Kavanaugh au poste occupé à la Cour suprême par le juge Anthony Kennedy, libéral sur les questions de société, qui prend sa retraite.

13 juillet : le procureur spécial Robert Mueller inculpe douze ressortissants russes accusés d'avoir piraté le site du Parti démocrate en 2016, dont des messages internes avaient été publiés par le site WikiLeaks.

15 juillet : Donald Trump assure dans un entretien que l'Union européenne est « un ennemi ».

16 juillet : Donald Trump rencontre Vladimir Poutine à Helsinki. Il prête foi à ses démentis à propos des ingérences russes lors de la campagne présidentielle de 2016, suscitant la consternation jusque dans les rangs républicains du Congrès.

5 octobre : Brett Kavanaugh est confirmé de justesse par le Sénat (51 voix contre 49) au terme d'un processus houleux, marqué par des accusations d'agression sexuelle remontant à la jeunesse du juge, et soutenues par des élus démocrates. Il s'agit

du plus mauvais résultat jamais obtenu par un candidat à la Cour suprême.

13 octobre : Donald Trump exprime ses doutes quant à la responsabilité de l'Arabie saoudite dans l'assassinat, le démembrement et la disparition d'un dissident, Jamal Khashoggi, chroniqueur au *Washington Post*, au consulat du royaume à Istanbul, en Turquie, le 2 octobre 2018.

6 novembre : à l'issue des élections de mi-mandat, la porte-parole de Donald Trump revendique « une victoire massive ». Grâce à un renouvellement partiel favorable, les républicains gagnent deux sièges au Sénat avec 53 sièges contre 47. Ils perdent cependant la majorité à la Chambre des représentants : 200 sièges contre 235 pour les démocrates qui sont désormais en mesure d'exercer un contrôle des actions du président. Ces derniers gagnent enfin sept sièges de gouverneurs, réduisant l'écart avec les républicains (26 États « rouges » contre 24 « bleus »).

7 novembre : Donald Trump obtient la démission de son premier ministre de la Justice, l'*attorney general* Jeff Sessions. Il sera remplacé par William Barr.

20 novembre : après une décision défavorable d'une cour d'appel fédérale, Donald Trump s'en prend vivement aux juges, ce qui lui vaut un rappel à l'ordre du président de la Cour suprême, John Roberts.

12 décembre : Donald Trump annonce que son secrétaire général, John Kelly, va quitter son poste. Il sera par intérim remplacé pendant plus d'un an par Mick Mulvaney.

19 décembre : Donald Trump annonce la victoire contre l'organisation État islamique et le retrait des forces spéciales déployées dans le nord-est de la Syrie.

20 décembre : en conséquence de cette décision, le secrétaire à la Défense, James Mattis, placé devant le fait accompli, annonce son départ, suivi par l'envoyé spécial chargé de la coalition internationale mise sur pied pour lutter contre le groupe djihadiste, Brett McGurk. Le retrait annoncé est finalement différé.

21 décembre : Donald Trump signe une loi assouplissant la politique pénale soutenue à la fois par les démocrates et par les républicains, une mesure longtemps combattue par les conservateurs.

22 décembre : faute d'un accord du Congrès pour financer son projet de mur à la frontière avec le Mexique, Donald Trump déclenche une fermeture partielle (*shutdown*) de l'État fédéral en refusant de voter un compromis budgétaire.

An 3 – 2019

3 janvier : la démocrate Nancy Pelosi est élue *speaker* (présidente) de la Chambre, conséquence de la victoire aux élections de mi-mandat de novembre.

23 janvier : Washington reconnaît l'opposant vénézuélien Juan Guaidó comme président par intérim, sans pour autant parvenir à évincer Nicolás Maduro du pouvoir.

25 janvier : Donald Trump reconnaît sa défaite en renonçant temporairement au financement de son mur à la frontière mexicaine et met fin au plus long *shutdown* de l'histoire des États-Unis (trente-quatre jours), sortant ainsi d'une impasse budgétaire qui a impacté quelque 800 000 fonctionnaires, privés de salaire.

Roger Stone, un proche du président, est arrêté et poursuivi notamment pour subornation de témoins et mensonge au Congrès dans l'affaire « russe » d'ingérence dans la campagne présidentielle de 2016.

1er février : Donald Trump annonce le retrait d'un traité de limitation des armes intermédiaires avec la Russie en arguant de son non-respect par Moscou.

15 février : Donald Trump déclare un état d'urgence national pour réaffecter des fonds du département de la Défense à son projet de mur à la frontière mexicaine, contournant ainsi l'opposition du Congrès.

27 février : Donald Trump rencontre pour la seconde fois Kim Jong-un, à Hanoï, au Vietnam. Leurs discussions s'achèvent sur un constat d'échec.

13 mars : Paul Manafort, l'ancien directeur de campagne de Donald Trump, est condamné à sept ans et demi de prison pour fraude bancaire et fiscale.

15 mars : Donald Trump met son veto à une résolution du Congrès contestant son recours à l'état d'urgence pour obtenir des fonds pour son projet de mur.

22 mars : le procureur spécial Robert Mueller termine son enquête sur les ingérences russes. Il écarte le soupçon de collusion mais refuse de se prononcer sur celui d'abus de pouvoir du fait d'une jurisprudence du département de la Justice qui empêche les poursuites contre un président en exercice. William Barr dresse un tableau du rapport du procureur très favorable au président.

25 mars : à quelques jours d'élections législatives disputées en Israël, Donald Trump reconnaît unilatéralement la souveraineté israélienne sur le plateau syrien du Golan pour aider le Premier ministre sortant, Benyamin Nétanyahou.

16 avril : Donald Trump use une nouvelle fois de son pouvoir de veto afin de bloquer une résolution du Congrès mettant fin au soutien américain apporté à l'Arabie saoudite dans la guerre qu'elle mène depuis 2015 au Yémen.

21 avril : Washington met fin aux exemptions de sanctions dont bénéficiaient les derniers acheteurs de pétrole iranien, aggravant les difficultés économiques du pays.

5 mai : reprise des tensions commerciales avec la Chine avec de nouvelles taxes. Cette offensive et les représailles chinoises s'accentuent jusqu'à l'automne, et de nouvelles négociations débouchent sur un accord partiel le 11 octobre.

13 juin : la porte-parole du président, Sarah Sanders, annonce son départ. Elle sera remplacée par Stephanie Grisham, la porte-parole de la First Lady.

18 juin : Donald Trump lance officiellement la campagne pour sa réélection en Floride.

21 juin : alors que les tensions s'accroissent dans les eaux du golfe Arabo-Persique, Donald Trump choisit de ne pas riposter à la

destruction par l'Iran d'un drone américain. L'Iran clame que le drone aurait violé son espace aérien. Le Pentagone assure qu'il se trouvait dans l'espace aérien international.

30 juin : à l'occasion d'une tournée en Asie dans le cadre du sommet du G20 au Japon, Donald Trump rencontre pour la troisième fois Kim Jong-un, dans la zone démilitarisée entre les deux Corées.

14 juillet : Donald Trump attaque vivement quatre élues démocrates de la Chambre des représentants. Toutes appartiennent à des minorités ethniques.

24 juillet : Robert Mueller, procureur spécial chargé de superviser l'enquête sur les possibles liens entre le gouvernement de la Russie et des individus liés à la campagne présidentielle de Donald Trump de 2016, témoigne devant la Chambre des représentants à propos de ses enquêtes. Cette audition met fin à l'affaire « russe ».

25 juillet : dans une conversation téléphonique avec son homologue ukrainien, Volodymyr Zelensky, Donald Trump lui suggère d'ouvrir des enquêtes contre son adversaire démocrate Joe Biden, favori de la course à l'investiture présidentielle.

26 juillet : la Cour suprême autorise Donald Trump à affecter des fonds votés pour des projets du département de la Défense à la construction du mur sur la frontière avec le Mexique.

16 août : Donald Trump confirme une information du *Wall Street Journal* selon laquelle il envisagerait d'acheter le Groenland au Danemark. Ce projet provoque une crise bilatérale et l'annulation d'une visite du président américain à Copenhague.

10 septembre : le troisième conseiller à la sécurité nationale, John Bolton, démissionne ; il est remplacé par Robert O'Brien.

24 septembre : à la suite de la divulgation du rapport d'un lanceur d'alerte à propos de la conversation téléphonique du 25 juillet avec le président ukrainien, la *speaker* démocrate de la Chambre Nancy Pelosi annonce l'ouverture d'une mise en accusation du président (*impeachment*).

25 septembre : la publication de l'échange téléphonique confirme

les informations du lanceur d'alerte. Donald Trump assure que sa conversation a été « parfaite ».

7 octobre : Donald Trump annonce une nouvelle fois le retrait des forces spéciales américaines déployées en Syrie, ouvrant la voie à une offensive turque contre les milices kurdes alliées de Washington contre l'État islamique qu'Ankara considère comme « terroristes ».

8 octobre : après avoir dénoncé un « coup d'État » le 1er octobre, Donald Trump refuse de coopérer avec la Chambre des représentants dans la procédure de mise en accusation.

27 octobre : Abou Bakr al-Baghdadi, « calife » de l'organisation État islamique, est tué au cours d'une opération des forces spéciales américaines à Barisha (Syrie) près de la frontière turque.

13 novembre : début des auditions publiques de responsables qui ont accepté de témoigner dans la procédure de mise en accusation de Donald Trump.

28 novembre : Donald Trump effectue sa première visite en Afghanistan alors qu'il s'efforce de réduire le nombre de soldats américains engagés dans la plus longue guerre des États-Unis.

18 décembre : Donald Trump est mis en accusation par les seuls élus démocrates de la Chambre des représentants pour entrave au Congrès et abus de pouvoir.

27 décembre : l'attaque d'une base américaine à Kirkouk, en Irak, attribuée à des milices pro-iraniennes, fait une victime américaine et enclenche une escalade.

An 4 – 2020

2 janvier : Donald Trump donne l'ordre d'une frappe américaine qui tue le général iranien Qassem Soleimani, stratège et chef de la force extérieure des Gardiens de la révolution, à Bagdad.

7 janvier : l'Iran tire en représailles des missiles sur des positions américaines en Irak qui ne font pas de victimes.

16 janvier : ouverture du procès en destitution de Donald Trump au Sénat. Il s'agit de la troisième procédure contre un président en exercice de l'histoire des États-Unis.

24 janvier : Donald Trump devient le premier président à s'exprimer au cours d'une manifestation annuelle à Washington contre l'avortement.

Dans un message publié sur son compte Twitter, Donald Trump félicite son homologue chinois pour sa gestion d'un virus apparu quelques semaines plus tôt. Il annonce l'interdiction d'accès au territoire américain pour les étrangers venant de Chine le 31 janvier.

28 janvier : en présence du Premier ministre israélien Benyamin Nétanyahou, une nouvelle fois avant des élections législatives anticipées (les troisièmes en une année), Donald Trump présente un plan de paix très favorable à l'État hébreu. Il est dénoncé par la Ligue arabe, notamment par les plus proches alliés des États-Unis en son sein.

31 janvier : au Sénat, les républicains s'opposent à l'audition de nouveaux témoins dans le procès en destitution, refusant d'utiliser les pouvoirs de la chambre haute du Congrès pour contourner l'obstruction de la Maison Blanche.

5 février : Donald Trump est acquitté par le Sénat grâce au vote de la majorité des républicains.

11 février : après une série de messages furibonds de Donald Trump, le département de la Justice révise l'échelle des peines prévues pour son ancien conseiller Roger Stone, à son bénéfice. Ce dernier est ultérieurement condamné à quarante mois de prison, mais sa peine est commuée par le président.

26 février : alors que le virus qui a sévi en Chine puis en Europe commence à susciter l'inquiétude, Donald Trump nomme Mike Pence à la tête de la *task force* constituée à cet effet.

29 février : premier mort du Covid-19 sur le sol américain.

6 mars : Donald Trump remplace pour la quatrième fois son secrétaire général. Mark Meadows succède à Mick Mulvaney.

Sa porte-parole Stephanie Grisham est également remplacée par Kayleigh McEnany.

11 mars : Donald Trump annonce l'interdiction d'accès au territoire américain pour les ressortissants de l'Union européenne en conséquence de la pandémie.

12 mars : l'inquiétude des effets de l'épidémie sur l'économie entraîne une baisse quotidienne à Wall Street de 5,86 % – moins 20 % par rapport au record de l'indice Dow Jones atteint en février.

13 mars : Donald Trump annonce l'état d'urgence nationale.

16 mars : Donald Trump recommande des mesures de précaution pour freiner la progression du virus. Le même jour Wall Street s'effondre, avec la plus importante baisse depuis 1987 (– 12,93 %), effaçant les gains accumulés pendant les trois premières années de sa présidence.

24 mars : Donald Trump souhaite que les mesures de confinement prennent fin pour Pâques, le 12 avril. Il renonce quelques jours plus tard.

31 mars : le nombre de morts imputées au virus dépasse le chiffre de 3 000.

16 avril : Donald Trump rend publiques les recommandations de son administration pour lever les mesures de confinement : il présente un plan en trois phases graduelles conditionnées à la baisse des contaminations.

17 avril : dans une série de messages publiés sur son compte Twitter, Donald Trump apporte son soutien aux militants anticonfinement qui commencent à manifester dans le pays, appelant à « libérer » des États dirigés par des gouverneurs démocrates, le Minnesota, le Michigan et la Virginie.

8 mai : le département de la Justice recommande l'abandon des charges visant le premier conseiller à la sécurité nationale de Donald Trump, Michael Flynn, qui avait reconnu les faits et plaidé initialement coupable de mensonge au FBI.

11 mai : le nombre de morts imputées au coronavirus franchit la barre des 80 000.

25 mai : George Floyd meurt étouffé par le genou d'un policier à Minneapolis. Des manifestations accompagnées quelques jours durant de heurts et de pillages se multiplient aux États-Unis.

28 mai : le chiffre de 100 000 morts du Covid-19 est atteint.

1er juin : Donald Trump fait disperser brutalement des manifestants pacifiques rassemblés non loin de la Maison Blanche pour pouvoir se rendre devant l'église Saint-John, cible la veille de dégâts mineurs en marge des protestations.

6 juin : des dizaines de milliers de manifestants se rassemblent dans tout le pays pour dénoncer les violences policières. Le phénomène ne se limite pas aux grandes agglomérations. Les mesures réformant les pratiques policières se multiplient à l'échelle des municipalités.

10 juin : le nombre de contaminations du Covid-19 repart à la hausse.

29 juillet : le bilan des morts du Covid-19 franchit la barre des 150 000.

11 août : Joe Biden choisit la sénatrice de Californie Kamala Harris comme candidate pour la vice-présidence, la troisième femme pour ce poste de l'histoire des États-Unis.

LECTURES

John BOLTON, *The Room Where It Happened* (Simon & Schuster, 2020)

Ben BRADLEE Jr., *The Forgotten* (Little Brown, 2018)

Robert A. CARO, *Working* (Alfred A. Knopf, 2019)

Hillary CLINTON, *Ça s'est passé comme ça* (Fayard, 2017)

James COMEY, *Mensonges et vérités* (Flammarion, 2018)

David FRUM, *Trumpocracy: The Corruption of the American Republic* (HarperCollins, 2018)

William A. GALSTON, *Anti-Pluralism: The Populist Threat to Liberal Democracy* (Yale University Press, 2018)

Major GARRETT, *Mr. Trump's Wild Ride* (All Points Book, 2018)

Michael GERUSO, Dean SPEARS et Ishaana TALESARA, *Inversions in US Presidential Elections: 1836-2016* (University of Texas, 2019)

Benjamin HADDAD, *Le Paradis perdu. L'Amérique de Trump et la fin des illusions européennes* (Grasset, 2019)

Susan HENNESSEY et Benjamin WITTES, *Unmaking the Presidency* (Farrar, Straus and Giroux, 2020)

Julie HIRSCHFELD DAVIS et Michael D. SHEAR, *Border Wars: Inside Trump's Assault on Immigration* (Simon & Schuster, 2019)

Robert P. JONES, *The End of White Christian America* (Simon & Schuster, 2016)

Robert KAGAN, *The Jungle Grows Back* (Alfred A. Knopf, 2018)

Ethan KAPLAN, Jörg SPENKUCH et Rebecca SULLIVAN, *Measuring Geographic Polarization: Theory and Long-Run Evidence*, (University of Maryland, 2019)

Douglas KRINER et Francis SHEN, *Battlefield Casualties and Ballot Box Defeat: Did the Bush-Obama Wars Cost Clinton the White House?* (Social Science Research Network, 2017)

Kevin M. KRUSE et Julian E. ZELIZER, *Fault Lines: A History of the United States Since 1974* (W. W. Norton & Company, 2019)

Ben RHODES, *Obama confidentiel* (Saint-Simon, 2019)

Walter RUSSELL MEAD, *Special Providence* (Taylor and Francis Group, 2002)

Brendan SIMMS et Charlie LADERMAN, *Donald Trump: The Making of a World View* (Endeavour Press, 2017)

Stephen STRANG, *God and Donald Trump* (Front Line, 2017)

Donald TRUMP et Tony SCHWARTZ, *The Art of the Deal* (Random House, 1987)

J. D. VANCE, *Hillbilly Elegy* (HarperCollins, 2016)

Bob WOODWARD, *Peur. Trump à la Maison Blanche* (Seuil, 2018)

INDEX

REMERCIEMENTS

Écrire un livre dans le brouhaha de la présidence Trump fut une aventure passionnante mais acrobatique. Un grand merci :

À Gilles Kepel pour son enthousiasme jamais démenti pour ce projet.

Aux équipes de Gallimard pour leur aide précieuse.

À Pascale Robert-Diard, Ivan Couronne et Stephen Collinson pour leurs relectures attentives, fines et exigeantes de notre manuscrit, qui nous ont poussé à le repenser, le redécouper, le réécrire.

À Isabelle Braly et Stéphanie Le Bars pour leurs encouragements et nos débats intenses et joyeux.

Au Grand Canyon dont la double traversée a forgé l'indispensable esprit d'équipe.

À la rédaction de l'AFP, à Washington et à travers le monde : vivante, foisonnante, étonnante.

Aux talentueux photographes de *Still Country* (« le pays de la photo »), espace exigu de la West Wing où j'ai passé ces six années à la Maison Blanche.

À Andrew Beatty et Sebastian Smith, *partners in crime* de ces longues journées avec Barack Obama puis Donald Trump.

À Rodney Batten, Doug Mills et Steve Holland, figures du *White House press corps* et merveilleux compagnons.

À l'inégalable « DMZ Team » avec laquelle j'ai partagé la

journée la plus longue du mandat Trump, celle où il foula le sol nord-coréen : Seung Min Kim, Margaret Talev, Roberta Rampton et Jonathan Lemire.

À Chris Lefkow, pour nos sorties en kayak sur le Potomac, respirations salutaires loin de l'agitation de Pennsylvania Avenue.

À Lou et Madeleine, pour lesquelles j'ai retenu une phrase de Barack Obama, lui aussi père de deux filles : « *Of all that I've done in my life, I'm most proud to be your dad.* »

Au *Monde*, où j'ai tout appris de mon métier, pour m'avoir permis de parcourir les États-Unis en toute liberté.

À mes camarades du quotidien, pour les échanges aussi incessants que stimulants.

À Henry Olsen et Bill Galston, pour leur culture politique livresque tout autant que pour leur patience et pour leur bienveillance.

À toutes les personnes croisées au cours de six années de reportages, pour m'avoir consacré un temps précieux, du Dakota du Nord au Texas, de la Floride au New Hampshire.

À mes enfants, Carla, Elias et Eden, pour leur sérénité face à une présidence chronophage et pour leur curiosité jamais épuisée.

DEUXIÈME PARTIE. LA RUPTURE À TOUT PRIX

TROISIÈME PARTIE. LE TEMPS DES ÉPREUVES

APPENDICES

Composition : Nord Compo
Achevé d'imprimer
par CPI Firmin-Didot
à Mesnil-sur-l'Estrée, en septembre 2020
Dépôt légal : septembre 2020
Numéro d'imprimeur : 158707

ISBN : 978-2-07-285525-2/Imprimé en France

355270